포커싱 체험심리치료

내 마음의 지혜와 선물

주은선 저

학지사

본 연구는 덕성여자대학교 2010년 교내연구비 지원에 의해 수행되었음.

추천사

포커싱은 전 세계적으로 크게 주목받고 있습니다. 이제까지 포 커싱 인스티튜트에서는 42개국의 1,000명 정도에게 포커싱을 가 르칠 수 있는 전문가 자격증을 부여했습니다. 주은선 교수는 이 중 한 명으로 한국에 포커싱을 알리는 일을 해서 너무 기쁘고, 포 커싱 체험심리치료 관련 책을 출간하게 된 것을 축하합니다.

주은선 교수는 미국 시카고 대학교에서 임상 및 상담심리학 박 사과정 중일 때 포커싱을 공부했습니다. 이 책에서 주은선 교수는 포커싱의 기초는 물론 철학적 배경도 제공하고 있습니다. 주은선 교수는 한국 문화에 알맞은 포커싱을 개발해 왔습니다. 한국의 독 자들이 포커싱을 통해 건강한 삶을 사시길 바랍니다.

멜린다 데어
포커싱 인스티튜트 디렉터

축하의 글

주은선 교수에게

『포커싱 체험심리치료』의 출간을 진심으로 축하드립니다. 이 책은 틀림없이 포커싱에 관심을 갖고 배우고자 하는 한국 분들에게 중요한 역할을 할 수 있을 것입니다. 주은선 교수의 이러한 업적이 매우 자랑스럽고 기쁩니다.

임상심리학자 제임스 아이버그 박사

■ 머리말

 저자는 시카고 대학교에서 젠들
린(E. T. Gendlin) 교수의 포커싱
체험심리치료를 처음 접한 지
20년이 넘었고 포커싱 트레이너
자격증을 취득한 지 10년이 지

났다. 상담자로서 임상현장에 포커싱을 적용시켜 내담자들의 내
적 세계를 탐색하고 스스로 치유적 힘을 발견하는 데 포커싱의 도
움을 많이 받았다. 상담과정에서 포커싱 체험은 내담자는 물론 상
담자에게도 사막의 오아시스와 같은 신선한 충격을 주었고, 상담
자로서 그 과정에 동참함으로써 누구에게나 자기 안에 내적 치유
의 힘이 있다는 것을 지속적으로 체험하는 것은 희열을 가져다주
었다. 또한 개인적으로 포커싱 치료를 통해 많은 이슈를 접하고
나름대로 대처방안을 찾았으며 포커싱을 생활의 일부로 접목시
켜 많은 선택과 갈등을 해소하는 데 도움을 받고 있다.

이렇게 전문적으로나 개인적으로 포커싱의 덕을 많이 본 사람
으로서 이제야 포커싱 관련 책을 내는 것이 부끄럽기 짝이 없다.
다른 여러 심리치료 이론과 기법도 쉽게 배우고 활용할 수 있는

것이 아니지만, 특히 포커싱 체험심리치료의 경우는 내담자에게 적용하기 전에 상담자 자신이 자유자재로 이를 다룰 수 있어야 한다. 그러기에는 많은 이해와 시간 및 노력이 필요하다. 개인적으로는 박사학위 과정에서 포커싱을 접했고 학위 후 몇 년이 지난 다음 포커싱 트레이너 자격증을 받을 수 있었다. 지금도 저자는 지속적으로 포커싱 심리치료 공부를 하면서 그 이론적 심오함에 놀라고 있다. 또한 연구를 통해 다양한 대상자와 문제에 있어서 포커싱의 효과를 검증하고 있다. 그러나 무엇보다도 임상현장에서 자신이 문제투성이라고 여기고 자기 자신이 너무나 싫어서 스스로로부터 도망치려는 내담자들이 포커싱을 통해 자신의 문제를 그냥 하나의 현상이라고 보고, 모호함을 견딜 줄 알며, "나는 왜 이 모양이지?"에서 "그래, 내가 이렇구나. 이래도 되는구나."로 자신에 대한 수용적 태도 변화가 무엇보다 나를 기쁘게 한다. 그리고 이것이 나를 포커싱에 지속적으로 매료시킬 수 있게 해 준다.

　저자는 앞으로 독자들에게 다양한 포커싱 관련 책을 소개할 예정이고, 그 과정에서 이 책이 시작이라고 볼 수 있다. 그래서 무엇보다 쉽게 쓰려고 노력하였다. 이 책의 제1장은 나의 체험을 있는 그대로 솔직하게 전달하려고 애썼다. 제2장에서는 포커싱 체험심리치료의 이론과 실제, 제3장에서는 포커싱의 6단계를 정리하였다. 마지막으로 제4장에서는 포커싱을 다양한 분야에 적용하는 활용에 대해 다루었다. 이 책을 통해 독자들이 포커싱에 관심을 갖고 도움을 받기를 진심으로 바란다.

이 책이 나오기까지 많은 분의 도움을 받았다. 저자가 포커싱 체험심리치료에 입문한 처음부터 지금까지 끊임없는 정신적인 뒷받침이 되어 주신 시카고 대학교 명예교수이신 젠들린 교수님, 또 그의 제자인 아이버그(J. R. Iberg) 교수님은 저자를 개인적으로 슈퍼비전해 주시며 냉철함과 따뜻함으로 성장할 수 있게 도와주셨다. 그 과정에서 항상 계셨던 사이먼(B. Simon) 선생님도 생각이 난다.

무엇보다 다음 분들의 도움 없이는 이 책이 나올 수 없었을 것이다. 먼저 이 책의 기본적인 틀을 갖출 수 있게 도움을 준 사람은 덕성여대 강사로 출강 중인 정승헌 선생이다. 포커싱 관련 책을 번역하기보다는 저서를 쉽게 만들어 내는 것이 좋겠다는 피드백을 주어 용기 있게 저서를 이 세상에 내놓을 수 있게 되었다. 그리고 독자들에게 친근하게 다가가기 위해 예쁜 그림을 만드는 데 도움을 준 송인섭 님과 정은진 님, 포커싱 체험심리치료의 한국적 적용 등에 많은 피드백을 준 덕성여자대학교 임상 및 상담심리 박사과정의 김혜원, 김주영, 신설애, 이영기 선생에게 감사의 마음을 전하고 싶다. 또한 이 책의 교정을 꼼꼼히 봐 준 학지사의 이근호 선생님과 많은 작업 시간을 요하는 저자를 인내심 있게 지켜봐 주시고 지원해 주신 김진환 사장님께 진심으로 감사의 말씀을 드리고 싶다. 끝으로 아무런 판단과 비판 없이 저자를 있는 그대로의 모습으로 존재할 수 있도록 항상 그 자리에서 변함없이 있어 준 남편 최순영 박사와 딸 최아림, 아들 최호림, 그리고 저자를 건강하게 키워 주신 부모님께 깊은 감사를 드린다.

2011년 5월
저자 주은선

차 례

Chapter 03 포커싱 체험심리치료의 6단계

Chapter 04 포커싱의 다양한 활용

부 록

Chapter **01**

포커싱과 나

🌳 1. 포커싱, 젠들린 교수 그리고 나

내가 처음으로 젠들린(E. T. Gendlin) 교수를 만난 것은 1991년 9월, 시카고 대학교에서 체험중심 심리치료(Experiential Psychotherapy) 과목을 수강했을 때다. 50명 정도의 석·박사 과정에 있는 학생들이 수강한 체험심리치료 강의였는데, 수업방식은 매우 독특했다. 젠들린 교수는 특별한 주요 교재 없이 50여 명의 학생 한 명 한 명과 눈을 마주치며 실존주의에서부터 체험적인 꿈 해석에 이르기까지 폭넓게, 또 한편으로는 깊고 심오하게 체험심리치료를 강의하였다. 한국에서 이런 방식의 강의를 수강해 본 적이 없던 나에게는 이 수업이 매우 인상적이면서 신선한 충격이었다. 무엇보다도 젠들린 교수는 강압적이거나 지시적이

지 않고 흥미롭게 강의를 하였으며, 학생이 호기심을 가지고 스스로 공부할 수 있는 분위기를 만들어 주었다. 다시 말해, 그는 어려운 내용을 편안하고 따뜻하게 만들어 보다 쉽고 호소력 있게 많은 학생에게 피드백을 주면서 수업에 몰입할 수 있게 도와주었다.

바로 그가 포커싱 체험심리치료의 창시자인 젠들린 교수다. 나에게 젠들린 교수는 매우 부드러우면서 날카로웠고 따뜻하면서도 냉철함을 지닌 분이었다. 그는 특히 학생 한 명 한 명과 개인적인 만남을 즐겼는데 상담심리치료의 대가임에도 학생들과 직접 만나서 유대와 연계를 쌓는 것은 물론, 자신의 시간을 할애해서라도 상담을 진행하려고 했다. 그런 그의 모습은 아직도 내 기억에 늘 여유롭고 행복한 인간 그 자체로 남아 있다.

내가 젠들린 교수에게 감사함과 고마움을 느낀 것은 연구방법론(Theory Construction)을 수강할 때였다. 흔히 연구방법론 하면 딱딱하고 어려워 지루해지기 쉬운 과목인데 젠들린 교수는 8명의 박사과정 학생들을 둥글게 앉힌 후 집단상담과 비슷한 형식으로 각자의 연구관심 분야를 이야기하게 하였다. 그리고 나서 이런 연구주제를 자신의 신체적인 감각과 연결시켜 탐색하도록 했다. 무엇을 연구할 것인지는 열에 아홉이면 인지적으로 떠올리고 주제를 선정하기 마련인데 젠들린 교수는 달랐다.

"그 연구주제와 관련해서 몸에서 어떤 감각이 느껴지나요?"라

는 질문을 던지면서 몸의 감각을 통해 연구주제를 구체적으로 찾
도록 하였다. '어려운 통계방법이나 실험 설계 등을 배우겠지.' 라
고 생각했던 나에게 이는 매우 신선한 충격이었다. 그러나 '연구
방법론 수업을 이렇게 해도 되는 거야?' 하고 느꼈던 불안감도 그
리 오래가지 않았으며, 나는 곧 평온한 상태가 되었다. 그러자 내
가 왜 유학을 왔고, 왜 심리치료에 관심을 갖게 되었고, 왜 시카고
대학교를 선택했는지 등등의 여러 생각이 파노라마처럼 스치기 시
작했다. 그 당시 나는 연구비를 많이 갖고 있는 한 교수로부터 연
구를 같이하자는 제안을 받았는데, 이러한 경험을 하고 나서 그 연
구주제를 떠올려 보았다. 그러자 내 가슴 중앙에서 이를 밀어내는
듯한 느낌이 들었다.

"네가 그것을 진정으로 원하는가?"라는 젠들린 교수의 질문에
나는 흔쾌히 대답할 수 없었다. 가슴속에서 '흡……. 하고 숨이
탁 막히는 느낌……. 내 것이 아닌 느낌' 이 들었다. 그 느낌은 내
것이 아니라는 것, 뭔가 외부에 의해서 붙여진 그런 느낌이었다.
그리고 순간 나는 '아하! 내 것이 아니구나. 나한테서 나온 것이
아니구나.' 라는 자각을 했다. 그리고 내 것이 아니라서 떼어 내고
싶었다. 그러한 자각 뒤에 내가 진정으로 원하는 것이 무엇인지
답을 얻기 위해 스스로 내면을 탐색하기 시작했다.

'내 안에서 원하는 것이 무엇인가?' 이 질문을 스스로에게 계속
내던지고 있을 때, '나는 왜 사람들이 상담자의 길을 걷는지, 그리
고 그들이 어떻게 하면 성장하게 되는지 알고 싶어.' 라는 호기심이
생겼다. 또한 '상담자가 건강해야 해. 이들을 알고 싶어.' 라는 생각

이 가슴속에서부터 뿜어져 나오는 것이 느껴졌다. 또한 '숙······.' 하고 뭔가 나오는 듯한 느낌도 들었다. 그때야 나는 '아! 이것이 정말 내 것이구나.' 라고 깨달았고, 이러한 체험을 가진 후 심리치료자들을 연구하는 올린스키(D. E. Orlinsky) 교수를 만날 수 있었다. 그래서 나는 현재 심리치료자들을 흥미롭게 연구하는 교수가 되어 있다.

　연구주제를 몸의 느낌과 연결시킨 젠들린 교수와의 체험이 있던 후 나는 내 연구, 즉 누굴 위한 연구가 아닌 나의 호기심과 내적 요구를 만족시켜 줄 평생의 주제를 찾게 되었다. 나는 기존 연구방법이 아닌 새로운 패러다임을 만들었으며, 놀라운 체험을 해 나를 위한 연구, 나로부터 나온 연구를 찾을 수 있었다.

　어렵고 힘들고 딱딱한 연구주제를 내 안에서 찾아, 연구방법론을 개인상담하듯 지도했던 젠들린 교수에 대한 기억은 아직도 생생하게 남아 있다. 그래서일까? 지금도 나는 항상 무엇을 원하는지를 내 안에서, 가슴 중앙에서 찾는 버릇이 있다. 연구를 하기 위해서 할 수 없이 하는 연구가 아닌, 내가 진정으로 원하는 연구를 존중하는 태도로 대할 때 내 안에서 에너지가 생기고 즐겁게 공부하고 연구할 수 있다는 체험을 했다. 이러한 포커싱의 위력을 체험하고 난 후 나는 포커싱의 매력에 이끌렸다.

있는 그대로 이해받고 수용받은 경험

　내가 '공감적 이해'가 어떤 것인지를 체험하게 된 것도 젠들린 교수와 연관이 있다. 나는 한국에서 자랐고 부모의 요구와 조건에 걸맞은 생각과 행동을 하며 살았다. 그래서 스스로 자신을 찾고 성장하는 과정에서 많은 갈등과 힘듦을 겪었다.

젠들린 교수는 마치 구루(Guru: 북부 인도 시크교의 최초 10명의 지도자)를 보는 듯했고 대가에게서 보이는 여유로움과 행복감이 느껴졌다. 무엇보다 나에게 인상적이었던 것은 앞에서 말한 체험 심리치료를 수강할 때 젠들린 교수가 50여 명 모두에게 자신이 겪고 있는 이슈들을 적어서 제출하게 한 것이다. 그런 후 한 명도 빠지지 않고 학생들이 제출한 리포트 끝부분에 최소한 한 문단 정도의 피드백을 일일이 다 주었다. 한번은 내가 개인적으로 고민되는 부모님과의 관계, 특히 건강한 분리(separation)의 어려움을 리포트에 솔직히 적어서 제출한 적이 있었다. 젠들린 교수는 '무턱대고 너의 독립성에 충실해라.' 라든가 '네가 원하는 것에 몰두해라.' 등의 제안이나 조언이 아닌 "네가 그동안 그런 상황에 처했었구나. 내가 알기로도 아시아권에서는 부모에 대한 기대와 사회적인 요구를 매우 중시 여긴다는 것을 알고 있다. 그런 상황에서 네가 갈등을 일으키는 것은 지극히 자연스러우면서도 당연한 일이야."라며 내가 괴로워하고 있는 것을 공감해 주면서 있는 그대로 볼 수 있게 도와주었다.

다양한 관점에서 나의 경험을 전체적으로 이해하는 젠들린 교수의 방식은 문제 자체를 문제화시키거나 부정화하지 않아서 문제 자체가 무겁거나 피하고 싶은 문제로 보이지 않게 했다.

"네가 좋아하는 것을 해야 해. 부모로부터 독립해야 해." 라는 식이 아닌, 다시 말해, 엄청난 무게감으로 괴로워하며 부모와 맞서려는 태도를 건강한 것처럼 보는 전형적인 서구방식의 접근이 아닌, "동양의 문화권에서 그건 매우 어려운 이슈라는 것을 잘 안다. 매우 힘들 것이다. 그러나 네가 준비가 되면 이것을 다룰 수 있을 것으로 나는 믿는다."라고 교수님이 개인적인 피드백을 주셨다. 교수님의 이러한 피드백은 '나는 이것을 해결해야만 해.' '이것이 문제야.' 라고만 여겼던 나의 사고를 전환시켜 주었고, '이것이 자연스러운 것이고, 괜찮은 것이구나.' 하는 경험을 할 수 있었다. 이 책을 준비하던 중에 예전에 쓰던 강의노트를 뒤지다 젠들린 교수가 직접 나에게 피드백을 주었던 내용을 발견하게 되어 여기에 첨부해 보았다(다음의 〈자료〉 참조).

젠들린 교수는 문제나 이슈를 항상 총체적이고 전체적으로 보는 재능을 가지고 있다. 그는 가족적, 문화적, 맥락적, 발달적 측면에서 내담자를 총체적으로 이해하고자 하였다. 나는 젠들린 교수를 통해 문제를 문제로 보지 않는 것을 처음으로 체험하게 되었다. 지금까지 내가 어떤 문제로 괴로워했던 것은 문제를 문제 그 자체로 보았기 때문이었다. 그러나 이는 자연스럽고 당연하다고 느끼는 것은 더 이상 문제가 아니라는 인식을 갖게 해 주었고 문제로부터 벗어나게 도와주었다.

"네가 그랬구나……. 그건 자연스러운 것이다. 네가 갈등을 느끼는 것은 성장과정에서 느껴지는 자연스러움이다."

이러한 피드백을 받았을 때 뒤통수를 맞는 듯한 충격을 받았는데 이는 나쁜 충격은 아니었다. 이 충격은 내게 통합되고 이해받는 따뜻한 느낌을 경험하게 했다.

〈자료〉 나의 고민에 대한 젠들린 교수의 피드백

EXPERIENTIAL PSYCHOTHERAPY
NOV. 14 1991
Eunsun Joo

I have difficult time figuring out what my super—ego is. It is a voice which criticises you and commands you to do the things which you may not want to do. In my case, I am comfortable with that voice(most of time). If I don't follow the voice then I get really nervous and anxious. Does this mean that my super—ego trained me so well or it may not be my super—ego after all? If the former is the case, does it mean that I am living a miserable life. Just following what my super—ego says? If the latter is the case, What is my super ego?

There is not enough known for sure, to answer the question. You have to explore it slowly yourself. There is no point making conflicts and troubles if you haven't encountered any. It's time enough when they come. But you can now imagine avrious ways of living, and doing things, and see whether your super—ego—determined voice tells you to do things that carry forward your life—urges and that doesn't care at all about you as long as you do the right thing.

What I know about is Western culture. In Asia I think that people care more really for each other, so that one does what others want but they also do a lot for oneself, so that it may come out even, but the way the super—ego stuff works might be a little different. I don't know it this applies, but exploring inside is better than what science we have so far.

At first, perhaps I do things and it is a mixture why I do them. I am a little afraid they'll be mad at me, a little of it is them (and this can split again into care for them and they need it, as against care for them so I should do what they say... which isn't the same thing...) and so one sorts out different strands. Then you can see the answer to your Question, later on.

시카고 대학교와 나, 그리고 상담자로서의 정체성

나는 초등학교 5학년에서 중학교 3학년까지 미국에서 성장했다. 미국이라는 곳에서 성장했기 때문에 한국보다는 문화적인 다양성을 좀 더 유연하게 받아들일 수 있었으며 다른 시각에서 폭넓게 생각할 수 있었던 것 같다. 특히, 정체성을 확립하고 다양성과 개방성을 형성하는 데 환경적인 면에서 큰 도움이 되었다. 아마도 한국에서만 살았다면 다양성에 대한 개방성, 소위 당연하다고 주위에서 말하는 것을 그대로 받아들이지 않고 다른 면을 보고자 하는 노력은 힘들지 않았을까 하는 생각이 든다.

흔히 '타지에서 성장하느라 얼마나 고생이 많았을까?'라고 생각하겠지만 실은 미국에서 적응하는 과정보다 내 나라인 한국에 돌아와 적응하는 것이 더 힘들었다. 다양한 인종과 민족이 있는 미국에서는 내가 다르다는 것이 당연함으로 여겨져 존중받았지만, 한국에서는 한국 사람인데도 내 발음이 이상하다고 여겼으며 내가 하는 행동은 '튀는 행동'이라 규정지어졌고, 이에 대해 비난을 받거나 간접적으로 교정과 통제의 압력을 받아야만 했던 생활이 힘들었다.

한국에 오자마자 길었던 머리를 자르고 교복을 입어야 했던 나는, 한국 사회가 나를 표현할 수 있고 내가 나 자신이 되는 것이 허용되지 않는 문화 또는 사회라고 느꼈다. 그때부터 한국 사회에 대한 반발과 오기가 내면에서 조용히 자랐던 것 같다. 내가 공장에서 찍혀 나오는 수많은 박스 중의 하나처럼 느껴졌다. 나는 분명히 성실했고 많은 노력을 했지만 공부를 왜 해야 하는지에 대한 목적 없이 일방적이고 반복적으로 암기를 해야 하는 입시위주 교육은 너무나 힘든 일이었다. 소위 말하는 '달달달' 외우는 것의 의미를 몰랐다.

　미국 사회를 미화시킬 의도는 없지만 미국의 경우 학생이 교육을 받으면서 이것이 왜 중요한지, 당위성과 필요성에 대해서 학생들에게 좀 더 충분히 인지를 시켜 준다. 이에 반해 한국 교육은 그러지 않았다. 공부는 그냥 해야만 하는 것(must)이고, "왜?"라고 물어보는 것은 집단의 방향에 반론을 제기하는 태도로 규정지어졌다. 틀을 만들어서 강압적으로 주입시키는 입시위주의 교육, 모든 행동과 생각을 표현하면 안 되고 느끼지도 못하는 한국 교육은, "너만 힘들어? 모두 다 힘든 거야." "경쟁에서 지면 안 돼."의 방식으로 다가왔다. 아울러 이런 방식으로 공부해야 한다는 것이 나에게는 상당히 큰 충격이었다. 이러한 과정은 비단 입시과정에서 끝나지 않았다. 사람들은 있는 그대로의 '나'를 보는 것이 아니라 어디 '출신'이라는 꼬리표로 보았다. 꼬리표가 나를 나타내는 전부는 아니지만 이러한 꼬리표는 사실 지금의 내가 되기까지 많은 동기요인으로 영향력을 주었다. 무엇인가를 선택해야 할 때 나와 비슷한 어려움을 겪는 사람들을 저버리는 듯한 느낌이 내 안에 존재했고, 학교의 서열보다는 실력을 갖추면 '출신'이라는 조건적인 것은 중요하지 않다는 신념을 형성해 주었다. 그 당시 나는 '더 이상 많은 사람들이 학교 타이틀 때문에 소모적인 암기식 교육으로 시간을 낭비해서는 안 된다.'는 마음으로 내가 이러한 한국의 교육을 바꿔 봐야겠다는 의무감이 생겼다. 아직까지는 한국 사회를 바꾸지는 못했지만 나는 이러한 생각과 실천을 유지하며 살고 있다.

　나에게 고등학교 생활은 어두움 그 자체다. 마치 칠흑처럼 어두웠으며 세세한 즐거움도 아기자기한 체험도 없다. 단지 뭉뚱그려서 시커멓고 커다란 느낌만 있을 뿐이다. 그러면서 내면 깊숙이 '나와 비슷한 경험을 한 다른 사람을 돕자. 돕고 싶다.' 라는 마음이 자리 잡기 시작했다. 나처럼 다른 경험을 한 사람들, 다문화 경험을 하는 사람들의 적응문제, 그들이 어디에 있든지 간에 자신이 되어 잘살 수 있도록 지원해 주는 그런 일을 하고 싶었다. 그래서 나는 '심리치료자가 되자.' 라고 마음먹게 되었다.

로저스의 숨결과 공간

　시카고 대학교에서 상담심리학을 공부한다면 당연히 인간중심 상담과 젠들린의 포커싱 심리치료 훈련을 떼어 놓고 생각할 수 없다. 인간중심의 창시자인 칼 로저스(C. Rogers)가 오랜 기간 교수로 재직했던 곳이고, 포커싱의 창시자인 젠들린 교수가 최근까지 활동했던 곳인 만큼 시카고 대학교는 그 어느 기관보다 인간중심과 체험심리치료적인 접근이 자연스럽게 녹아든 곳이다. 그동안 겪었던 조건적인 삶과 평가에 지친 나 자신과 상반되는 시카고 대학교의 분위기는 무조건적 · 긍정적 존중과 솔직한 삶을 살아가는 것이 얼마나 가치 있는지를 경험하게 했다. 이론과 체험이 일치하는 경험은 매우 귀중했다. 나는 '시카고 상담과 심리치료 센터 (Chicago Counseling and Psychotherapy Center: CCPC)'에서 인간중심 상담자로서 훈련을 받고 내담자를 보기 시작했다.

　우리가 있던 센터는 예전에 로저스가 시카고 대학교의 학생상 담센터의 전신이었던 곳을 사용하던 곳인데 그곳을 있는 그대로 사용했다. 그 건물은 너무 낡아서 마룻바닥이 삐거덕 소리가 나는 데도 우리는 낡고 오래된 것을 바꾸기보다는 로저스의 혼이 담겨 있다고 믿고 의미 있게 생각했다. 특히, 집단상담과 스태프 미팅 이 주로 있던 건물의 지하는 아늑한 느낌이 들어서 마치 '엄마의 자궁과 같은 느낌이 이런 것이 아닐까?'라는 생각까지 들게 했다. 그 안에 있으면 외부 세계가 떠오르지 않을 정도로 마냥 좋은 곳 이었다. 그 당시 기억에 남았던 일은 한국에서 교수 한 분이 그곳 을 방문한 일이었다.

　　"집이 왜 이렇게 낡았어?"

　너무 자랑스럽게 센터를 소개하는데 대뜸 그 교수가 이렇게 말했 다. 아마 로저스가 유명하니 인간중심 센터가 굉장한 빌딩이라고 예상한 듯했다. 나는 순간적으로 로저스를 대변해야 할 것 같은 마 음이 들었고 내 입장이 불편해졌다. 미처 생각하지 못했지만 로저 스가 실제로도 검소하게 살아서 외부적으로 번듯한 건물보다는 따 뜻하고 소박한 집을 원했을 것 같다는 생각이 들었다. 이 센터는 낡 긴 했지만 여러 가지 인상 깊은 것이 많은데 그중 대표적인 것이 안에서 오고 가는 스태프들이었다. 딱히 어떠한 역할이 정해져 있지 않았지만 센터장, 치료자, 인턴 등은 누가 되었든 먼저 온 사람이 센터의 문을 열고, 청소를 했으며, 먼저 오고 먼저 발견하는 사람이 자율적으로 실천하고 있었다.

센터장이 초기 면접을 하기도 하고, 커피 준비도 하는 등 정해진 역할 없이 잘 진행되는 것이 나에게는 놀라운 경험이었다. 굳이 지시하지 않아도 자율적으로 움직이는 그들은 누굴 위해 일한다기보다 자신이 좋아서 자율적으로 움직이며 일을 하고 있었다. 이미 로저스는 돌아가셨지만 인간중심 상담은 유행처럼 사라지거나 변하지 않고 철학과 태도를 그대로 유지하면서 전해져 오고 있다. 이러한 인간중심 상담을 배경으로 하고 있던 와중에 나는 젠들린 교수의 포커싱 접근을 만날 수 있었다. 특히, 사이먼(B. Simon) 교수의 포커싱 기초 워크숍에서 나는 할머니 같은 따뜻함을 체험할 수 있었고, 이지적이면서 공감적인 아이버그(J. R. Iberg) 교수와의 개인 분석은 타국에서 혼자라는 외로움이 많이 자리 잡을 때 나의 중심을 잘 잡아 주었던 긍정적인 경험이었다.

2. 포커싱과 펠트센스

학위를 마치자 한국으로 귀국하라는 부모님의 독촉이 있었다. 한국에 대해 좋은 기억이 딱히 없던 나는 당연히 부모님과 갈등을 빚을 수밖에 없었다. 귀국 여부를 두고 고민하던 찰나에 포커싱

개인 분석을 받았다. 사실 나는 한국에 지극히도 오기 싫었다.

어떻게 보면 포커싱 체험심리치료는 펠트센스[1](felt sense)라는 핵심적이면서도 독특한 내면경험을 하는데 그 체험은 내 안에서 더 생생히 살아 움직여서 아직도 그 느낌이 어떤지 쉽게 그 체험을 다시 할 수 있다. 이는 포커싱 체험심리치료가 몸에서 전해지는 감각을 매개체로 자신의 핵심 문제에 접근하도록 활용하는 체험적인 치료기법이기 때문에 가능한 것이 아닌가 생각된다.

펠트센스는 누구나 체험하고 있는 내면경험으로 우리는 매 순간 내면으로 감각을 체험하면서 살아가고 있다. 우리 안에 이미 존재하고 있는 이런 펠트센스는 생생하고 부드럽고 온정적인 체험으로 저항이나 부담감 없이 자연스럽다는 것이 포커싱 체험심리치료만의 특징이다.

부모님과의 갈등 속에서 부모님을 떠올렸을 때, 또 '한국으로 돌아가야 한다.' 를 떠올렸을 때 가슴속에서 무언가가 느껴졌다. 짓눌림, 무거움, 답답함, 어두움……. 이러한 몸의 감각을 느꼈을 때, 내 안에서 느껴지는 감각을 있는 그대로 조심히 따라가 주었다. 나의 포커싱 치료자 아이버그 교수는 나의 반응을 있는 그대로 친절히 따라가 주었다. 그러자 서서히 내 가슴속의 답답함과 무거움은 핑크색의 말랑말랑함으로 느껴졌고 이는 솜사탕으로 확인되었다. 가슴 중앙에서 몽글몽글 가벼운 것이 피어오르는 커다

---

1) 'felt-sense' 라는 용어를 도입당시에는 '감각느낌' 으로 번안하여 사용하였으나, 연구가 거듭될수록 용어를 적절하게 반영하지 못한다는 저자의 판단이 있어 원어 그대로 felt-sense(펠트센스)로 사용하고자 한다. 하지만 한국인의 감정과 정서를 담을 수 있는 적합한 용어를 찾기 위해 계속 연구 중에 있음을 밝힌다.

란 핑크색 솜사탕이 느껴졌다. 엄마 아빠가 나를 마주 보는 상황
에서 통제도 못한 채 계속 부풀어지는 분홍색 솜사탕.

그때의 느낌은

"엄마, 아빠가 나를 사랑하는구나! 간섭과 잔소리가 아닌 나를
사랑하는구나."

그것이 어떤 간섭, 지시가 아닌 '나를 사랑하고 나를 정말 위하고
계시구나.' 를 체험하면서 부모님을 바라보는 나의 태도가 변하기
시작했다. 부모님에 대한 신뢰감이 높아졌고 지시와 간섭이 아닌
'무궁무진한 사랑으로 표현하고 있었구나.' 라고 느낄 수 있었다.

"어차피 그분들은 당신들 위주로 나를 대할 수밖에 없었겠구나."

"아, 내가 나와 부모님의 한계를 통제할 수도 있구나."

그렇게 생각하자 점점 부풀어 오르는 솜사탕이 이내 부담스러워졌다. 그러면서 서서히 '어떻게 했으면 좋겠니?'라며 내 자신에게 물어보았다.

"솜사탕을 이만큼만 먹고 싶어요."

이때의 포커싱은 내가 받아 놓고 내가 알아서 필요한 것만 조절할 수 있다는 것을 확인하는 체험이었다. 포커싱은 내면의 경험을 통해서 '앎'에 접근하도록 해 주며 매우 부드럽고 위협적이지 않은 과정이다.

지금까지도 한국으로 돌아온 것에 후회가 없는 이유는 부모님을 위해 귀국을 선택하고 또 날 위한 선택이 아닌 다른 사람의 기대를 충족시켜 주기 위한 선택을 하지 않은 데 있다. 만약 다른 사람을 위해 귀국을 결심했다면 늘 내 마음속에는 '어쩔 수 없이 귀국을 했다.'는 체념과 함께 끊임없이 누군가를 탓하며 살고 있을 것이다. 하지만 포커싱을 통해 스스로 내 삶을 선택하는 계기가 되었다. 누가 나의 등을 떠밀어서 어쩔 수 없이 내리는 결정이 아니라 내가 그렇게 하고 싶었다. 인간은 자아가 불일치하는 싫은 경험을 체험하면 외부 탓을 하기 마련이다. 그래도 내가 선택했다면 그 선택에 대한 후회는 없어진다. 돌이켜 보면 이때 했던 포커싱은 나의 삶에서 참 의미 있고 실질적인 포커싱 체험이었다.

나는 인간중심이 되었다. 그리고 포커싱을 만났다

한국에 와서 30세에 교수가 되었을 때 나는 스스로에게 했던 다짐을 하나씩 실천하고 있었다. 능력 있는 제자를 키우기 위해 정진하며 참 열심이 살았다. 30세에 교수가 되었으니 얼마나 혈기왕성했겠는가. 가슴은 인간중심의 로저리안을 외치면서도 머리는 항상 과업중심이었다. 그야말로 '머리로 사는 삶' 이었다. 사명감이 높아서 일중심, 과제중심, 이슈중심으로 살았다.

누구보다 의욕적이고 책임 있는 스스로의 선택을 했지만 시간이 지나면서 한국 사회에 적응하는 동안 일 위주의 삶에 지쳐 있는 나 자신을 발견했다. 역할중심, 일중심, 나를 돌보지 않고 일 위주로 살아가는 한국 사회의 무미건조한 삶이 힘들었다. 사실 그때는 내가 왜 힘든지도 몰랐으며 이러한 사실들을 나 자신과 주변 사람들조차 속이고 있었다. 하지만 내 몸은 분명하게 기억하고 있었다. 서서히 오른쪽 어깨 통증이 느껴지기 시작했던 것이다. 과거 어릴 적의 기억이라든가 사건, 사고와 관련 있는 통증은 아니었지만 나는 무척 아파하고 있었다.

한국에서 생활하면서 지치고 몸에 통증이 느껴졌을 때 다시 포커싱을 통해 나 자신의 내면과 소통을 시도했다. 오른쪽 어깨 통증에 집중하니 서서히 도끼로 찍어 대는, 날카로운 통증이 느껴졌다. 그때의 경험은 쉼 없이, 이것, 그다음 저것, 하나 끝나면 곧 또 다른 처리해야 할 일들이 있는 느낌이었다. 포커싱 체험심리치료의 핵심은 일상에서 매 순간 우리가 체험하는 몸의 감각을 상담에 활용하여 자신의 핵심 이슈를 자연스럽게 만날 수 있도록 하는 것이므로 이 쉼 없는 계속됨이 나의 펠트센스였던 것이다. 이 펠트센스를 알아차리고 이에 집중을 하는 것이 치료의 핵심이다.

"과제중심……."

"이것 다음에, 저것, 또 그다음은 뭐지?"

"내가 힘들다."

나는 박사학위를 취득하고 한국으로 돌아와서 교수가 되면 마냥 즐겁고 행복할 줄만 알았다.

"뭔지 모르지만 당신을 짓누르는 막연한 무언가가 있군요."라는 나의 포커싱 치료자이자 슈퍼바이저인 아이버그 교수의 반응에 나는 나 자신을 탐색할 수 있었다.

"그것과 만나 주세요. 더 이상 겁내지 않아도 돼요."

내 마음속으로 조심스럽게 들어가다 보니 어깨에 눌리는 통증이 더 심하게 느껴졌다. 순간 도끼가 마음속에서 떠올랐다. 날카로운 통증과 함께, 마치 나 자신이 공장의 컨베이어 벨트에서 돌아가는 종합상자처럼 느껴졌다.

"물건을 처리하듯이 이렇게는 살고 싶지 않아!"

"그럼 당신은 어떻게 하고 싶나요?"

"나는…… 나는…… 나는 더 이상 이러고 싶지 않아요."

나는 그렇게 나 자신을 혹사시키며 살고 싶지 않았다. 이러한
내 마음을 알게 되자 나는 나를 위한 결정을 내릴 수 있었다. 공장
에서 물건을 하나하나 찍어 내는, 이렇게 내 몸과 마음이 힘들다
는 것을 경험하게 되자 스트레스를 조절할 수 있게 되었고 "No!"
라고 딱 잘라서 거절할 수도 있었다.

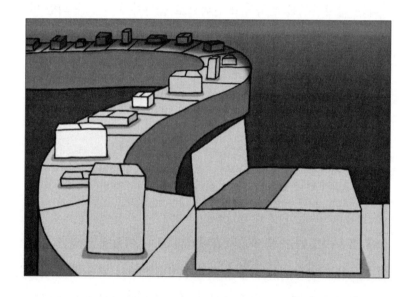

'조절하고, 통제하는 것은 다 나한테 있구나.'

이러한 사실을 통해 포커싱의 힘(power of Focusing)을 경험하고

나서는 한 치의 망설임 없이, 포커싱 국제트레이너 취득과정을 밟
았다. 그다음부터는 일중심이 아니라 좀 더 사람중심이 되었다.
이전에는 누군가를 도와준다는 포장된 명분 아래 사람을 키우는
것이 아닌 실력을 키운다는 이름하에 물건을 찍어 내듯이 학생들
을 교육했다. 그러다 보니 사람들과 멀어지고 좌절감을 많이 느끼
는 상황을 겪었다. 하지만 나는 이제 이 모든 것을 거둬들일 수 있
었다. 물론 아직도 진행 중이지만 이전과 달리 좀 더 사람을 많이
보게 되었다.

🌲 3. 한국 사회에 대한 고찰: "당신은 행복합니까?"

요즘 한국 사람들은 어떻게 살고 있는가? 점잖은 척, 괜찮은 척,
편안한 척, 행복한 척, 태연한 척 등 온갖 역할에서 요구하는 행동
에 부합된 언행에 맞춰 사느라 마음고생이 많은 사람이 대부분이
다. 이는 본인의 의견이나 감정과 상관없이 '남자답다.' '배운 사
람답다.' '착한 며느리답다.' 등 남이 평가하는 행동기준과 사회
적 도리에 따라 행동해야 하는 기준 때문이라는 생각이 든다. 다
양한 역할에 맞는 모습으로 자신을 맞춰 가다 보면 어느 것이 진
짜 내 모습이고 어느 것이 상황에 맞춰 놓은 모습인지 자기 자신
도 헷갈리는 것 같다.

　이 시대를 살아가는 한 사람 한 사람이 과연 자신의 감정과 본
연의 모습을 얼마나 유지하면서 살아가고 있을까? 왜 우리는 '나

됨'은 없이 '역할 속의 나'에 더 충실해야 하는가? 어쩌면 이러한 기준에 부응하면서 의무감을 갖고 행동하는 것은 자신에 대한 깊은 성찰 없이 정해진 원칙과 규준대로 따라가면 되는 간단한 일일 테지만 또 어찌 보면 이것만큼 본연의 모습을 잃어버리고 부자연스럽게 살아가도록 종용받는 삶이 아닐까.

하지만 개성과 다양성 이전에 그로 인해서 잃어버리는 본질적인 것은 바로 '자기다움'이라고 생각한다. 특히, 대한민국은 체면이나 남의 이목을 중시하는 문화이기 때문에 주어진 역할과 요구되는 이미지로부터 자유로움을 희망하지만 용기 내기란 참 어려운 것 같다. 이러한 상황 속에서 오랜 기간 살아가다 보면 역할이 나인지 내가 역할인지 자신의 정체성에 혼란스러움을 겪는다. 또한 '자기다움'을 주장하는 순간 이기적인 사람이라는 잘못된 오명을 얻기도 한다.

왜 이러한 일들이 일어나는 것일까? 우리나라는 한국전쟁 이후 경제적으로 가속 성장하였다. 이전에는 먹고살기 바빴지만, 1971년 우리나라는 대망의 '연간 10억 달러 수출' 기록을 달성했고, 정부는 물론 언론, 국민 모두가 '가난에서 벗어나게 됐다.'며 환호성을 질렀다. 그로부터 38년이 지난 2010년, 우리나라는 이제 하루 10억 달러 수출시대를 맞았다. 매년 700~1,000억 달러씩 증가하는 현 추세대로라면 우리나라는 2011년 즈음에 '1조 달러 클럽'에 가입할 수 있다고 내다보고 있다. 현재 대학 진학률은 82.4~84%, 1980년 자비유학생이 1만 3,000여 명이었지만 1988년 해외유학이 자율화되면서 2010년에는 21만 6,000명을 넘었다.

특히, 석·박사 학생은 국내 대학원 재적 학생 대비 해외유학생 비율이 28.5%나 된다. 석·박사 학생 10명 중 3명은 해외유학을 다녀온 셈이다. 대한민국은 이렇게 외형적으로 선진국 대열에 합류하였고 외환보유고 규모는 인도(2,646억 달러)에 이어 세계 6위 수준으로 국제사회에 중요한 위치를 차지하고 있는 경제대국이 되었다.

이렇게 경제적인 풍족함을 이루었지만 심리적인 풍요로움은 어떤가? OECD 30개 회원국 가운데 경제적 요인, 자립, 형평성, 건강, 사회적 연대, 환경, 주관적 생활만족도 등 7개 부문을 종합해 행복지수를 산출한 결과, 우리나라는 30개 회원국 중 25위를 차지했다고 한다. 이는 우리나라가 정서적으로 지쳐 있는 상태, 또는 심리적으로 궁핍한 상태가 아닌가 생각된다.

어느새 물질적 행복이 인생의 최고 가치관이 되어 버렸다. 사람들은 더 많이 갖추고 있어야 행복하고 덜 갖추고 있으면 불행하다고 생각한다. 그래서 우리는 돈을 최고로 여기며, 돈이면 안 되는 일이 없다는 황금만능주의가 최고의 가치관으로 환영받고 있다. 미디어를 보더라도 더 많은 소비가 더 많은 행복이라는 공식을 보여 주고 있다. 여기에 집단문화가 함께 어우러져 남들과 똑같이 공평하게 살아가지 않으면 안 된다는 조건이 하나 더 붙게 된다. 남들과 다르게 사는 것은 틀린 것이고 잘못된 삶이다. 남들이 하는 만큼은 해야 그나마 안심이 된다. 그래서 남보다 호화롭게 사는 것이 목표이며 남보다 뒤처지지 않는 경제적 생활을 유지해야 하며, 남들과 최소한 같은 아파트 평수를 유지해야 주눅 들지 않고 무시당하지 않게 대접받고 사는 것이 집단주의 문화이자 체면 문화의 잔상이 아닌가 싶다.

세계의 경제가 성장을 멈추고 불황의 그림자가 생길 때부터 문제는 더 심각해졌다. 글로벌 경제와 함께 불안한 경제시장이 확대되면서 워크아웃 소식이 더 이상 사회적 이슈가 되지 않는다는 사실에 자신을 돌보는 일은 더 힘들고 어려워졌으며, 구조조정 대상이 되지 않기 위해 쉴 틈 없이 더 한층 더 높은 무한경쟁과 높은 능력개발로 평생교육 시대를 살아가는 중이다. 끝없는 경쟁 속에 이리저리 치이고 상처받으면서 어디 마음 한구석 털어놓을 곳 없이 해결되지 않는 마음의 짐들이 한가득 쌓여 있는 시대를 살게 되었다. 모두가 힘드니 입을 다물고 있지만 내면에서는 소리 없는 전쟁에 휘말리고 있다.

가족 모두를 외국으로 보내고 혼자 외롭게 남아 돈을 벌고 있는 기러기 아빠, 일은 하지만 생활고에 시달리는 가난한 근로빈곤층, '워킹 푸어(working poor)' 세대가 늘어나고 있다. '오류도'에서 '삼팔육'을 거쳐 '사오정'까지, 직장인들의 생명선인 정년이 점차 줄어들면서 '은퇴 이후'에 대한 고민도 깊어만 가고 있다.

경제가 불안하고 사회에 희망이 없으니 한국 사회의 권위주의와 연고주의 문화는 그 위력을 더 과시한다. 권위주의와 연고주의는 자신과 조직의 역할에 복종과 순종을 하도록 만들기 때문에 더욱더 '자기다움'을 잃어버릴 수밖에 없는 상황으로 내몰리게 되어 '나(self)'가 없고 역할만 있는 자아를 만들어 자신을 분열시킨다. 연고주의는 크게 혈연, 지연, 학연이라는 세 가지로 구분이 되는데, 특히 혈연은 '믿을 만한 것은 핏줄밖에 없다.'는 말처럼 혈연을 중시 여기다 보니 부의 세습이 사회의 조직원리로 작동하고 이것이 가족이기주의를 더욱 강화하는 상황에 이르게 한다. 가족이기주의는 자신에게 솔직하게 사는 '사람됨'을 더욱 어렵게 만들며 가족 이외의 사람들에게는 상당히 냉담하고 싸늘하기까지 하다. 특히, 도덕적으로 이중규범적인 태도를 유발한다.

겉 다르고 속 다른 태도, 상황에 따라 다른 윤리적 기준을 적용하는 부모와 사회의 가치관에 따라 개인의 삶과 직업에서의 태도가 일치하지 않는 사람이 융통성 있는 사람으로 인정돼 오히려 사회성 높은 사람이 된다. 일치하는 삶을 사는 사람은 순진하고 세상물정 모르고, 속고 속이기 쉬운 어리숙한 사람으로 인식되며 빠른 개선점이 요구되기까지 한다. 아이들은 성장하면서 이러한 사회적 가치관을 아무런 여과 없이 받아들일 수밖에 없다. "세상은 이런 거란다."라는 식으로 부모는 아이들에게 사회가 원하는 이해를 구하고 이를 받아들여야 살아남는 세상이라고 교육한다. 이렇듯 일관된 원칙을 고수하는 태도를 가지면 미숙한 사람으로 생각하고 되레 걱정하는 세상이 되었다.

이러한 이중적인 태도는 속으로는 개인의 실속을 챙기면서 남이 보는 앞에서는 명분을 따지고, 도덕적 원칙이나 윤리적 고려를 하는 사람은 흔히 주위 사람들에게 '교과서적 인간'이라는 이야기를 듣는다. 원칙보다 상황을 강조하는 윤리가 이기주의와 결합되니 원칙 없이 그때그때 자기이익에 맞게 서로 다른 기준을 적용하여 자기이익을 극대화시키는 방향으로 판단하고 행동한다. 그래서 이상적 인간상에 대한 지속적인 강조와 현실적 이해관계 사이의 괴리는 속으로 사욕을 차리면서 겉으로는 군자인 척하는 가짜 군자를 낳게 마련이다. 이제 주변 사람은 물론이고 자기 자신과 가족에게까지도 솔직한 모습이 무엇인지 혼란스럽기만 하다. 자신의 역할이 자신인지, 자신이 역할인지 구분이 되지 않는다. 결국 이중적인 태도는 상황에 대한 이익에만 초점을 둘 뿐 내면의 윤리적 태도의 부재, 도덕적 성찰의 결여로 나타난다. 겉으로는 원칙을 고수하는 것처럼 보이지만 뒤에서는 원칙과 작동하는 현실 사이의 거리를 쉽게 정당화한다. 결국 자아(self)가 분리되어 어느 것이 자신인지, 구분하기가 어려워진다.

학교는 더 이상 삶의 원칙이나 이상적 인간상을 배우는 장소가 아니고 전인교육에서 멀어진 지 오래다. 행정위주, 실적위주의 평가로 교사 역시 아이들의 전인교육에만 전념할 수 없는 직업이 되었고 행정내용을 학생들에게 전달하는 그런 사람, 존중과 권위 없

이 인간냄새가 나지 않는 행정대리인으로 변질되어 어려움을 호소하는 교사가 많은 실정이다.

물질주의와 연고주의는 또 불황기에 더욱 극심하게 사람들을 외모지상주의로 내몰고 있다. 남들에게 어떻게 보이는 것이 중요한 지금 시대에 외모도 곧 경쟁력이다. 그러다 보니 이해와 배려는 없어지고 판단과 평가만이 중요한 세상이 되었다. 외부에서 주어지는 평가는 우리 개개인의 마음을 표현하기 어렵게 하고, 마음속에 담아 두게 한다. 이러한 억압된 마음이 깊어짐에 따라 사람들은 더 자극적인 쾌락주의에 물들고 이는 외모지상주의를 더욱 부추기게 한다. 물질주의와 함께 외모지상주의가 맞물려 외모로 인품과 능력까지 판단하는 지경에 이르러 남녀노소를 불문하고 모두 '꽃미남' '꽃미녀' '꽃중년' 등이 유행이고 자연스러운 노화를 거스르고 더 젊어지기 위해 부단히 애쓰는 상황에 이르렀다. 자연스럽게 거듭나는 과정을 이제는 부정적인 시각으로 보고 있다. 늙는다는 것, 나이를 먹는다는 것은 세월을 거스르는 것으로 여긴다. 올림픽에서도 금 · 은 · 동메달의 성과를 뛰어넘는 것이 선수들의 외모다. 있는 그대로 놔두는 자연스러움은 어느새 자기관리가 미숙한 문제 있는 행동이고 이를 용납하지 않는 상황에 이르렀다.

가족주의가 가족이기주의로 자연스럽게 바뀌듯이 연고주의는 쉽게 집단이기주의로 변질된다. 그리고 집단주의는 수평적 인간관계보다는 위계적인 인간관계를 부추긴다. 개인은 관계 속에서 행동해야 한다. 그래서 '나' 라는 존재보다 '나의 직위' 가 더 소중해지고 타인에게 영향력을 미칠 수 있는 체면이 더 중요해진다.

　　집단이기주의 속에는 늘 권위주의가 있게 마련이다. 윗사람의 권위에 의존하여 질서를 유지하는 권위주의문화는 당연히 갈등을 병리적으로 본다. 그러다 보니 집단을 위해서 개인의 자아가 겪는 체험들을 솔직하게 표현하는 것이 어렵다. '나 하나만 참으면 되는데 왜 분란을 사서 일으키나?' 라는 인식 때문에 참지 못하는 자신이 오히려 비난의 대상이 되기도 한다. 갈등의 표출은 권위에 대한 도전이고 무질서와 혼란을 야기한다고 생각한다. 단합을 위해 노래방에 가면서도 윗사람 혹은 주변 상황 분위기에 맞춰 노래를 선곡해야 한다. 스트레스를 푸는 것이 아니라 스트레스가 오히려 쌓인다. 다른 사람들과 갈등에 대해서 부정적인 시각이 우세하다 보니 벌어지는 일은 더 많다. 토론을 통해 문제를 해결하기보다는 차이를 무마시키고 하나의 의견에 동조하도록 강요하는 상황이 연출되기도 한다. 차이를 인정하고 상대방을 합리적이고 논리적으로 설득시킬 생각은 하지 않고 차이를 덮어 버리려고 애쓰는 것이 한국인이 갖고 있는 전반적인 태도가 아닌가 싶다. 차이는 곧 갈등을 불러오고 갈등은 곧 악이라고 인식된다.

　　우리나라에서는 갈등상황이 일어나는 것을 지나치게 불편해하고 한국인에게 평화는 겉보기에 충돌이 없는 상태를 말한다. 그래서 문제가 될 만한 것은 아예 건드리지 않고 사는 것이 현명한 삶의 방법이라고 본다. 의견이 충돌되는 상태를 불편해하며 받아들이지 못하기 때문에 그 차이를 부정하는 것이다. 이는 대립적 상황이 주는 심리적 불편함을 잘 참지 못하는 한국인의 심리적 특성과 관련 있으며, 공동체 안에서 관계를 유지하면서 살아야 하고, 갈등을 유발시키는 것은 공동체 안에서 제외될 수 있다는 두려움이 작용하는 것으로 보인다. 자아는 경험을 통해서 성장하며 확대된다. 그래서 갈등을 회피하는 해결방식은 자아가 성장하는 것을 막고 자신보다 공동체를 우선적으로 생각하게 한다. 서로 부딪치지 않고 오히려 서로가 서로를 강화시키는 관계를 형성한다. 개인의 성장을 통한 공동체의 성장보다는 공동체의 유지를 우선시하는 현실에서는 자아의 진솔하고 다양한 성장을 어렵게 하는 측면이 있다.

세계화가 진행될수록 속도의 경쟁에 들어가게 되었기에 경쟁에 대한 조급증과 열등의식은 더욱더 증가하고 돈 앞에서 윤리와 명예, 양심은 아무런 힘을 발휘하지 못한다. 이러한 한탕주의가 국민 모두를 너도나도 부동산투기, 벤처 거품, 국민 펀드 등으로 이어지도록 만든다. 출세라는 결과가 과정상의 오류를 정당화시키는 것이다. 어떻게 해서라도 목표를 달성하면 그만이라는 생각은 발각만 되지 않는다면 비윤리적 행동은 말할 것도 없고 비합법적인 방법도 사용할 수 있다는 생각을 하게 한다.

자신의 목적을 위해서는 수단과 방법을 가리지 않는 태도는 한국인의 자기 성찰성을 약화시킨다. 따라서 유행에 따라 옷을 갈아입고, 머리 색깔만 염색하는 표피적인 변신만 계속할 뿐 삶에 대한 근원적 성찰과 진정한 자기 변혁은 이루어지지 않는다.

이제 우리는 경제성장에 비해 '나는 과연 행복한가?' 라는 진지한 질문을 던질 수밖에 없는 현실이다. 적자생존의 치열한 사회에 단련된 대중은 개인이 선택할 수 있는 여지가 점점 줄어드는 상황에서 살아남기 위해 본능적으로 어떻게든 개인이 해결해야 한다는 강박에 시달리고 있다.

개개인이 행복하기 위한 방법은 자연스럽게 온전한 인간됨의 길을 가는 것이다. 나 자신이 어제와 다른 오늘, 또 매 순간을 충실히 살아가고자 하는 삶의 원칙을 갖고 살아가는 것이다. '온전한 인간됨'은 '솔직해지는 것'이라고 볼 수 있다. 그 첫 번째가 자기 자신의 내면을 돌보는 방법이다. 즉, 나 자신에게 가장 먼저 귀를 기울이고 이야기들 들어주는 경청에서 시작한다. 경청으로부터 울리는 내면의 소리를 듣고, 이를 받아들이고, 자신을 있는 그대로 바라보며, 그리고 나와 나의 자녀를 돌보는 것이 나의 이웃과 우리 지역사회를 돌보는 것이다.

자신에게 대하는 온전하고 부드러운 태도는 자신의 성장과 힘을 믿고 감싸 주는 데 있다. 자연스럽게 받아들이고 수용할 줄 아는 자기 돌봄이 우리가 나아가야 할 길이다. 이것이 '진정한 사람됨'이자 포커싱이 필요한 진짜 이유라 하겠다.

4. 지금 주목받는 포커싱

'왜 지금 포커싱이 주목받을까?' 내가 한국에 온 지 10년이 넘었고, 귀국 초기에 포커싱에 대해 강의도 하고 이야기도 했지만 주변 반응은 그리 시원치 않았다. 무엇보다도 나한테 1차적인 문제가 있었겠지만 그때는 사람들이 포커싱을 받아들일 준비가 안 되어 있었다. 그래서 사람들은 포커싱을 가볍게 여기거나 대수롭지 않게 느꼈으며, 또 내 것이 중요하다고 자각하지 못했던 시기였다.

1997년에 미국 유학에서 한국으로 돌아온 나는 최근 10년을 5년 단위로 나누어 살펴본 결과 최근 5년은 이전의 5년과 매우 달랐다. 그때는 상담이라든가 치료에 대해 겁부터 내고 터부시하고 쉬쉬했으나, 최근 5년 전부터는 사람들이 상담에 임하는 자세가 적극적으로 변했고, 엄마들이 아이에게 문제가 있으면 내놓고 떠벌리지는 않지만 그래도 상담자를 찾아와 도움을 요청하는 단계까지 온 것 같다. 이러한 인식의 전환은 정말 Dymamic Korea라는 슬로건에 걸맞게 역동적으로 변해 가고 있다. 오랜 역사와 전통으로 보수적인 면모를 갖추고 있어 쉽게 변하지 않는 것도 있겠지만 머리로만 이해하려는 것의 맹점과 한계점을 느끼기 시작하면서 머리로만은 해결되지 않는다는 인식의 전환이 생기기 시작한 것 같다. 복잡한 머리, 그러나 무딘 감정, 해결중심적 · 전투적으로 살지만 막상 해결하지 못하고 건조한 삶을 살아가는 것, 사람들은 서서히 그러한 것들의 부작용을 느끼기 시작한 것 같다. 조건과 사회적인 인식 속에서 벗어나도 된다는 것, 조금은 다양성이 보장되는 사회, 결혼을 좀 늦게 해도 되고, 아이를 낳지 않을 수도 있는 등의 여러 사례는 예전에 비해 다름이, 즉 각자의 개성이 좀 더 존중되는 분위기로 형성되고 있음을 보여 준다.

최근 들어 사람들은 억지로 대충 살지는 않겠다거나, 결혼할 때가 안 되었는데도 굳이 나이에 맞춰 결혼해야 하고, 아기를 갖고 싶지 않은데도 낳아야 하는 이러한 보이는 삶에서 벗어나려고 하는 것 같다. 자각 없는 삶보다는 보다 적극적인 삶을 선택하고 책임지려는 경향이 증가하고 있다. 최근 2~3년 동안 감정과 심리학에 대한 관심이 높아진 탓이라 보인다.

어느 정도는 이루었으나 뭔지 모르게 허기지거나 허탈해지고, 무엇인가를 끊임없이 찾지만 머리로는 도저히 이해가 안 되는 것을 경험한 사람들은 이제 내면을 경험하고 싶어 한다. 그런데 그들의 마음을 포커싱을 통해 어루만져 주는 순간, 놀랍게도 "아! 이런 거구나." 하면서 잃어버린 조각을 되찾는 체험을 하게 되었다. 그래서 이제는 언어표현도 '내면에서 무엇을 원하는 것 같아요?' 라고 물어보면 예전에는 '뭔 소리야? 내면이 뭐야?' 라고 반응했을 텐데, 이제는 사람들이 스스로 이해하기 시작했다. 이제는 사람들이 준비가 된 것 같다. 사람들이 자신의 내면에 귀 기울일 준비가 되어 있다는 것은 큰 변화다.

체험중심 상담과 인간의 섬

인간은 체험을 통해서 진짜 성숙할 수 있다는 것을 비로소 느낀다. 이미 물질적으로 풍요로움을 겪었기 때문에 물질이 줄 수 없는 것을 체험해야만 가능한 것이다. 체험은 순리적인 사이클 형태를 지니지만, 체험처럼 인간을 변화시키는 확실한 방법도 없다. 지금껏 성취지향적으로 달려와 물질적으로는 여유가 생겼지만 이제는 앞만 보고 달려온 삶에 대한 씁쓸한 뒤끝을 알게 된 것이다. 반면, 배가 고프다면 사람들이 감정에 얼마나 충실할 수 있을까 하는 의문이 든다. 어찌 보면 행복은 여유의 다른 의미라고도 여겨진다.

포커싱은 인위적으로 내담자를 대하지 않는다. 부드럽고, 따뜻하게, 친절하고 허용해 주면서 기다려 준다. 우리는 일상적으로 자신의 건강에 필요한 적당한 거리를 두지 못한 채 살아와서 '내가' 인생의 주인임을 놓치고 살아왔다. 포커싱적 태도는 가족치료 분야에서도 강조하는 경계(boundary)의 문제와 연결되어 있다.

모든 사람이 자각을 해야만 건강한 영역을 만들 수 있고 지키며, 서로의 소중함도 알아야 건강한 관계도 유지되고 타인의 영역도 알고 나도 존중되고 타인도 존중되는 것이다. 그러나 '너와 나, 우리'의 영역이 구분되지 않고 하나로 느껴지다 보니 서로를 '내 것'으로 소유하려 든다. 무조건 소유하려 들다 보니 상대를 통제하고 단속하고, 애초부터 자신의 것이 될 수 없는 것을 우리는 자기중심적으로 바라보고 타인에게 요구한다. 이는 자기 자신에게 익숙한 방법으로 타인을 소유하려는 경향성 때문이다.

로저스는 "인간은 결국 각각의 섬이다."라고 하였다(주은선 역, 2009). 다시 말해, 인간은 각각의 섬에 지나치지 않는다는 뜻이다. 나는 여기 있고 저 사람은 저기 있을 뿐이다. 그래서 섬과 섬이 만나려면 결국 다리를 놓을 수밖에 없다. 섬이라는 자각을 못하면 내가 거기에 침범해 마음대로 할 수 있다고 여기는데 이는 소유와 관련된 것으로서 경계선을 무너뜨린다. 그러나 섬이라고 자각하면 차근차근 다리를 놓고 서로를 만나는 것이 가장 효과적이고 좋은 방법이 된다. 일방적으로 다리를 놓는 것도 아니다. 다리를 놓을 만큼 섬이 건강해야 하는 것은 물론 다른 섬을 인정해야 한다. 그렇지 않으면 불행해진다. 이는 곧 관계로 정립될 수 있다. 부부, 부모 자식 모두는 다 각각의 섬일 뿐이다. 다 함께 하나의 섬에 있는 것이 아니라 모두가 각각의 섬에 있는 것이다.

그렇다면 여기서 가족이 해체될 수 있다는 우려의 목소리가 나올 법도 하다. 하지만 원래부터 우리는 각각 그렇게 살아왔다. 섬이 없어지거나 한 섬으로 이주할 수 있는 것이 아니다. 모두가 자기됨을 포기하고 남편을 위해 또는 엄마를 위해 살 수는 없다. 그러니 끊임없이 상대방에게 외치고 알려 상대방의 것을 들으려고 노력하고 또한 계속해서 끊임없이 알리고 듣고 반응해 주고 공감해 주고 목이 쉴 정도로 타협해야 한다. 서로서로 소통하는 것이 그리 쉬운 일은 아니다.

내버려 두면 건강한 선택을 하는 것이 사람이다

이 책이 전문가들에게는 포커싱을 보다 체계적으로 배울 수 있는 계기가 되면 좋겠다. 일반인이라면 머리를 통한 합리적이고 이성적인 생각만 하려고 애쓰지 말고 자기의 본연의 모습을 발견하고 자기관리 차원에서 포커싱을 실제 활용하면 좋겠다. 감정 읽기와 자기를 알아 가는 과정을 통해, 궁극적으로 자신이 얼마나 소중한 존재인지를 알게 되면 좋겠다.

자기 자신과 마주 앉는 것은 그리 대단한 일이 아니다. 당신은 이미 오래전부터 당신 안에 귀중함을 갖고 있었지만 단지 당신만 모르고 있었던 것이다. 당신이 지금 너무 지쳐 있거나 힘들어서 머리로만 모든 것을 다루려고 하기 때문에 몰랐던 것이다.

사람들은 흔히 외롭다는 말을 자주 한다. 하지만 '외롭다'고 단정 짓기보다 '어떻게 외로운지, 외롭다고 느낄 때 내 몸은 어떻게 반응하는지' 등을 살펴보면서 조심스럽게 다루는 것이 자신에게 유익하다. 우리에게 이슈들이 미해결로 남는 이유, 또 무엇인가 지속적이면서도 부적응적인 느낌과 함께 몸이 고정된 패턴으로 꾸준히 나아가는 것은 우리가 느끼는 정확한 체험으로부터 멀어졌기 때문에 이런 자신을 알아 달라고 보내는 반복적인 신호라고 보면 된다. 사람은 자연스럽게 내버려 두면 건강한 선택을 할 수밖에 없다. 상처가 나면 알아서 아물어 가는 것과 같다고 보면 된다. 포커싱도 이러한 본능에 가까운 작업이다.

🌳 5. 교육자와 상담자로서 자기 돌봄

상담은 단순히 상담자와 내담자로서 만나는 것이 아니라 인간적으로 만나는 것이 중요하다. 우리가 어떠한 역할로 만나고 이러한 역할 속에서 어떻게 해 줘야 하는 당부와 애씀이 있어야 이에 대한 부담에서 벗어날 수 있으며, 그래야만 자신의 본연의 모습이 될 수 있고 이러한 것이 바로 로저스가 말하는 일치성이다. 상담자가 한 인간으로서 최선을 다해 매 순간 깨어 있으면서 언어ㆍ비언어까지 감지한다면 이러한 자각을 통해서 살아 있는 상담을 할 수 있는 것은 물론 상담자도 직업병인 소진도 면할 수 있다.

스콥홀트(T. M. Skovholt)에 따르면 "소진은 자아의 출혈이다." (Skovholt, 2000)라고 하였다. 상담자의 소진은 우울, 고립감, 능률 감소 등을 야기하고 상담자 자신의 정신적 우물을 고갈시키고, 상담자가 내담자에게 도움을 주기보다는 오히려 해를 끼칠 수도 있다. 내 경험에 비춰 봐도 자각이 덜한 상태에서 살면 감기도 자주 걸리고, 후유증도 더 오래가는데, 자각이 깨어 있으면 병을 미리 예방할 수 있다. 우리 몸은 우리에게 항상 신호를 보낸다. 내 몸이 허기져서 배가 고프고, 어디론가 떠나고 싶고, 뭔가를 더 하고 싶다는 반응들만 알아차려서 충족시켜 주면 후유증이 오래가는 것을 예방할 수 있다. 그러나 상담자가 마른 우물처럼 고갈되면 여유 있게 상담하기가 힘들기 때문에 이러한 현상이 일어나기 전에 스스로 깨어 있어야 한다.

앞에서 이야기한 것처럼 교육자로서 학생을 인간적으로 만나기 보다는 실력을 키우기 위해 학생을 물건처럼 대하고 평가하고 진단하는 것은 나 자신뿐만 아니라 학생에게도 심리적인 고통을 주기 마련이다. 학기말 즈음 되면 묘하게도 몸은 힘든데 머리로는 '괜찮아. 괜찮아.'를 외치며 무리를 하게 된다. 그러면서 스스로를 내몰면 감기에 후두염까지 앓게 된다. 되돌아보면 스스로 '난 꽤 건강한데.'라고 자부하며 자각 없이 스스로를 너무 혹사시키면 부작용은 반드시 나타난다. 계속해서 '이건 별거 아니야! 지금 해 둬야지. 나이 들면 못하지!'라고 스스로를 내몰면 몸이 우선 반응하고 아프기 시작한다.

나의 감정을 몰라주고 나의 내면과 접촉하지 않고 머리로만 자각하면 나를 돌보라고 경고를 하는 신호와 이상 징후들을 놓치게 된다. 사실 최근에는 암과 같은 많은 질병이 스트레스를 원인으로 보고 있으며, 경고와 신호를 무시하면 큰 질병에 걸린다는 생각도 든다.

상담은 이론과 내가 자연스럽게 흡수되어서 모국어처럼 자유자재로 구사되어야 한다. 따라서 상담에 대한 철학과 가치관이 따로 놀지 않아야 한다. 그래야만 나 자신이 편해진다. 왜냐하면 억지로 하는 것에는 늘 한계가 뒤따르기 마련이다. 사람 만나는 일처럼 피곤한 일도 없는 것 같다. 내가 머리가 아닌 마음으로 만나면 그 사람도 좋고 나도 좋지만 차원이 다른 만남은 전혀 다른 관계의 질이 형성된다.

스스로 자각하고 몸과 마음이 깨어 있으면 몸과 마음을 돌볼

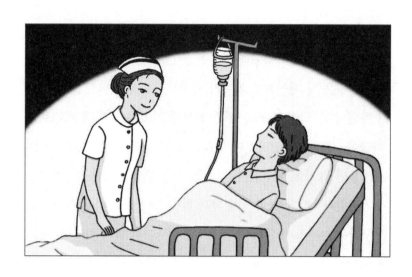

수 있고 나 자신이 넉넉해진다. 그러면 내담자도 그만큼 여유 있게 내 안의 심리적인 여유공간에서 뛰어놀 수 있다. 얼마 전 종결이 다 되어 가는 내담자가 "선생님을 통해 어머니와 같은 마음"을 체험할 수 있었다며 연락을 주었다. 예전 같았으면 "내가 상담자지 무슨 어머니야?"라면서 불편하게 여겼겠지만, 나 자신에 대해 깨어 있고 내담자에 대해 깨어 있으니 나와 내담자에게 각박하지 않은 넉넉함과 여유로움이 생겼으며, 내담자가 마음대로 뛰어놀 수 있는 놀이터와 같은 심리적인 공간을 자연스럽게 제공할 수 있었다.

일치성과 본질에 충실하다 보면 상담자 자신의 심리적 성장으로 이어지고, 이것이 내담자로 하여금 마음껏 뛰어놀 수 있는 확장된 자아를 체험하게 한다. 경험을 통해서 그릇이 커지는 자아의 확장으로 인해 상담자 자신은 넉넉해진다. 상담자의 심리적인 공간이 넓어지면 여유가 생기기 때문에 내담자와 각박하게 부딪히지 않아도 된다. 이 얼마나 자연스럽고 단순한 원리인가.

본질을 찾고 상담자가 마음을 찾으면 상담자의 소진도 자각을 통해서 예방될 수 있다. 소진은 타 버려 없어지는 상태를 말하는데 소진이 되면 이미 때는 늦는다. 배터리가 어느 정도 달았는지를 알아야 충전할 수 있듯이 자신에 대한 자각이 중요하다. 충전은 앞으로 나아갈 수 있게 한다. 포커싱은 종종 나에게 소진을 예방할 수 있는 자각을 심어 주고, 이상 징후들을 무심코 지나치지 않게 해 준다. 여러분도 전문가로서 자신의 상담에서는 물론 자조(self-help)의 방편으로 포커싱의 힘을 체험하기를 희망한다. 아울러 포커싱을 통해 여유를 갖고 충전의 계기가 되기를 기대한다.

Chapter **02**

포커싱 체험심리치료의 이론과 실제

🌳 1. 포커싱이란

포커싱(focusing)은 자기 인식(self-awareness)과 정서적 치유(emotional healing)를 위해 몸에 집중하여 자신이 느끼고 있는 것을 과장하거나 축소하는 것이 아니라 '있는 그대로' 느끼는 과정이다. 즉, 인간 내면에 존재하는 특정한 문제와 연결된 느낌, 또는 '펠트센스(felt sense)'에 초점을 맞추어 특별한 느낌의 신체 자각과 접촉하는 과정을 말한다. 주목할 만한 점은 신체적인 반응에 집중하면 이 느낌을 체험할 수 있고, 그곳에 답이 있다는 것을 전제로 하고 있다(주은선, 1998).

만약 많은 사람 앞에서 말할 때 과민성 복통이 느껴지거나, 당신이 중요한 전화가 올 것을 기다릴 때 가슴에서 무언가 답답함이 느껴진다면, 우리는 이것을 '펠트센스'라고 부른다. 즉, 이러한 의미 있는 몸의 감각이 바로 '펠트센스'다.

　대부분의 사람들은 이러한 상황에서 유발되는 감정과 느낌을 제거해 버리려고 시도할 것이다. 또는 자신을 억누를지도 모른다. "정말 중요한 순간에 왜 이런 어이없는 기분을 겪는지 모르겠다!" 혹은 "만약 내가 좀 더 나은 사람이었다면 이런 식으로 긴장하며 얼어붙진 않았을 텐데……."라고 말하거나 자신을 비하할 수도 있다. 하지만 이러한 방법들은 일시적인 효과만 기대하게 할 뿐 없어지거나 사라지지 않음을 이미 충분히 경험했을 것이다.

　하지만 반대로 당신이 자신의 내면에 관심을 갖고 대화를 시작한다면 몸 전체에서 느껴지는 풍부함과 깊이로 인해 마음이 편안해질 것이다. 더 나아가서 당신이 그 감정에 경청한다면 당신이 하려는 일을 추진력 있게 진행할 수 있을 것이다. 당신은 아마도 자신의 변화에 놀라고 자신을 기쁘게 하는 방법을 경험함으로써, 당신의 인생이 한걸음 더 나아감을 경험할 것이다.

　포커싱은 부드럽고 수용적인 방법으로 내면의 이야기를 경청하고 내면이 당신에게 보내는 메시지를 듣는 것이다. 이것은 당신의 내면이 지니고 있는 지혜를 소중히 다루는 과정이며, 당신의 몸이 알고 있는 것들을 당신에게 말하는 과정으로 당신이 예민해야만 얻을 수 있는 수준의 깨달음이다. 당신의 몸을 경청함으로써 통찰을 얻을 수 있고, 신체적인 완화 그리고 긍정적인 삶의 변화로 이어질 것이다. 이로써, 당신은 당신 자신을 좀 더 이해하게 되고 더 잘 느끼며 당신이 원하는 삶을 새롭게 창조할 것이다.

과거에 미해결된 감정들이 해소되지 않으면 인간의 내면에 내재하게 되고 이는 신체적인 반응으로 나타나는데, 주로 배 아랫부분에서부터 목 윗부분까지 몰려 있다. 이런 미해결된 감정은 체험심리치료자인 그린버그(L. S. Greenberg) 등이 말하는 '미해결된 사건(unfinished business)' 과 흡사하다고 볼 수 있다(Greenberg, Elliot, & Foster, 1990; Green & Safran, 1987). 이는 총체적인 인간관에 바탕을 둠으로써 내담자를 분석하고, 인지−행동적으로만 접근하는 데 한계를 보완하고자 한 것이다.

🌳 2. 포커싱의 이론적 배경과 발달

　포커싱은 현상학과 실존주의의 영향을 많이 받았는데 이들과 어떤 연관이 있는지 잠시 알고 넘어가는 것이 포커싱을 이해하는 데 도움이 될 것 같다. 포커싱은 실존주의 인간관에 근거를 두고 인본주의 이론적 관점과 맥락을 함께하고 있다.

현상학

　인간은 시시각각 변화하는 환경에 적응하며 살아가는 유기체다. 이 유기체의 활동 세계는 시공 속에 일정 기간 지속적으로 존재하는 물질적 사물의 세계로 간주된다. 이 사물들은 상호작용하며 인간의 마음과 신체에도 영향을 미치는데, 인간은 감각기관을 통해 그러한 영향을 받아들이며 결국 그것으로써 물질적 외부세계를 의식하게 된다. 이렇게 인간은 언제나 감각을 통해 사물을 보고 지각하며 인간이 참으로 보는 것은 실제의 사물이 아니라 감각으로 주어진 산물이다. 그렇다면 감각의 산물로 축적된 대상과 실제 대상을 구분하는 경우 발생하는 문제는 어떻게 둘이 연결되며, 이러한 감각의 축적물이 어떻게 실제 대상과 관계되어 작용하는가다.

이에 대해 메를로퐁티(M. Merleau-Ponty)는 "인간의 모든 문화적 활동은 지각에 뿌리 둔다."라고 주장하였다. 지각을 통한 세계와의 원초적 만남, 곧 몸을 통한 세계와의 직접적 만남, 그 만남을 통해 드러나는 세계, 사물, 의미와 감성 등은 인간이 개념이나 수학 같은 합리적 장치들을 사용해 대상화하고 도표화하고 함수화하기 이전에 존재하는 차원이라는 것이다(Merleau-Ponty, 1964). 우리에게 가장 본래적이고 원초적인 세계, 즉 우리의 주체성과 세계의 객관성이 '이미 거기에서' 접혀 있거나 겹쳐져 있는 그 원초적 장, 즉 개념 이전에 우리 몸이 드러내고 있는 그 차원으로 내려가 본래적인 존재와 만나는 것이다.

현상학이라는 용어는 많은 철학사상 학자들이 각기 다른 개념으로 사용해 왔다. 그러나 일반적으로 후설(E. Hussel)을 중심으로 가이거(M. Geiger), 펜더(A. Pfänder), 라이나흐(A. Reinach), 셸러(M. Scheler), 하이데거(M. Heidegger), 베커(O. Becker) 등 이른바 현상학파라고 불리는 학자들의 철학 운동을 뜻한다. 현상학은 세계 모든 영역에 속한 대상들의 본질뿐만 아니라 순수의식의 본질 또한 탐구하려 한다. 선험적 현상학은 세계가 존재한다는 것을 소박하게 믿는 우리의 일상적인 태도, 자연적인 태도를 중지하고 순수의식의 영역으로 들어가려는 시도다. 다시 말해, 세계와 세계의 대상이 이렇다 저렇다는 판단을 유보하고, 즉 자연적 태도에서 오직 외부 대상으로 향하던 우리의 시선을 멈추고 의식 내부 세계로 눈을 돌리는 것이다(신귀현, 1984).

이 운동은 당초 '사상 그 자체로' 라는 표어처럼 의식에 나타난 것(현상)을 사변적 구성을 떠나서 충실히 포착하고, 그 본질을 직관에 의해 파악하고 기술한다는 공통적인 지향성을 가지고 있었다. 의식의 지향성이란 의식은 언제나 '무엇인가에 대한 의식' 임을 뜻하는 것인데, 여기서 중요한 것은 의식이 대상과 관계되는 것으로 나타나고, 대상이 의식과 관계되는 것으로 나타난다는 상관관계를 파악하는 일이다. 이 상관관계의 분석은, 후설의 선험적 현상학에서는 오로지 인식론적 시야에서 의식과 대상과의 관계에, 더구나 자아의 의식이라는 좁은 범위에 한정되어 버렸으나, 그 후 인간학적 · 존재론적 시야에서 인간과 세계와의 본질적인 존재 구조를 밝히는 유력한 방법이 되었다. 또한 그것은 인간존재를 '세계 내 존재' 로 파악하는 하이데거나 사르트르(J. P. Sartre)의 실존철학에 계승되었다.

실존주의

실존주의적 관점의 중심 개념은 현 존재, 즉 세계 속에 존재하고 있는 것에 대한 의미를 추구하는 데 있다. 무엇이 인간을 인간다운 존재로 만드는가 하는 것을 이해하는 과정이 실존치료의 근간이다. 인간 본성에 대한 실존적 관점은 존재의 의미가 한 번도 고정된 적이 없었으며 미래에도 고정되지 않을 것으로 일부 이해될 수 있다. 다시 말해, 실존적 관점은 존재함으로써, 인생에 의미를 부여하는 것이다. 메이(R. May)에 따르면 "존재가 의미하는 바를 이해하기 위하여, 인간은 자신이 존재하지 않을 수도 있다는 사실을 이해해야 한다."(May, 1958)라고 하였다. 그러나 이러한 자유를 행사하기가 쉽지는 않다.

　실존주의에서는 인간은 본래, 자기를 이끌어 주는 경험을 바탕으로 끊임없이 자신을 만들어 나간다는 기본적인 인간관을 갖고 있다. 실존에 대해 덴마크 철학자 키에르케고르(S. A. Kierkegaard)는 "나……라는 이 주체, 이 '자기'가 곧 실존이다."라고 주장하였다. 즉, 인간이 보다 의미 있고 가치 있게 살려면 객관적인 사실보다는 주관적이고 주체적인 입장이 더 중요시되는데 자기 자신이 경험하는 주관적인 경험이 곧 실존인 것이다. 그리고 주관적인 경험과 순간순간 지각되는 자기 인식의 중요성을 나타내는 것이 현상학적인 개념이다. 실존주의에서는 자신이 보는 현상이 곧 전부요, 진리라고 강조한다. 사실 실존주의는 실존 철학에서 시작되었지만 전 세계가 전쟁을 치르면서 주목받기 시작했다.

　제1차 세계대전과 제2차 세계대전을 거치는 동안 유럽은 전쟁과 살인으로 인해 삶에 대한 허무감과 좌절감이 극도에 달하기 시작한다. 따라서 사람들은 이러한 문제를 해결하기 위한 욕구가 높아졌고, '인간 본연의 모습은 잔인하고 허무한 것인가? 절망감을

이겨 내기 위해 인간은 어떤 것을 추구해야 하는가?'에 대한 물음
을 던지면서 실존주의는 주목받기 시작했다. 이때의 실존주의적
접근은 기존의 정신분석과 행동주의적 접근과는 확연히 달랐다.

실존주의적 접근에서는 인간의 참된 존재는 인지적 경험의 대상
인 '본질'이 아니라, 개인적으로 매 순간 경험되는 '실존'이라고 생
각한다. 실존주의는 인간 개체의 가장 즉각적인 경험, 즉 인간 자신
의 실존과 그 실존의 경험인 현상학적 경험에 초점을 두고 있다. 인
간 개체는 어떤 정지된 실체 또는 기제가 아니라, 하나가 되어 가고
있는(becoming) 또는 실존하고 있는(existing) 존재다. 실존주의는 인
간의 현 존재(실존)를 있는 그대로 파악하는 접근이고, 메이, 프랭클
(V. Frankl), 얄롬(I. Yalom), 하이데거 등이 대표적인 실존학자들이다.

1960~1970년대에 걸쳐 상담 및 심리치료사들은 정신분석과 행
동주의 접근의 대안적인 치료방법으로 '제3세력'에 대한 관심이
증가하였다. 이는 인간에 대한 접근을 달리하는 새로운 패러다임
이었다. 또한 이러한 움직임은 '인본주의'에서 시작되었다. 이에
대표적인 접근이 실존주의, 인간중심치료, 펄스(F. Perls)가 개발한
형태치료를 발전시킨다. 인간중심치료와 형태치료는 모두 경험
적이고 관계지향적이다.

한편으로는 역사적 관련성 때문에 또 한편으로는 실존주의와 인
본주의를 대표하는 이론가들이 자신의 사상을 명확하게 구분하지
않았기 때문에 실존주의와 인본주의라는 두 용어는 사람들을 혼란
스럽게 만들었다. 실존주의의 개념은 인간중심에서 도입하였는데
'성장(Becoming)'의 개념과 '너와 나(you and I)'의 개념이 포함되

어 있다. 성장은 유기체가 항상 더 나은 다른 존재가 되려고 노력하는 과정에 있다는 개념이고, 너와 나라는 것은 인간적인 관계에서 내담자의 지각에 초점을 두고 상담자가 내담자의 주관적 세계에 들어가야 한다는 것을 뜻한다. 따라서 현상학은 인간중심 상담의 기초가 된다(Corey, 2004). 이러한 부분은 인본주의 관점이 지향하고 있는 공통점이다.

하지만 철학적인 면에서도 공통점과 상당한 차이점이 발견된다. 내담자의 주관적인 경험을 존중하고, 긍정적이며 건설적인 의식적 선택을 할 수 있는 내담자의 능력을 신뢰한다는 점에서 두 관점은 유사하다. 또한 자유, 선택, 가치, 개인의 책임능력, 자율성, 목적, 의미와 같은 개념을 강조한다는 점에서도 유사하다. 두 접근법은 모두 치료과정에서 기법의 역할에 큰 가치를 두지 않고, 진실한 대면을 강조한다. 그러나 실존주의자들의 경우 인간은 본질적으로 의미 없는 세상 속에서 자신의 정체감을 창조하기 위한 선택을 하는 데 따르는 불안을 경험할 수밖에 없다는 입장을 고수한다. 반면에 인본주의자들은 인간을 실현시키고 그를 통해 의미를 찾을 수 있는 타고난 잠재력이 있어서 불안을 덜 경험한다는 입장을 취하고 있다. 많은 현 시대의 실존치료 상담자들은 스스로를 실존주의적-인본주의적 상담사로 불렀고, 그것은 그들의 뿌리가 실존주의 철학에 있지만 미국의 인본주의 치료의 많은 면을 포함하고 있음을 나타낸다(Cain, 2002).

인간중심 접근

'객관적인 현실'은 더 이상 중요하지 않다. 진실로 중요한 것은 개인이 현실을 경험하게 만드는 주관적인 틀이다. 매슬로(A. Maslow)에 따르면 모든 사람은 자기실현의 잠재력을 갖고 있으며, 자신이 장차 역량 있는 인간이 되고 싶은 본질적인 욕망을 가지고 있다고 했다. 자기실현은 인간이 가진 너무도 보편적인 특성이기 때문에 이는 특정 행동으로 나타난다. 그는 인간의 동물적 본능인 적대성, 질투 등의 반사회적 감정은 인간의 욕구인 사랑과 안전, 소속감에 대한 기본적인 욕구의 좌절 때문이라고 지적한다.

로저스(C. Rogers) 역시 자기실현은 인간 본질의 핵심이라고 했으며, 성격의 심층적인 측면인 '동물 본능'의 기초가 천성적으로 긍정적이고 사회성이 있고 전진하려는 특성이 있으면, 이성적이고 현실적이라고 했다. 사람은 자기 자신을 이해하고 자기 개념, 기본적인 태도, 자기 주도적인 행동을 변화시킬 수 있는 방대한 자원을 갖고 있으며, 촉진적인 태도가 제공되기만 하면 독특한 인간의 특성인 충분히 기능하는 사람으로 존재하게 된다. 따라서 충분히 기능하는 사람은 완전한 유기체로 경험을 인식하고 신뢰받을 수 있다. 이렇게 되면 자신의 행동이 건설적으로 된다. 그러나 이는 항상 인습적이지는 않다. 항상 순응하지 않고, 개인화될 것이고, 또한 사회화될 수 있다. 우리는 이러한 유기체의 특성을 실현 성향-경향성(actualizing tendency)이라 한다. 이것은 모든 살아 있는 유기체 안에 존재한다는 것을 기본 인간관으로 전제하고 있다.

내담자가 본인이 체험하고 있는 것을 있는 그대로 받아들이는 것이 얼마나 중요할까? 이것이 인본주의이며 인간중심주의다. 좀 더 세밀히 접근하여 개인의 내적 체험으로, 특히 몸의 감각을 매개체로 활용한 것이 포커싱이다. 포커싱을 깊이 이해하려면 역사적·철학적 배경을 이해하는 것이 도움이 되고, 이러한 배경을 갖고 깊이 자신의 내적 체험을 이해하는 것이 포커싱이다.

내가 느끼고 있는 모든 것, 감정으로 표현하기에는 너무 좁은 것, 어떤 개인이 느끼는 것을 하찮게 여기고 무시하고 별것 아니라고 다루지 말고, 그것이 무엇이든 간에 무엇을 느끼고 그것이 자신에게 맞다면 있는 그대로 존중해 줘야 한다. 사회나 주변에서 아무리 그것이 최고라고 해도 내 것이 아니면 나에게는 어울리지 않는 옷과 같기 때문에 아무 소용없다. 딱 맞아 떨어지는 느낌이 얼마나 중요한 것인가는 내가 내 자신을 소중한 존재로 자각할 수 있게 한다.

10여 년 넘는 포커싱 관련 임상경험을 통해 내가 알게 된 것은 사람들은 있는 그대로의 것을 많이 선택한다는 사실이다. 사람들은 상담 장면이나 포커싱 워크숍에 와서 현재의 자신이 너무 싫어서 자신으로부터 도망가려고 한다. 그러나 포커싱 작업을 통해 "이래도 되는구나." "괜찮구나."라는 확신을 얻어 간다. 그리고 현재 '그것'이 있는 그대로 좋다고 한다. 그냥 이대로가 좋다는 것, '행하지(doing) 않는 것'도 곧 선택이라는 실존적인 의미를 실제로 선택한다는 것을 확인하면서 그들 각자 자신이 굉장히 만족해한다는 것이다. 자기 것임에도 벗어나려고 하는 대다수의 사람들이 현재 있는 그대로의 모습을 자처한다는 것인데 매번마다 이것은 매우 놀라운 발견이다.

많은 사람이 "힘들어요. 문제를 해결하고 싶어요."라고 찾아오는데 포커싱을 통해 문제를 해결하는 것이 중요한 게 아니라 "이게 있어도 괜찮구나. 더 좋네, 이게 나네."라는 진정한 자기 수용과 존중을 경험하는데 이것이 바로 포커싱 작업이다. 어떻게 꼭 해결하려고, 꼭 어떻게 해 보려고 하지 않아도 된다는 사실을 발견하면서 스스로 진정한 수용을 하고 편하게 느끼기도 한다.

인간중심 상담에 대한 오해

인간중심은 말 그대로 내담자가 무엇을 원하는지를 알아야 하고 맞춰 줘야 한다. 인간중심은 사실 매우 적극적인 작업이다. 결국 무엇을 하든지 간에 항상 타협을 하게 하고, 끊임없이 대화를 하게 하고 선택하게 하는 치열한 소통의 작업이다. 진정한 인간중심은 막연하게 앉아서 듣고만 있는 수동적인 상담이 아니다. 그 어떤 이론보다도 즉각적이어야 하고 끊임없이 움직이고 활발하게 반응해 줘야 한다. 적극적 소통을 기반으로 내담자를 접할 때는 그 어떠한 평가나 진단에서 자유로워야 한다.

인간중심 상담에서는 초기 면접에서조차 상담자가 내담자에 대한 정보를 얻기 위해 심리검사를 반드시 실시하지 않고, 가족과의 관계, 가계도, 상담자가 궁금한 것과 상담자의 이해를 돕기 위한 어떠한 도구도 사용하지 않는다. 가계도가 과연 내담자 이해를 돕는가? 내담자가 말하는 자신의 성장 배경, 내담자가 말하는 부모님에 관한 내용이 중요하면 이것이 그 내담자에게는 진리인 셈이다.

인간중심 접근에 관해 사람들이 갖고 있는 많은 오해는 이 접근이 수동적이고 무조건적으로 허용적이라는 것인데, 인간중심 접근은 치료자와 내담자의 적극적인 관계를 통해서 면밀하고 섬세하고 치열하게 소통하는 것이다. 인간중심 상담을 하려면 그 어떤 접근보다도 다양하게 알아야 하고 더 많은 공부를 해야 하며 무엇보다 이론적인 지식을 넘어서서, 자신의 몸과 마음에 인간중심이 배어 있어야 한다. 그래서 더 힘들다. 내담자의 손짓, 발짓, 몸짓에도 아주 예민하게 반응해야 하며, 그 어느 것 하나 놓칠 수 없다. 그만큼 집중해야 하고 몰입해야 한다. 그래서 인간중심이다. 분석하고 해결하려는 순간 문제만 남고 사람은 없어진다. 이러한 인간중심 접근을 바탕으로 포커싱을 이해해야 한다.

포커싱 체험심리치료는 어떻게 발달해 왔는가

1960년대 초 시카고 대학교 심리학과 교수인 젠들린(E. T. Gendlin)은 심리치료 연구자라면 가장 관심 있는 주제인 '무엇이 성공적인 상담 효과를 가져오는 것일까?' '왜 어떤 내담자는 상담을 통해 도움을 받고, 어떤 내담자는 그렇지 못하는 것일까?' 에 대해 알아보기 위해 동료들과 수백 개의 상담 녹음테이프 분석에 들어갔다. 상담자와 내담자에게 각각 상담이 성공적이었는지를 평가하게 하였고, 어떤 내담자에게 긍정적인 변화가 일어났는지를 측정하기 위해 다양한 심리측정 검사도 사용하여 분석하였다.

이렇게 상담자와 내담자, 그리고 객관적인 평가도구의 세 관점에서 모두 동의하는 것을 전제로 하여 자료를 성공적인 상담과 그렇지 못한 상담의 두 집단으로 나누어서 어떤 점에서 차이가 있는지를 알아보았다(Cornell, 1996).

여기서 젠들린과 연구팀은 성공적으로 분류된 상담에서는 첫 번째 회기, 또는 두 번째 회기에서부터 내담자의 반응에서 뭔가 다른 것이 있다는 것을 발견하였다. 상담자 요인이 아닌 내담자 요인이 성공적인 상담을 이끈다는 것이다. 젠들린은 이런 내담자들은 교육이나 상담을 통해 얻은 것이 아니라 상담을 받기 전부터 자연스럽게 마치 자신의 몸에 배어 있는 듯한 반응과 태도를 보인다고 설명하였다.

상담이 성공적이었다는 내담자는 상담과정에서 종종 말을 서서히 하면서 시간을 갖고 몰입하며 자신의 신체반응에서 뭔가를 느끼는데 그것을 설명하고자 애쓰는 다음과 같은 반응을 한다는 것이다. "음, 있잖아요. 아, 잠깐만요." "맞아요, 지금 여기 가슴 중앙에 뭔가 막혀 있는 것 같은데……. 그게 말이에요. 무언가가 나를 누르고 있는 것 같아요." "음, 이걸 뭐라고 해야 하나. 이상한데……. 배가 살살 아픈 것 같기도 하고……. 왜 찝찝한 것 있잖아요." 등과 같은 반응이다. 이렇게 성공적인 상담의 내담자들은 자신의 신체적 반응에 민감하게 깨어 있고 스스로가 상담 회기에서 이를 다뤄 준다는 것이다. 이와 반대로 성공적이지 못한 상담으로 평가받는 내담자들은 상담 내내 분석하려 하고, 상담자에게 설명하려 하고 인지적으로만 발달되어 있는 경향이 있다.

이를 토대로 젠들린은 성공적인 상담의 내담자들이 너무나 자연스럽게 하는 이 기술을 내담자에게 교육시키면 상담효과를 증진시킬 수 있다는 착안을 하는데 이것이 포커싱 체험심리치료의 탄생 배경이다. 더 나아가 젠들린은 상담 장면뿐만 아니라 일반 대중에게도 이 포커싱을 알리면 스스로 치유할 수 있고, 예방 효과도 가져올 수 있다는 생각에 1978년에 자신의 이론을 쉽게 정리한 『포커싱(Focusing)』을 출간하는데 이는 곧 베스트셀러가 되었다.

1970년대 미국은 베트남 전쟁으로 인한 혼란과 상실감, 닉슨 정권에 대한 불신, 경제적 쇠퇴, 약물과 성문제, 여성운동 등의 대항문화 등으로 국민은 정치, 경제, 사회, 문화의 모든 측면에서 극심한 가치관의 혼란과 역할 갈등을 경험하게 된다. 이러한 사회적 분위기 속에서 외부에 휩쓸리기보다는 자신을 믿고 자신의 신체적 반응

에 집중하면 상상 이상으로 스스로 치유할 수 있는 능력이 우리 안에 있다는 것이 포커싱의 핵심이다.

우리가 사는 세상은 명확한 것보다 불명확하고 복잡하고 뒤엉켜 있어서 모호한 것들이 훨씬 많다. 이러한 복잡하고 모호한 것을 우리의 몸은 다양한 감각을 통해 매 순간 체험하고, 그 체험한 것을 스스로에게 고스란히 되돌려 주기를 바라고 있다. 우리가 체험하는 내면이 우리 자신에게 알려 주고자 하는 메시지를 흘려듣지 않고 정확하게 공감하고 무조건적으로 수용하고자 하는 태도를 버리지 않는다면 우리의 길은 안개가 걷히는 새로운 국면인 전환(shift)을 맞이하게 될 것이다.

3. 포커싱의 특징과 효과

포커싱의 특징

포커싱의 큰 특징 중 하나는 펠트센스다. 감각느낌은 마음의 체험이 아닌 신체의 체험으로 신체, 상황, 사람, 사건에 대해 몸이 느끼는 감각이다. 이는 특정 시기, 특정 주제에 대해 느끼는 모든 것을 포괄하는 개인의 주관적인 내적 경험이다.

우리는 흔히 두려움, 분노, 슬픔과 같이 정서적 표현을 통해서 자신의 내적 경험을 표현하지만, 실제로는 언어적으로 표현하기 어려운 일차적인 정서체험, 즉 사건의 의미를 의식적 · 언어적으로 판단하기에 앞서 자동적인 정서 반응(automatic emotion responses)인 기분(feeling)을 느끼게 된다.

따라서 포커싱을 할 때에는 정서가 아닌 기분을 '알아차리는 것'이 중요하다. 알아차리는 과정을 도구로 삼아 내면 깊은 곳에 있는 자아(self)가 체험하는 중요한 이슈들을 중점적으로 부각시키고 체험하는 것이 포커싱이다. 이러한 펠트센스를 새롭게 체험하면 감각전환(felt shift)이라는 재구성 과정으로 전환되는데 이러한 과정을 통해 우리는 자신을 더 깊이 더 충분히 체험할 수 있다.

포커싱을 통해 체험하는 펠트센스는 정서 상태를 체험하는 것이 아니다. 정서보다 더 먼저 신체가 체험한 기분이다. 포커싱에서는 먼저 체험되는 이 펠트센스에 다가가서 이를 탐색하고 충분히 머물러 주면서 감각이 말해 주는 의미를 풀어낼 필요가 있다. 기분이 중요한 이유는 사건이나 경험에 대한 최초의 기본적인 반응이기 때문이다. 우리는 우리 자신이 인식하는 것보다 훨씬 더 복잡하고 다양한 지각, 정서, 사고 등을 체험한다. 따라서 우리가 체험하고 있는 내면과 맞닿기 위해서는 경험에 개인적인 의미를 부여한 정서보다 의미를 부여하기 이전의 '가라앉은' 느낌과 같은 기분에 좀 더 집중해야 한다.

정서적으로 개인적 의미를 상징화한 표현보다는 순간순간 경험하는 느낌에는 더 강렬하고 역동적인 정보에서부터 다양한 의미 있는 메시지까지 모두 포함하여 우리에게 이야기를 건네고 있는 것이다. 정서적 생동감(emotional aliveness)이 '진짜' 자기가 느끼는 깊은 수준의 펠트센스다. 따라서 펠트센스는 매 순간 경험하는

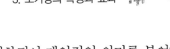

기분에 중점을 두어야 하고, 언어화되어 개인적인 의미를 부여한 정서적 표현에 초점을 두지 말아야 한다. 주관적으로 느끼는 기분에 의미를 부여하면 정서가 된다.

포커싱은 6단계로 이루어져 있다. 각 단계는 하나의 개별 단위가 아니라 교육을 위해 분류하고 있는데 복잡하고 유기적인 이 기분은 한꺼번에 전해지는 기운을 말한다. 포커싱은 정서적인 측면만을 중요하게 여기지 않는다. 정서뿐만 아니라 상황, 사고, 이미지 등 생명체가 지각할 수 있는 총체적인 모든 감각을 통해서 인식하는 주관적인 경험인 것이다. 또한 개인이 체험하는 순간순간의 주관적인 경험을 통틀어 말하는 것으로, 이는 단순한 감정이 아니기 때문에 언어적 전달을 통해 트레이닝하는 것은 쉽지 않지만 분명한 사실은 학습을 통해 누구나 훈련이 가능하다는 것이다.

포커싱에서는 정서적 생동감이 가장 중요하다. 정서가 생생하고 강렬한 마음 상태야말로 내담자의 안녕감을 높여 준다. 상담시간 내에 체험하는 정서적 생동감이 '진짜' 자기가 느끼는 깊은 수준의 내면경험이다. 여기서 주의할 것은 기분을 정서로 쉽게 또는 빨리 평가하여 확정 짓지 않는 것이다. 이는 내담자가 주관적으로 체험했던 기분들을 상징화하여 '슬픔'이라는 단어로 규정짓게 되면 내면과 경험하는 것이 일치하는 자아의 확장과 멀어진다. 즉, 사건만 남고 친밀하지 않은 관계만 남게 되는 것이다.

정서 반응은 사건의 의미를 구성하는 데 깊은 영향을 미치게 된다. 이는 정서도식에 의해 자동적으로 구성된 사건에 대한 높은 수준의 정서적 의미(high-level emotional meaning)가 존재하며, 이

러한 자동적인 정서적 반응이 의식적인 반응을 결정할 수 있음을
의미한다. 어긋난 공감적 이해는 경험에 중점을 두어야지 상징화
된 표현에 초점을 두면 안 된다.

정서의 종류

정서에 대한 개념은 명확하게 구분된 정의를 찾기가 매우 어려운 실정
이지만 학문적 역사를 살펴보면 정서는 크게 세 가지—정동(affect), 기분
(feeling), 정서(emotion)—로 구분된다(Hillman, 1960; Jaspers, 1963; James,
1890, 1950; Freud, 1963: 이홍표, 2008 재인용).

정동은 자극에 대한 무의식적이고 생리적인 반응을 의미한다. 갑자
기 발생하는 일시적이고 급격한 감정 상태로, 손 떨림, 맥박, 호흡수 등
의 변화와 같은 신체적 현상을 포함하는 느낌으로 객관적인 신체적 현
상을 말한다. 정동은 단지 유발될 뿐이다. 여기에 개인적인 어떠한 의
미나 주관적인 평가, 해석은 붙이지 않는다.

기분은 정동에 대한 생리적 감각을 자기 자신의 경험에 비추어 지각하
는 것으로 자신의 경험과 연결하여 주관적인 표현을 하게 된다. 흔히 '찰
나'의 경험을 뜻하기도 한다. '쭈뼛쭈뼛 서는 느낌' '가슴이 찌릿찌릿한
느낌' '손발이 오그라드는 느낌' '망치로 누르는 느낌' '심장이 내려앉
는 느낌'과 같이 몸이 느끼는 신체감각에 자신의 경험이 포함된다. 기분
은 정동에 대한 반응이 일어난 이후에 인식되는 과정이다. 또한 기분은
굉장히 복잡하고 다양하며 매 순간 변화되어 고정되지 않는 것이 특징이
다. 뿐만 아니라 매우 생생하고 강력하게 전달되어 지각되는 특징이다.

정서는 정동과 기분의 과정을 지나 의식적으로 상징화된 표현을 통
해 주관적으로 경험되는 것을 말한다. 정서는 자신의 기분 상태 및 표
현되는 행위를 포함하여 이를 촉발한 상황에 자기가 결합될 때 생겨나
는 총체적인 경험이다. 따라서 정서는 여러 가지 수준의 처리과정이 통
합된 것이라 할 수 있다. 우리는 통합된 처리과정을 '수치심' '분노'
'슬픔'과 같은 이름을 붙여 주관적인 상징화된 의미를 부여한다. 이렇
게 정동과 기분의 경험을 통해 주관적인 의미를 부여하면 정서가 된다.

포커싱에 대한 오해

이제부터는 포커싱에 대한 오해 몇 가지를 살펴본다.

자기비하하는 과정이 아니다

포커싱은 내면의 자기에게 욕을 퍼붓거나 자기비하하는 과정이 아니라, 자신의 내면에서 흘러나오는 목소리에 귀를 기울이는 과정이다. 부드럽고 온정적인 손길을 원하는 친구 혹은 동반자를 대하듯이 펠트센스를 통해 조심스럽게 다가가서 자아가 어떤 것을 경험하는지, 어떻게 경험해 왔는지를 알아주고 인사하는 과정이다.

분석 과정이 아니다

포커싱은 자신의 문제를 분석하고 인과관계를 따지면서 그것이 나에게 어떻게 작용해 왔고 어떻게 영향을 미쳐 왔는지 인지적으로 해결하는 것이 아니다. 펠트센스를 통해서 몸이 지각하고 있는 것을 새롭게 체험하면서 삶의 반전을 꾀할 수 있는 일종의 특별한 유형의 접근방법이다. 문제를 분석하는 것이 아니라 문제를 느끼는 방식이 바뀌는 것을 체험하는 것이다. 즉, 사건과 나의 상관관계가 아니라 사건을 바라보고 사건을 통해 경험하는 것이 어떤 것인지를 체험하는 상담기법이다.

단순한 몸의 감각이 아니다

펠트센스는 어떤 문제나 관심사, 혹은 상황에 대해 몸이 느끼는 지각을 말한다. 즉, 펠트센스는 신체가 느끼는 의미라고 할 수 있다. 신체가 어떻게 느끼고 있는지 어떻게 반응하는지를 탐색하면 몸과 마음이 어떻게 받아들였는지를 자연스럽게 체험할 수 있다. 대부분의 신체감각에 접근하는 방식들은 그저 순전히 신체적인 현상으로 여기고 대부분 그냥 흘려보냈을 것이다. 하지만 펠트센스는 단순한 신체감각 이상으로 자신의 삶이 그 안에서 제대로 굴러가고 있는지에 대한 대답과 메시지, 정보를 담고 있다.

어린 시절의 재경험이 아니다

흔히 펠트센스를 어릴 적의 재경험이라고 생각할 수 있지만 펠트센스를 통해서 보이는 것들은 지난 일을 다시 겪는 것이 아니라 내면에서 이야기를 풀어 가는 대로 따라가는 것인데 이렇게 하면 신체감각과 관련된 몸의 이야기를 듣게 된다.

포커싱의 효과

포커싱은 크게 두 가지 측면에서 한국의 상담 장면에 도움을 줄 수 있다. 첫째로는 포커싱이 신체적으로 느끼는 감각에 핵심이 있다고 보기에 심신증(psychosomatic disorder), 신체화 장애(somatoform disorder)의 문제를 호소하는 내담자를 상담하는 데 도움을 줄 수 있다(DSM-IV 참고).

연구에 따르면 한국 또는 아시아권의 많은 사람들이 상담이나 심리치료를 받거나 정신과를 찾아가는 것을 꺼려 하기 때문에 정신적·심리적인 고통을 호소하기보다 신체적인 고통을 호소하는 것에 좀 더 허용적이다. 자신들의 심리적 증세를 오히려 신체적인 증세로 호소하는 경향이 높다. 따라서 심신증 환자는 물론이고 건강염려증과 같은 자신의 심리적 문제를 신체화시키는 사람들을 치료하고 상담하는 데 효율적이다(Joo, 2011).

둘째, 상담 장면에서 감정표현이 서툴거나 이를 꺼리고 언어소통이 힘든 내담자에게 포커싱은 도움이 될 수 있다. 상담과 심리치료가 자연스러운 하나의 문화로 자리 잡은 서구에 비해 상대적으로 한국의 내담자들은 문화의 특성상 전반적으로 감정표현을 힘들어하고 언어구사에 자신이 없어 하는 경향이 있다(홍경자, 2001). 이러한 경우 포커싱에서 말하는 느껴지는 감각을 상담자와 함께 서서히 찾아 가며, 명확하지 않은 특성을 체험을 통해 명확히 함으로써 자신감을 획득할 수 있다.

🌳 4. 문제해결에 대한 일반적인 접근

사람들은 어떠한 심리적인 어려움을 겪거나 문제에 부딪히면 그것을 대하는 데 일반적으로 접근하는 방법이 있다. 이러한 접근법은 일시적으로 또는 단기적으로는 해소되거나 해결된 듯 보이지만 궁극적으로는 근본적인 변화를 일으키지 않는다. 이러한 접근 방법에는 다음과 같은 다섯 가지가 있다.

문제 축소시키기

"중요하지 않아. 아무것도 아니야. 사소한 문제로 자신을 볶아
서는 안 돼."

자신에게는 문제라는 것은 있을 수 없거나 걱정하지 않을 만큼
사소한 것이라고 스스로를 설득하려고 애쓰는 경우 문제는 충분
히 해소되지 않는다. 또한 그 '사소한' 문제는 늘 그랬듯이 꼭 그
만큼의 크기로 다가오게 마련이다.

분석하기

"나는 아버지 때문에 늘 상처받았어. 아버지는 확고한 자신감
을 갖고 계셨지. 분명히 그 때문이야."

분석은 맞을 수도 있고 틀릴 수도 있다. 이성적으로 분석을 하
면 머리로는 이해될지 모르지만 불쾌감과 긴장감이 가슴속에 남
아 있어 유사한 상황에서도 여전히 불편감을 호소할 것이다. 따라
서 느낌을 바꾸는 데는 별 소용이 없다.

느낌 깔보기

"이를 앙다물고, 용감하게 맞서는 거야. 그래서 뚫고 가는 거야."
"무시해 버릴 거야. 그 문제에 휘둘리지 않을 거야!"

우리가 사회적 요구에 부응하지 못하거나 어긋난 행동을 한다면 '약하다.' '적절하지 않다.'는 메시지를 끊임없이 준다. 특히, 남자의 경우 '남자답지 못하다.'는 이유로 자신의 것임에도 불구하고 자신의 감정을 깔보거나 무시한다. 이는 결국 자신을 깔보거나 무시하는 것이다. 자신의 느낌을 다루어 주지 않으면 그 느낌에 휘둘리게 되고 어떤 근본적인 변화가 일어나기 전까지 계속 지속된다.

자신에게 설교하기

"넌 어른이야. 그렇지? 그러니까 어른답게 굴어야지! 네가 그렇게 불편할 이유가 어디 있어?"

이것도 아무 소용없다. 우리는 이제까지 끊임없이 자신을 설득하고, 타협하고 심지어 협박까지 하는 경우도 있지만 궁극적인 변화는 이루어지지 않는 것을 경험했을 것이다.

느낌에 빠져들기

"그래, 난 정말 바보야."

"난 너무 억울하고 분해. 어떻게 나한테 이럴 수 있어?"

문제의 감정 속으로 빠져드는 것도 소용없다. 사람들은 그 감정을 다시 느껴 보는 것만으로 그 느낌이 바뀌길 기대한다. 하지만 느낌에 빠져들 때마다, 마지막의 그 느낌 그대로 다시 기분이 나빠지기 마련이다.

많은 경우, 특히 사건으로 인해 스트레스를 받으면 도움을 받고자 하면서도 억울한 사정을 들어 달라는 것만을 타인에게 요구하기 쉽다. 그러나 그렇게 기분을 분출하는 것이 도움이 되었는가? 혹시 어느 순간부터 주변 사람들이 이야기를 들어주지 않다거나 귀찮아하는 태도를 느낀 적은 없는가?

안타깝게도 이러한 접근법들은 근본적인 문제를 해결할 수 없다. 이런 접근법들은 그 불쾌감이 일어나는 자리를 건드리거나 바꾸지 못하기 때문에 쓸모가 없다. 그 자리는 몸 안에 실재하는 신체 현상이기 때문이다. 따라서 그 느낌을 바꾸고 싶다면 신체적인 변화과정을 도입해야 한다. 그 과정이 바로 포커싱이다.

포커싱에서 나타나는 변화의 주요 특성 중 하나가 좋은 느낌이다. 펠트센스는 항상 몸과 마음을 편안하게 해 주고 이따금씩 몸이 이완하는 아주 멋진 느낌이다. 뭔가 잊었다는 것은 알겠는데 그게 뭔지 모를 때의 그 야릇한 느낌, 마치지 않고 남겨 둔 것이 있을 때의 찜찜한 느낌 같은 것들을 누구나 한 번 이상 경험해 보았을 것이다. 이는 자신의 몸은 알지만 자신은 모르고 있는 것이다. 포커싱을 통해 몸 어딘가에 자리 잡고 있는 이러한 느낌을 표면 위로 떠오르게 하면 뭔가가 풀리고, 쥐고 있던 것을 놓아 버리는 과정을 체험하면서 "후우~" 하고 그 느낌을 몸 전체에서 느낄 수 있다. 펠트센스에서 나타나는 변화의 주요 특성 중 하나가 이것이다. 몸에서 긴장이 풀리면서 이완되는 느낌이다. 이 느낌을 몸의 전환(body shift)이라고 한다.

여기서 잠깐!

몸의 전환과 같은 현상, 즉 '해소되는 듯한 야릇한 느낌'은 왜 일어날까?

1. 의식 이전에 숨겨져 있던 근본적인 '깨달음'에 접근한다.
2. 몸이 기억하는 상황은 변화한다.

5. 포커싱적 태도

포커싱은 접근하는 태도가 중요하다. 당신이 숲 속 가장자리에 있다고 생각해 보자. 만약 숲을 거니는 도중 다리를 다쳐 끙끙거리는 사슴을 발견한다면 이 사슴에게는 도움이 필요할 것이다. 사슴의 상황을 살핀 당신은 도움을 주고 싶어 한다. 우선 사슴이 놀라지 않도록 경계심을 풀어 주어야 한다. 사슴에게 어떻게 접근하겠는가? 그리고 어떠한 행동을 하지 말아야 하는가?

아마도 당신은 그 사슴에게 소리치거나 달려가지 않을 것이고, 조용하고 부드럽게 그리고 인내심을 갖고 행동할 것이다. 그리고 사슴이 "이제 괜찮아."라는 신호를 보내오면 당신은 이제 조금씩 더 가까이 다가갈 것이다.

포커싱은 당신이 다친 사슴에게 접근하듯이 당신과 당신 자신이 이야기하고 싶어 하는 어떤 스토리를 듣는 과정이다. 따라서 처음에는 조심성과 경계심이 많은 사슴처럼 메시지를 전달하기 전에 당신 자신은 당신이 믿을 만한지, 안전한 공간을 마련해 주고 있는지 등의 살펴보는 시간이 필요하다.

포커싱을 본격적으로 시작하기 전에 포커싱 과정이 가능하도록 당신 내면세계 안에서 안전함과 믿음을 형성하는 방법에 대해 이야기할 것이다. 이러한 포커싱적인 태도를 크게 열 가지로 나누어 살펴보겠다.

감정을 있는 그대로 두기

시간을 들여서 지금 감정을 알아보고 그 감정을 그대로 둘 수 있는지 확인한다. 지금 느끼는 감정이 좋을 수도 있고, 나쁠 수도 있고, 슬프거나, 무섭거나, 지루하거나, 신날 수도 있다. 당신은 당신 자신이 지금 어떤 감정인지 스스로 "그래, 이게 바로 내가 느끼는 거야."라고 대답할 수 있어야 한다.

'알아차림'이 당신의 감정을 있는 그대로 두는 것이 어려운지 혹은 낯선지를 확인한다. 당신은 다른 사람들처럼 "나는 그렇게 느껴서는 안 돼. 뭐 이런 쓸모없는 사람이 다 있지?"라고 당신의 감정을 판단하려는 경향이 있을 수도 있다. 어떠한 태도로 자신을 돌보고 있는가?

- 합리적인 사고로 판단하려는 태도: "무서워할 이유가 없는 데……."
- 감정을 축소하는 태도: "그건 별로 나쁘지 않은데? 다른 사람들은 더 나쁘게 생각하는데?"
- 감정을 분석하는 태도: "왜 난 항상 이런 식으로 느끼지? 왜 난 변하지 못하는 거지?"

이미 알고 있듯이 이러한 방법들은 당신을 변화시키는 데 전혀 도움이 되지 못한다. 당신이 스스로를 판단하거나, 감정에서 벗어나서 스스로에게 이야기하거나, 혹은 당신 자신이 왜 그렇게 느끼는지 알아내려고 시도할 때마다 당신은 계속 제자리에서 맴돌고 당신 자신에 대해서 더 나쁘게 느낄 것이다. 하지만 난 당신에게 이 방법은 절대 100% 실패하지 않는다는 것을 확신할 수 있다.

당신이 당신의 감정을 '있는 그대로' 허락하면 감정은 변할 수 있다. 그러나 당신이 감정을 바꾸려 한다면 변화를 거부할 것이다. 감정을 허락한다는 것은 그동안 느끼지 않으려고 했던 것들과 부정적이라고 이름을 붙여 제거하고 없애 버리고 싶어 했던 감정들까지 어떠한 판단 없이 인정하고 이를 끌어안는 것이다. 마치

어린이들을 싫어했던 어른이 자신의 정원에서 아이들이 마음껏
뛰어놀도록 공간을 내어 주는 것처럼 말이다.

감정과 관계 맺기

많은 사람들이 생각하기를 강렬한 감정상태를 변화시키는 유일
한 방법은 그 감정에 직면하여 격렬하게 재경험을 하거나 감정에
대해 감정과 자신의 존재 자체를 동일시하여 이를 정면으로 감수
해야만 한다고 생각한다.

당신의 감정을 큰 호수라고 생각해 보자. 우리는 선택을 통해
호수에 빠져들 수도 있고 혹은 그 호수 옆에 앉을 수도 있다. 그러
나 포커싱은 당신이 느끼는 감정 옆에 앉아 있을 때 가장 잘 진행
될 수 있다. 당신의 감정에 빠지면 감정과 관계를 맺을 수 없다.
당신이 마치 과거를 회상하듯 "그래. 그때는 정말 어려웠지. 참
슬펐어." 하는 식으로 자신의 과거를 회상하는 듯한 태도다. 당신
이 느끼는 감정과 거리를 두고 관계를 맺을 때 당신은 감정을 전
체적으로 느낄 수 있다.

그러나 당신과 당신의 감정이 동등한 관계를 맺는다고 해서 당
신이 느끼는 감정이 당신의 삶 전체, 인격 전체를 지칭하는 것은
아니다. 당신이 겪는 감정은 당신의 많은 여러 부분 중 일부일 뿐
이라는 것을 체험하게 된다. 가령, 당신이 "난 슬퍼."라고 이야기
하면 "나의 일부분이 슬퍼." "나는 슬픈 감정을 갖고 있어." "내
가 슬프다는 사실을 알아차리고 있어." 라고 바꾸어 말하도록 한

다. 그러면 슬픈 감정을 과도하게 느끼기보다는 그 슬픈 감정이 당신과 함께할 수 있게 된다. 왜냐하면 그 감정은 당신의 일부이지 전부가 아니기 때문이다.

젠들린은 "당신이 수프가 어떤 냄새인지 알고 싶으면 코를 수프에 묻지 않고 거리를 두고 냄새를 맡는 것이 더 잘 맡는 것이다."라고 했다. 이처럼 우리는 자신의 감정과 일정한 거리를 둔 채 친구와 같은 관계로 지낼 수 있다.

당신 자신의 좋은 경청자되기

세상에 태어나서 누군가 당신의 이야기를 진심으로 들어주는 사람을 만난 경험이 있는가? 그리고 다른 사람이 당신의 이야기를 정성스럽게 들어주었을 때의 느낌을 기억하는가? 당신은 단지 누가 들어주는 것만으로 당신 자신을 좀 더 잘 이해하게 되고 당신이 어떤 생각을 하게 되고 어떤 감정을 느끼는지를 명확히 할 수 있다.

반면 이야기를 꺼내 놓았다가 오히려 상대방이 자신의 영웅담을 늘어놓는다거나 혹은 당신이 해결책을 모른다고 하여 해결책과 방법을 가르쳐 주면 마음속으로 "아~ 이건 아닌데……." 하면서 상대방과 대화를 하면서 속으로 자기 자신과 대화를 나누어 본 경험도 있었을 것이다. 또 상대방이 들어주기를 원했는데 상대방이 핀잔을 늘어놓는다든가 이야기를 꺼낸 사람의 말을 귀담아 듣지 않았던 경험도 있다. 이럴 때는 "아, 괜히 말을 꺼냈구나."라는 생각이 들기도 했을 것이다.

포커싱은 당신이 그 누구에게도 꺼내 놓지 못하고 전전긍긍했던 것들로부터 아주 사소한 것과 보잘것없는 것 모두를 당신이 경청하여 들어주는 좋은 경청자가 되는 것이다. 당신 안에는 자신에게 판단과 비난, 충고 없이 들어주기를 원하는 부분이 있다. 포커싱을 통해서 당신은 당신 자신에 대한 판단 없이 모든 이야기를 경청할 수 있다. 경청은 상대방의 기분을 좋게 하고 좀 더 명확해지고 분명해지는 결과를 가져다준다. 다음은 경청하는 태도에 대한 설명이다.

환영하는 존재

알아차리는 것은 당신 안에서 느끼고 생각하는 모든 것에 관심을 기울이고 들어주는 것이다. 당신이 알게 된 각각의 감정들은 그 감정이 처음에는 어색하고 낯설고 부정적이며 나 자신과 어울리지 않는다고 하여도 그것을 있는 그대로 내 몸에 머무를 수 있도록 허락해 줄 만한 이유가 있다. 그 어떤 것이라도 환영하는 태도를 유지하는 것은 그 감정이 살아 있다는 것을 인정해 주며 숨 쉴 공간을 마련해 주고 이 감정이 변화하고 또 발달하게 해 준다.

자리에 버텨 주기

버텨 주기란 당신의 지각을 당신 내면에 집중하고 집중한 곳에 관심을 기울이며 감정을 느껴 보도록 든든하게 지원해 주는 것을 말한다. 그것은 마치 당신 자신에게 "나 여기에 있어. 너와 함께 있을 거야."라고 말하는 것과 같다. 또한 "괜찮아. 함께 머무르는 거야."라는 태도로 내면경험에서 초점을 잃지 않고 내면에서 벌어지는 경험을 일관되게 유지하게 해 준다.

뿌리 깊은 나무는 바람에 흔들림이 없는 법이다. 이처럼 당신의 내면이 어떠한 모습으로 체험할지 모르는 상황에서 불안해하고 있다면 당신의 내면은 불안으로 인해 탐색을 중단할 것이다. 뿐만 아니라 판단, 사고, 공상 등 초점을 잃고 방황하게 될 것이다.

버텨 주는 태도는 당신 자신의 어떤 이야기도 화내거나 꾸짖지 않고 회피하지 않으며 끌어안아 준다는 신호를 보낸다. "괜찮겠

네! 괜찮을 거야."라는 것을 확인하면 당신의 진정한 내면과 교감하게 된다.

본질을 듣기

당신의 내면이 말하는 것을 몸의 느낌과 감정을 통해 당신에게 이야기하게 된다. 당신의 내면이 원하는 것을 들어주는 것이 본질을 듣는 것이다. '그것(it)'이 처음에 당신에게 다가올 때는 전달하려고 하는 메시지를 이해하기 어려울 수 있다. 그러나 '그것'이 원하는 것을 계속해서 들어주면 그 전달 메시지가 훨씬 더 명확해질 것이다.

현재에 머무르기

현재에 머무르는 것은 과거에 일어났던 일, 혹은 일어나지도 않은 미래에 대한 예견이나 환상, 두려움으로 인해 지금 자신의 상태가 어지럽혀지지 않는 것을 말한다. 당신이 과거나 미래에 관련된 일에 집중하고 있다 해도 과거나 미래의 감정이 아닌 지금 당신 몸이 느끼고 있는 감정에 머물러야 한다. 당신이 현재로부터 밀려난다고 느낄 때마다 당신 자신에게 "내 몸은 지금 어떻게 느끼고 있지? 지금 내가 느끼는 것은 뭐지?"라고 물어보자. 그러면 당신의 내면은 '지금-여기'로 당신을 인도해 줄 것이다.

펠트센스와 친구되기

포커싱은 당신 내면의 경험과 온정적이고 수용적이며 어떠한 주제라도 허용하는 친구다. 혹시 주변에 이러한 친구가 있는가? 그런 친구는 어떤 이미지인가?

당신이 지금 당장 자신과 친구가 되는 것이 쉽지 않다고 해도 걱정하지 않아도 된다. 내면에서 느껴지는 경험과의 지속적인 관계를 시도하다 보면 우정을 느끼고 친근감이 형성된다. 우정을 쌓는 첫 번째 단계는 최대한 가볍게 인사하는 것이다.

당신이 어떤 감정을 알아차리면 그 감정에게 "안녕? 난 네가 거기 있다는 것을 안단다."라고 인사해 보자(젠들린은 "just say hello."라는 표현을 자주 하곤 한다.). 예를 들어, '슬픔'이 느껴진다면 "안녕? 슬픔아, 네가 거기 있는 것 알아. 반갑다. 슬픔아!"라고 인사해 보자. 낯 뜨겁고 쑥스러울 수 있지만 감정에 말을 건네 보면 훈훈한 감정과 소통하고 교감한다는 느낌을 체험할 수 있다. 이 방법이 바보 같겠지만 단지 이 행동만으로 안정감을 준다. 우리가 그동안 이 간단한 방법을 쉽게 지나쳤음을 알아야 한다. 지금껏 당신은 다른 사람의 눈치를 보며 예민하게 반응했지만, 오히려 자기 자신에게는 냉담하고 무시하면서 살아왔을 것이다. 우리는 늘 말로만 자신을 소중히 여기고 자신을 무시하지 않으며 살았다고 한 것이다. 그러나 우리가 느끼는 감정은 무시하기 일쑤였으며, 그 감정조차 제거하려 들고 또 감정에 대해 반성하고 회고하기를 반복했다. 하지만 그럼에도 우리가 어떻게 감정을 느끼는지는 정확히 알지 못한다.

우리는 우리의 펠트센스를 마치 초대받지 못한 손님처럼 대하고 감정을 직접 느끼지 않고, 그 감정에 대해 이야기만 한다. "안녕?" 하고 말할 때 힘이 느껴지는 이유는 당신의 펠트센스가 당신과 이야기하려고 하기 때문이다. 마치 그 펠트센스가 사람인 것처럼 이야기할 때 "실례합니다."라고 말하는 것은 사실 펠트센스가 당신의 이야기를 들어주었으면 하는 바람 때문이다.

친근하게 느끼지 못할 때

당신은 자신의 펠트센스에 친근하게 다가서지 못할 때도 있다. 하지만 괜찮다. 당신은 여전히 포커싱을 하고 있기 때문이다. 단지 당신의 펠트센스를 친근하게 느끼지 못하는 부분에 집중해서 느껴 보자. 그리고 인사를 건네 보자. 그 친근하지 않은 감정은 그것이 무엇이든지 간에 새로운 펠트센스로 다가올 것이다.

내면에서 느껴지는 '어떤' 것이 친근하고 수용적인 태도로 느껴질 때 그 '어떤' 것에 대해 우리는 감정에 관한 감정이라고 부른다. 예를 들어, "두려움에 관해 화가 나." 또는 "이 슬픔 때문에 두려워." "나는 이 꽉 막힌 상황 때문에 성급해."와 같은 경우가 여기에 해당된다. 그러나 이러한 감정을 밀어내려고 하는 것은 그다지 도움이 되지 않는다. 만약 당신이 감정을 무시하려고 한다면 당신의 포커싱은 다음 단계로 나아가지 못하고 정체되어 있을 것이다. 감정에 관한 감정은 무엇인가 관심을 필요로 하는 것이 다가오고 있다는 신호다.

감정에 관한 감정을 접하다 보면 두 가지 일이 생길 수 있다. 당신이 간혹 감정에 관한 감정과 시간을 보내면 감정이 풀어지면서 원래의 감정으로 돌아가게 된다. 하지만 때때로 그 과정 전체가 본 감정에 의해 포커싱이 흘러가지 않고 본 감정이 유발한 감정에 의해서만 포커싱이 진행되고 끝날 수 있다. 그러나 걱정할 필요가 없다. 두 가지의 포커싱 모두 괜찮기 때문이다. 예컨대, "두려움에 관해 화가 나."의 경우 '두려움'에 초점을 맞추는 것이 아니라 '화가 나는 자신'에 초점을 맞추어 포커싱이 진행될 수 있다.

두 번째로 본 감정이 유발한 감정만을 포커싱하는 것도 유익할 수 있다. 당신이 이 세계에 존재하는 방법과 관련되어 있기 때문이다. 감정이 변하면 변화의 물결이 당신의 인생 전체에 퍼져 나갈 것이다.

모든 목소리 듣기

우리는 가끔 한 가지 방법만으로 '어떤 것'에 대해 느껴야 한다고 믿는 경향이 있다. 즉, 반대 감정이 공존한다는 것은 잘못되었다고 생각한다. 하지만 섞여 있는 감정을 갖는 것은 정말 자연스러운 일이다. 우리의 일부분은 어떤 사람을 잘 알고 있고 또 어떤 일부분은 그 사람에게 더 다가가는 것을 두려워하고 있다. 뿐만 아니라 우리의 일부분은 우리가 결정 내리지 못하는 것에 화가 나 있고 다른 일부분은 분노를 표현하는 것에 대한 결과를 두려워한다.

포커싱은 우리 자신의 모든 부분이 경청되는 것을 수용한다. 내 몸의 메시지가 받아들여질 때 감정은 변화하게 된다. 당신은 각각 다른 부분들 사이에서 선택할 필요가 없다. 섞여 있고 혼잡한 감정들은 동시에 우리 안에서 존재할 수 있다. 그들은 또 각자의 공간을 가질 수도 있다.

우리는 모호한 세계에서 매우 복잡한 존재다. 젠들린은 종종 "모호함과 함께하세요(stay with your fuzziness)."라는 표현을 한다. 우리는 모순된 감정과 생각으로 가득 차 있다. 따라서 통합되거나 통일시킬 필요는 없다. 포커싱을 하면 우리는 그것이 무엇이든 환영하고, 알아차리고, 인생의 모든 반응을 수용하는 것으로 받아들일 수 있다. 우리는 우리의 다양성과 미묘함 그리고 풍요로움과 혼잡함을 모두 느낄 수 있다. 하지만 괜찮다.

펠트센스를 알아차리는 것

당신이 "나는 내가 왜 두려워하는지 이미 잘 알고 있어."라는 식으로 당신의 펠트센스에 대처한다면, 이는 당신 내면의 펠트센스가 정말로 어떤 것인지 알아낼 수 있는 기회를 차단해 버린다. 이때 딱딱함, 두려움, 압박감, 벽에 부딪힌 느낌이라면 당신의 몸이 알고 있는 것을 말하는 것이라고 볼 수 있다. 그렇기 때문에 이미 알고 있다고 속단하기보다는 아직 모르는 것이 있음을 알아차리고 내면에 관심을 갖고 열린 마음으로 다가가 보자. 당신의 내면에 집중하고 알아차리고자 노력해 보자. 그리고 그다음 그 옆에 앉아 보자. 내면의 감각, 즉 펠트센스는 당신과 당신의 인생에 관해 새롭고 아직도 모르는 부분을 느끼는 과정이 될 것이다.

명확함과 모호함의 관계

현대 사회는 명확성을 굉장히 중요시한다. 우리는 좀 더 명확하고 똑바르게 이야기하라고 교육받아 왔지만 이러한 것은 사실 별로 중요하지 않다. 학교의 우등생은 정답을 가장 빨리 얻은 사람이다. 그들은 명확성을 추구하지만 얻게 되는 것은 별로 없다. 이 세상은 명확함에서 얻을 수 있는 지식보다 희미하고 모호함이 혼재되어 있는 곳에서 다양한 종류의 지식을 얻을 수 있다.

　명확함에 관한 선입견은 정확하지 않아서 잘 모르는 것에 다가가는 것을 불편하게 만든다. "내가 이것을 다른 사람에게 어떻게 설명하지? 내가 어떻게 이것을 방어해야 하지? 이게 뭐가 좋지?" 당신이 펠트센스를 듣는 것을 배우기 전에 당신은 이와 같은 생각을 버려야 한다. 대신 그것들을 즐겨야 한다.

　펠트센스가 처음 다가올 때 당신은 그것을 어떻게 불러야 할지 모를 수도 있고 그것이 무엇인지 모를 수도 있다. 그러나 괜찮다. 당신은 잘 모르는 것, 당신 경험 중에 아직 잘 모르고 있는 부분을 적극적으로 찾아보는 기쁨을 배워 갈 것이다. 마치 탐험가처럼 아직 열리지 않은 보물상자를 발견하고 기뻐할 것이다.

　당신은 당신 몸속에 숨겨져 있는 희미하고 묘사하기 어려운 지혜가 있다는 것을 믿기 어렵지만 이것은 정말 존재한다. 당신이 이미 확실히 알고 있는 것은 이미 지나간 오래된 정보다. 지금 당신 안에서 떠오르고 있고, 지금 느끼고 있는 것이 바로 그 앎의 지혜가 존재하는 곳이다. 포커싱을 배우면서 인생의 중요한 부분인 느리고 미묘하고 모호한 것을 아낄 줄 알게 해 준다.

펠트센스 따라가기

혼돈스럽더라도 펠트센스가 미로 속 가운데로 당신을 데려가

줄 것이라고 믿어야 한다. 사실 그 펠트센스는 당신이 어디로 가야 할지 알고 있다. 그래서 '그것'을 따라가기만 하면 당신이 그 가운데로 갈 수 있다고 생각한다. 그 펠트센스는 '그곳'에 가고 싶어 한다. 또한 당신 역시 '그곳'에 가기를 바라고 있다. 실제로 펠트센스는 그 방법을 알고 있고 펠트센스만이 당신을 그곳에 데려갈 수 있다.

　당신이 길을 찾기 위해서는 펠트센스를 믿어야 한다. 당신은 어느 방향으로 갈 것인지 통제하지 않아야 하며, 분석하거나 그 이유를 묻고 판단해서는 안 된다. 당신이 펠트센스를 통제하거나 힘으로 끌어가면 펠트센스는 당신 안에서 자취를 감출 것이다. 당신은 포커싱 과정 동안 굉장히 많은 것을 시도할 수 있다. 하지만 그 결과는 당신이 마음먹은 대로 통제할 수 있는 것이 아니다.

　펠트센스는 억지로 준비되지 않고 하고 싶지 않은 일을 하게 만들 수는 없으며, 펠트센스가 당신에게 어떤 것을 말하게 하거나 펠트센스를 바꿀 수도 없다. 당신은 단지 어떤 일을 시도하고 가능성을 제공하며 예상할 수는 없지만 다음에 일어날 일을 바라볼 수는 있다. 따라서 펠트센스에 당신의 의지를 강요하는 것은 무용지물이다. 하지만 펠트센스를 믿고 길을 따라가면 당신이 찾던 보물을 미로의 한가운데에서 찾을 수 있다.

모든 포커싱 과정은 결과를 예상할 수 없다

포커싱은 결과중심이 아니라 과정중심이다. 또한 이는 체험심리치료이기에 우리가 무엇인가 말로 표현할 수 있는 것을 넘어서는 경험을 할 것이라는 점을 기억하기 바란다. 만약 당신이 포커싱에서 헤아릴 만한 것이 있다 해도 다음에 무엇이 올지는 예상할 수 없다. 당신이 포커싱을 하려고 앉을 때마다 이전에 일어났던 일이 오늘은 일어날 수 없다는 것을 명심해야 한다. 그것은 이전 시간과 비슷할 수도 있고 다를 수도 있다. 그것은 마치 표면을 뛰어다니는 것처럼 만날 수도 있고 깊은 바다를 헤엄치는 것처럼 느껴지기도 한다. 그리고 오늘은 굉장히 많은 다른 이미지를 만날 수도 있다.

당신은 인생에 관한 구체적인 이야기를 할 수도 있다. 그리고 평화롭고 조용할 수도 있고 많은 눈물을 흘릴 수도 있다. 하지만 펠트센스는 당신이 이를 잘 다룰 수 있는 것에 당신을 데려갈 것이고 이것을 믿고 따르면 당신은 휴식을 취할 수 있고 따뜻함이 있는 곳에 다다를 수 있다.

이렇게 자신의 내면과 건강한 거리를 유지하는 것을 포커싱적 태도라고 보는데 이러한 포커싱적 태도를 척도화한 것은 일본의 심리학자 츠오시 아오키와 마키 미야케가다. 이 척도는 〈부록 1〉에 제시되어 있으니 여러분의 포커싱 태도를 한번 점검해 보기 바란다.

🌳 6. 포커싱 진행과정

인간은 누구나 어떤 문제에 있어서 특정한 신체 반응을 일으킨

다. 예를 들어, 누군가를 만나야 한다고 가정했을 때, 가슴이 답답
해지고 조이는 느낌을 경험하기도 한다. 이럴 때 몸이 지각하는
느낌에 집중하다 보면 어떤 용어나 이미지로 표현할 수 있게 되는
데 이 과정을 통해서 많은 경우 미해결된 감정들이 인정받으면서
그 자체만으로도 해소효과를 가져오고 더 나아가 문제해결의 실
마리도 찾을 수 있다. 젠들린은 포커싱 과정을 여섯 단계로 본다
(Gendlin, 1978, 1996).

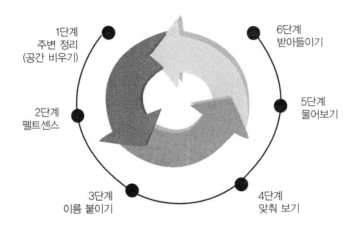

[그림 1] 포커싱의 6단계 과정

- 1단계. 주변 정리(공간 비우기, Clearing Space): 신체 내면에 집
  중할 수 있도록 준비하는 과정
- 2단계. 펠트센스(Felt Sense): 자신의 신체 반응에 집중하여 느
  낌을 찾는 과정
- 3단계. 이름 붙이기(단서 찾기, Handle): 과정에서 찾아낸 그

느낌을 용어나 이미지, 제스처 등을 사용해 표현해 내는 과정
- 4단계. 맞춰 보기(Resonating): 떠올린 심상, 또는 표현되는 용어를 내면의 느낌과 맞추어 가는 과정
- 5단계. 물어보기(Asking): 느낌으로 표현된 그것이 무엇을 필요로 하는지 물어보는 과정
- 6단계. 받아들이기(Receiving): 느낌의 용어나 심상이 원하는 것을 제공한 후 변화를 수용하는 과정

이 여섯 단계의 작업을 마치고 나면 어떤 특정 문제에 대한 부정적인 신체반응이 사라져 편안해지고 문제에 대한 구체적인 접근방법이 제시될 것이다. 포커싱 기법은 자기치유의 성향을 가지고 있다. 따라서 자기치유를 위해 스스로 해 볼 수도 있고, 내담자를 훈련시킬 수도 있으며, 이를 상담 장면에서 활용할 수도 있다. 게다가 상담자 자신의 자기분석을 위해서도 매우 유용하게 활용된다. 현재 포커싱은 남녀노소를 불문하고 교육은 물론 기업체, 창의성 관련 분야 등에서 다양하게 활용되고 있다.

Chapter **03**

포커싱 체험심리치료의 6단계

포커싱에 들어가기

이제 당신은 포커싱을 시작할 준비가 되었다. 모든 포커싱 과정은 이제껏 경험해 보지 못한 독특한 과정으로 이루어져 있다. 따라서 포커싱 과정 중에 "이게 맞나?" "나 지금 어디로 가고 있는 거지?"와 같은 생각을 품을 수 있다. 하지만 안심해도 된다. 자신의 내면에 귀를 기울여 들여다보는 시도 자체가 이미 자신에게 유익한 체험이기 때문이다.

자신에게 집중하는 경험이 부족한 경우라면, 포커싱은 매우 낯선 경험이 될 것이다. 또한 자신의 솔직한 내면의 목소리를 허용하고 살아왔다면 포커싱 과정은 당신이 해 왔던 그 어떤 과정보다 깊이 있는 체험과정이 될 것이다. 포커싱은 개인의 주관적인 특성에 따라 자신이 인식하지 못하는 사이에 이미 다음 단계로 나아가기도 하고, 첫 단계도 버겁고 갈피를 잡지 못해 다음 단계로 갈 수 없는 경우도 있다. 하지만 이 교재가 안내하는 대로 당신 자신의 내면을 믿고 따라간다면 실패할 리는 없다. 포커싱 단계는 당신의 내면을 차근히 밟아 가는 것이며 가끔은 당신이 자신에게 맞는 단계를 추가할 수도 있고 제외할 수도 있다.

포커싱이라는 내면 활동은 여섯 단계로 이루어져 있다. 각 단계는 물이 흐르듯 연속적으로 진행되기 때문에 처음에는 단계를 확인하면서 진행하지만 많이 할수록 굳이 개별 부분들로 나눌 필요를 느끼지 않는다. 이 과정은 다년간의 경험과 수행의 결과로, 포커싱을 처음 시도하는 사람들에게는 이 방법이 가장 효과적인 교습법이다.

포커싱에 익숙해지면 눈을 뜨거나 산책을 하면서, 설거지를 하거나 대중교통을 타고 이동하는 중에도 당신의 내면에 집중하여 실시할 수 있다. 하지만 처음에는 포커싱 매뉴얼을 조용한 장소에서 편안하게 앉아 살펴보자.

1단계: 주변 정리(공간 비우기, Clearing Space)

2단계: 펠트센스(Felt Sense)

3단계: 이름 붙이기(단서 찾기, Handle)

4단계: 맞춰 보기(Resonating)

5단계: 물어보기(Asking)

6단계: 받아들이기(Receiving)

준비하기

우선 조용한 곳에 자리를 마련한다. 주변에 친구나 다른 사람이 있어도 상관없다. 어떤 때는 이런 상황이 실질적으로 도움이 되기도 한다. 심지어 지하철이나 전화상으로도 파트너와 포커싱이 가능하다. 가만히 앉아 있거나 특정한 자세를 취할 필요도 없다. 포커싱은 명상과는 다르다.

중요한 점은 반드시 편안한 상태를 느끼는 상황이어야 한다. 담담하게 그 포커싱 과정 중에서 어떤 것을 경험하더라도 분석하거나 그만두기보다 기다리고 느낄 수 있는 태도가 중요하다. 이제부터는 포커싱을 단계별로 설명하고 몇 가지 팁을 제안할 것이다.

🌳 1. 1단계: 주변 정리(공간 비우기)

주변 정리: 신체 내면에 집중할 수 있도록 준비하는 과정

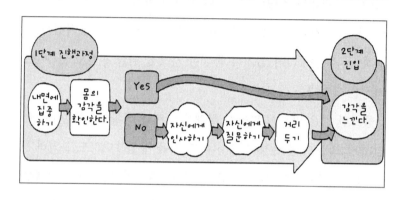

　　포커싱의 첫 단계에서 취하는 주변 정리란 지고 있던 무거운 짐을 내려놓는 것과 같다. 여러분은 무거운 가방을 지고 몇 킬로미터나 걸어왔다. 이제 걸음을 멈추고 짐을 내려놓은 다음, 좀 쉬어보자. 그냥 짐을 내려놓기만 해도 가방 안에 무엇이 들어 있는지 볼 수 있다. 몸은 휴식을 필요로 한다. 그런데도 대다수의 사람들은 매일 아침 이 짐을 짊어지고 잠자리에 들 때까지 내려놓지 않는다. "뒤처지는 거야!" "몸을 그렇게 놀리면 쓰나."라는 식으로 몸의 휴식을 허용하지 않는 것이다. 그냥 쉬는 것도 죄의식을 갖거나 불안해하는 사람도 있다. 하지만 그럴 필요가 없다.

　　주변 정리 단계는 당신과 당신 자신이 교감을 나눌 수 있는 최적의 분위기를 조성하는 단계다. 문제 속에 빠지지 않고 문제와 거리를 두어야 당신의 내면과 이야기를 나눌 수 있고, 당신 몸이

기억하고 있는 메시지를 더 잘 들을 수 있다. 흥분하거나 격렬한 감정일 때 우리는 감정과 이야기를 나누려 하지만 이때는 그 감정이 전달하려는 메시지를 귀담아 들을 수 없다. 우리는 문제에 빠지면 문제가 만들어 낸 감정을 해소하기 위해 문제를 분석하거나 자신을 비난하려는 경향이 있다.

때로는 우리가 포커싱을 통해 경험하고 느끼는 것은 명확하지 않고 모호하거나 그 의미가 희미하다. 따라서 이러한 불명확한 것들이 가지고 있는 정보를 자세히 느끼지 못하고 지나쳐 버리거나, 판단해서 명확하게 만들려는 성향 때문에 우리 몸이 전달하려는 깨달음에 도달하지 못하게 된다.

어질러진 방 치우기

자신의 모든 문제를 한쪽으로 밀어놓고, 잠시 편히 앉아서 숨 돌릴 자리를 만들어 본다. 호흡을 가다듬고 최근에 생겨난 문제를 떠올려 보도록 한다. 그러나 이를 재빠르게 느끼거나 마주하려고 들면 자칫 문제와 너무 가까워져 감정에 휘말릴 수 있으니 주의해야 한다. 이럴 경우 몸에서 느껴지는 감각과 감정을 전반적으로 느끼기 어렵다. 해결하고 싶은 문제가 있더라도 "안녕! 거기 있지? 진정해. 내가 부드럽게 다가가서 이야기를 들어줄게."라는 식으로 어지러운 공간들을 비우기 시작한다.

내 몸의 감각을 느끼도록 이곳저곳 여행 떠나기

당신의 지각을 몸으로 가져오는 것이 어려울 경우 다음의 방법을 사용해 보자. 눈을 감고 허공에 팔을 들어 보자. 당신의 팔이 어디에 있는지, 손가락들이 어디 있는지, 손이, 그리고 당신의 허리가 어디 있는지 얘기할 수 있을 것이다. 이렇게 하면 당신의 팔과 다리를 쳐다보지 않고 몸의 감각을 느끼는 데 도움이 될 것이다. 이때 느껴지는 몸의 감각을 '고유 수용(proprioceptive)'의 감각이라고 부르는데, 이는 우리가 가끔 승인할 수 있는 강력한 감각이다. 당신은 이런 방법으로 많은 부분을 느끼는 경험을 할 수 있다.

당신의 지각을 몸 한가운데로 가져오는 다른 방법은 당신의 다리를 이런 방법으로 다가오게 하는 것이다. 발가락을 흔들어 보고 발가락을 느껴 보자. 그리고 당신의 지각을 당신의 무릎으로 옮겨 보자. 어떻게 느껴지는가? 그리고 이번에는 당신의 허리와 배로 올라가 보자. 잠시 당신의 감각과 함께 머물러 보도록 한다. 아무 것도 느껴지지 않는다 해도 걱정하지 않아도 된다. 만약 이 방법이 낯설고 이상해도 반복적으로 감각을 느끼는 연습을 하면 점점 신체가 보내는 이야기에 민감해질 것이다.

명상을 해 본 적이 있다면 긴장을 너무 풀지 않도록 조심해야 한다. 아울러 당신은 몸의 감각에 깨어 있어야 한다. 만약 당신이 휩쓸려 가거나 너무 긴장을 풀기 시작하면 몸의 감각을 느끼는 것을 놓칠 수 있다. 잠시 눈을 떠 손을 비비고 스트레칭을 한 뒤 돌아다녀 보자. 그리고 당신의 몸을 다시 느껴 보도록 한다.

문제와 적당한 거리 두기

주변 정리 단계에서 어떤 사건으로 인해 감정이 격한 상황에 놓여 있다면 골치 아프게 버티고 있는 문제들과 거리를 두는 것이 중요하다. "화가 나!" "짜증 나!" "내 자신이 너무 불쌍해."와 같은 접근은 이미 문제 속으로 들어가 버렸다. 따라서 거기서 약간 물러서도록 한다. 그 문제가 자신을 압도하지 못할 정도로 충분히 거리를 두되, 언제든지 문제에 다가가서 그것을 건드려 볼 수 있도록 충분히 가까워야 한다.

"그래…… 화나는 것 이해해. 속상한 것도 이해해." "너도 어쩔 수 없었잖아." "다 내 잘못이야…….'"라는 식으로 생각하거나 문제를 해결하고 자신을 위로하려는 것은 펠트센스를 충분히 느끼

기 어렵다. "화나고 속상하지? 그래. 네가 거기 있구나." 이 정도
가 적당하다. 자신이 겪는 자신의 문제는 당신 자신의 인격 전부
가 아닌 일부라는 것을 명심하도록 한다.

공허함이 느껴진다면 기다려 주기

　자신의 내면에서 너무 멀리 떨어져 붕 떠 있는 느낌, 즉 공허함
이 느껴진다면 우선 친근하게 "무엇을 느끼든지 끝까지 곁에 있
어 줄게."라는 식의 느낌으로 다가서려는 마음가짐이 중요하다.
　감정을 수용하거나 허락하는 것을 문제의 회피로 판단하는 사
람들도 있다. 반면 불쾌한 느낌도 회피하지 않은 채 끝까지 다 느
껴서 겁쟁이가 되지 않으려는 사람들도 있다. 이런 사람들은 잠깐
이라도 문제를 놔두고 속 편히 지내는 것조차 죄의식을 줄 수 있

다. 문제가 해결되지 않는 한, 계속 불쾌하게 느끼는 게 자신의 의
무라고 생각한다. 그러나 너무 신경 쓰지 않아도, 걱정하지 않아
도 된다. 기분이 좋아졌다고 해도, 어차피 문제는 그대로 남아 있
다는 것을 스스로 알기 때문이다.

따라서 공허함이 느껴진다면 잠시 휴식을 취하는 것이 좋다. 잠
시 휴식을 취한다고 해서 문제로부터 도망치는 것은 아니다. 오히
려 정반대가 된다. 이런 휴식은 좀 더 효과적인 다른 방법으로 문
제를 다룰 여유를 가져다주기도 한다.

포커싱에 대해 의무감을 갖고 있다면 부드럽고 자연스럽게 느끼는 태도 연습하기

대다수의 사람들은 포커싱을 할 때 자신이 느끼는 감각을 끊임없
이 몸으로 표현해야 좋은 성과를 얻을 수 있다고 생각한다. 그리고
강렬하게 느껴야 한다는 느낌에 시달리기도 한다. 이러한 의식 자
체가 몸을 긴장하게 만든다. 몸이 긴장하고 있으면 방어 수준은 높
아지기 때문에 문제에 대처하려는 경향이 있다. 따라서 포커싱은
자신의 몸에 잠깐의 휴식을 마련해 주는 데서 문제해결을 시작한다.

대다수의 사람들은 자신이 느끼는 감각을 잊어버릴지 모른다는
두려움 때문에 문제를 회피하거나, 문제의 끔찍함을 느끼는 두 가
지 선택을 한다. 그러나 세 번째 선택도 있다. 몸에 다시 기운을 불
어넣고 스스로 곤란의 화신이 되지 않게 자신 앞에 놓아 두는 것이
다. 그러면 문제를 피하지 않으면서도, 완전히 압도되지도 않게 된

다. 그냥 잠깐이라도 이런 방식으로 문제를 선택한다면 그 어려움
과 고통스런 느낌을 새로운 방식으로 다룰 준비가 된 셈이다.

"격렬하지 않아도 괜찮아. 그저 내가 느끼는 대로 따라가는
거야."

주변 정리 단계 요약	
내면에 집중하기	우선 당신 자신을 향해 관심을 갖고 침묵하도록 한다. 그리고 잠시 편안하게 기다린다. 눈을 감으면 훨씬 도움이 된다.
몸의 감각을 확인하기	내면, 즉 몸 안, 복부 혹은 가슴께로 느껴지는 감각을 탐색하도록 한다. 무엇인가 몸의 반응이 느껴진다면 어떻게 느껴지는지 구체적으로 느껴 보도록 한다. 무엇인가 중요한 주제 혹은 몸의 감각이 느껴진다면 충분히 느껴 보도록 한다. 아무런 잡념 없이 몸에 전해지는 감각을 집중할 수 있다면, 2단계로 진행되는 것이다.
자신에게 인사하기	반면 여러 주제나 일상생활의 소소한 집안일이나 불편한 일이 떠오른다면 "어…… . 그래. 그런 게 있었구나. 그래, 알겠어. 잠시만 기다려."라는 식으로 다양한 주제를 잠시 알아주고 잠시 후에 알아줄 것을 이야기한다. 이때 반갑게 "안녕! 나왔어."라며 인사를 건네는 것도 좋
자신에게 질문하기	"내 삶은 어떻게 돌아가고 있지? 지금 나한테 중요한 건 뭐지?"라는 식으로 질문을 던져 진행할 주제를 선택하도록 한다. 질문을 던진 후 몸 안에서 이미지와 느낌들이 떠오른다면, 이를 붙잡고 충분히 다양하게 느껴 본다.
거리 두기	질문하기 이후 어떤 걱정거리, 설교, 교훈 등이 올라와도 그 속으로 들어가지 말고 한발 물러나서 말하도록 한다. "그래, 이게 거기 있었군, 난 이걸 느낄 수 있어, 거기에서." 자신과 그 걱정거리 사이에 약간의 공백을 두고 더 느껴지는 것이 없는지 물어본다. 여러 가지 주제가 떠오르는 것은 매우 자연스러운 일이다. 하지만 여기서 중요한 것은 거리를 두고 주제 속으로 빠져들지 않는 것이다. 이제 2단계로 자연스럽게 진입하게 된다.

주변 정리가 되었다는 것을 어떻게 알 수 있을까?

주변 정리 단계가 되었다는 것은 다른 잡념이 떠오르지 않고 몸에 집중할 수 있을 때, 단 한 가지 주제에 집중할 수 있을 때 주변 정리가 끝났다고 볼 수 있다. 이 단계는 마음이 고요해지고 차분해지는 상태가 된다. 포커싱을 시작하기 전에 마음이 불안했다면 불안이 잠잠해지고, 생각이 많았다면 생각이 단순해진다.

주변 정리가 다 끝나면 "이제 끝났군." "아, 됐다!" 하는 식으로 마치 중요한 시험을 끝마쳤거나 가족 피로연을 끝마쳤을 때의 느낌과 유사하다. 이는 스스로가 자연스럽게 인식할 수 있다.

🌳 2. 2단계: 펠트센스

펠트센스: 자신의 신체 반응에 집중하여 느낌을 찾는 과정

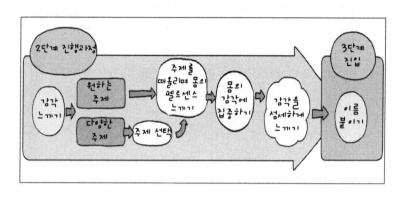

　'자신의 문제 전반에 대해 느끼는' 2단계의 과정을 펠트센스라고 부르는데 이 단계는 당신을 성가시게 만드는 문제나 상황 전반의 펠트센스, 그 모든 것의 느낌이 형성되는 단계다.

　펠트센스는 포커싱의 핵심이다. 펠트센스에는 바로 당신 자신이 당신에게 전달하려는 메시지와 지혜가 숨어 있다. 또한 인간의 내면에 존재하고 있는 자신의 특정한 문제, 과거의 미해결된 감정이 담겨 있는 바로 그곳이다. 당신에게 신체적 통증을 통해 메시지를 전달하고자 하는 곳이며, 언어적으로 표현하기 어려운 그 애매모호함으로 가득 채워져 있는 소중한 공간이다.

　이 단계에서는 떠오르는 문제들이 보통 대여섯 가지 정도가 되면, 몸과 마음에서 느껴지는 것들을 충분히 느낄 수 있다. 어떤 주제나 기분이 떠오를 때 내 몸에서 느껴지는 신체적 반응을 면밀히

살펴본다.

또한 몸 안에 형성된 펠트센스를 느끼려면 다음 사항을 이해해야 한다.

첫 번째, 명확한 표현에 주의한다. '슬픔' '두려움' 등과 같은 표현은 우리 자신이 느끼는 감정을 제대로 반영하는 단어가 아니다. 우리가 몸과 마음으로 느끼는 것은 상당히 모호하여 언어적으로 정의 내리기가 어렵다. 또한 이런 감정들은 실체가 없다. 따라서 오감을 통해 형태를 느껴 보도록 하는 것이 중요하다.

펠트센스가 떠오르고 이 펠트센스가 어떻게 생겼는지를 궁금하게 여겨야 실체를 알아보려는 마음을 따라갈 수 있다. 펠트센스를 섬세하게 느끼려면 다음과 같은 다양한 관점에서 느껴 보도록 한다.

예를 들어, '두려움'이라는 단어라면,

- "얼마나 무거운가?"
- "두려움은 어떤 색깔인가?"
- "따뜻한가? 차가운가?"
- "표면은 매끄러운가? 거친가?"
- "어떠한 냄새가 나는가?"
- "두려움에서 소리는 나는가?"

이러한 감각을 최대한 활용하여 내 몸과 감정이 경험했던 것을 마음속으로 재생한다. 그러면 감정의 실체가 점점 모습을 갖추어 몸과 함께 어떤 반응을 하는지 체험할 것이다. 오감을 최대한 발휘해 느리지만 예민하게 충분히 느끼도록 한다. 우리가 느꼈던 것들은 상당히 모호할 수밖에 없다. 따라서 매 순간 경험했던 감정조차 명확하지 않다. 예를 들면, 긴장감은 두려움, 슬픔, 무력감으로 순식간에 변하기도 한다.

'목이 단단하다.'고 표현된 것을 자세히 느껴 보면 목 뒤쪽이 아래에서 위로 서서히 건조된 상태로 말라 가는 느낌, 윤활유가 없어서 삐걱거리는 기계의 관절처럼 느껴지는 느낌과 같다. 이런 식으로 펠트센스를 충분히 느끼는 노력이 중요하다.

두 번째, 실체를 확인하기 전까지 버텨 주는 것이다. 펠트센스를 느끼는 도중 "내 남편은 늘 그래." "아버지는 어릴 때부터 그랬어."라는 식으로 자기 멋대로 분석하거나 "난 너무 화가 나. 억울하고……."처럼 자신을 비난하거나 연민하는 상황으로 몰고 가면 안 된다. 자신에게 느껴지는 몸의 감각과 기분에서 도망쳐 분석을 통해 이성적인 생각으로 회피하지 않고 머무르는 것이 중요하다. 머무르지 못하고 다음 단계로 진행하는 것은 포커싱에서 벗어나게 된다. 하지만 이것도 괜찮다.

펠트센스를 형성하는 과정

주제를 통해서 시작하기

포커싱 과정을 시작할 때 당신은 의식적으로 무엇에 집중할 것인지 선택할 수도 있고, 지금 당신이 바라는 것을 기다릴 수도 있다. 앉아서 깊게 숨을 들이마시고 포커싱 과정에서 당신이 함께 시간을 보내고 싶은 것이 있는지 생각해 보자. 아니면 무엇이 다가오는지 기다려 보자.

당신이 다루려고 하는 이슈는 고민거나 나쁜 습관, 또는 어떤 사람, 어떤 물건, 어떤 상황에 대한 반응이 될 수도 있고, 신체적 증상 또는 당신의 인생에서 좀 더 원하는 것일 수도 있다.

소리에 주목하기

주변 사람들이 당신에게 전해 주는 이야기에 주목하는 것도 매우 흥미로운 일이다. 반복적으로 듣는 이야기가 어떤 것이 있는지 자신은 분명 잘 알고 있다. 당신이 가장 듣기 싫어하는 잔소리는 무엇인가? 그리고 잔소리를 들었을 때 어떤 마음이 들고 어떻게 반응하였는가?

먼저 잔소리 목록을 적어 보고 잔소리를 들을 때 어떤 기분이 들었고 왜 그런 기분이 들었는지 탐색해 보자. 특히, 이름 없이 나타나는 느낌, 즉 말로 표현하기 어려운 것들을 발견한다면 환영해야 한다.

나의 이미지에 주목하기

누구나 가장 싫어하는 자신의 모습이 있을 것이다. 당신에게는 당신 자신의 이미지 중 가장 싫어하는 이미지, 인정하거나 수용할 수 없는 이미지는 어떤 것이 있는가? 지금껏 회피하거나 인정하거나 모르는 척해 왔지만 분명히 당신의 존재를 인정하는 이미지가 있을 것이다. 그것을 면밀히 살펴본다. 그 이미지 속에는 당신이 느끼지만 머무르기 싫어하는 감정도 있을 것이다.

그중에는 내가 닮기 싫어하는 부모님의 이미지도 있을 것이다. "엄마처럼 살지 않을 거야!" "아빠의 이런 모습은 절대 닮지 않을 거야." 내가 바라는 나의 이미지도 좋다. "여자는 자고로 이래야 지." "남자는 반드시 능력이 있어야 해." 모두 좋다. 가장 생생한 이미지를 떠올려 보자.

특히, 나의 이미지에 주목해 보자. 오랫동안 변하지 않고 마음 에 들지 않아 미워했던, 부정했던 이미지가 있다면 지금부터는 환 영하고 그 옆에 앉아서 귀를 기울여 보자.

전체적인 느낌에 집중되거든 판단, 결정 등을 하지 말고 붙들고 있어야 한다. 모호하면서도 덩어리 같은 느낌이 들 것이다. 또한 상당히 막연하게 느껴질 것이다. 펠트센스를 접하는 데 어려움을 겪는 사람도 있을 것이고, 느낌이 떠올랐을 때 그것을 펠트센스로 확실하게 분간해 내지 못하는 사람도 있을 것이다. 그러나 중요한 것은 이러한 것을 정확하게 표현하는 기존 용어가 없어서 묘사하 기가 어렵다는 점이다.

펠트센스를 찾을 때는, 단순히 몸의 느낌을 들여다봐야 한다. 당 신이 알아차리는 것은 아마 불명확하고 희미하고 미묘할 수도 있 으며, 강하고 분명한 것일 수도 있다. 무엇이든 느껴 보도록 하자. 슬픔이나 두려움과 같은 감정, 혹은 답답함이나 신경질적인 감각, 매듭이나 바위 같은 이미지여도 좋다. 대략적으로 30초 정도 펠트 센스를 붙들고 있어야 한다.

2단계가 끝나는 것을 어떻게 알 수 있을까

펠트센스에 머무르는 동안 당신은 몇 가지 단어들을 생각해 낼 수 있다. 펠트센스 단계에서 펠트센스를 묘사하는 중간 중간 다음과 같은 표현을 붙일 수 있다. '가슴에서 느껴지는 슬픔' '배에서 느껴지는 무거움' '여기에서 느껴지는 신경질적인 느낌' '비어 있는 느낌' '내가 내려야만 하는 결정에 관한 우스운 느낌' 등 이러한 끝없는 창의적이고 당신만이 경험하는 내적인 경험의 표현은 다음 단계인 '이름 붙이기(단서 찾기)' 과정을 자연스럽게 밟아가고 있는 것이다.

실제로 포커싱은 단계별로 진행되는 것이 아니라 펠트센스 단계를 느끼면서 이름 붙이기 단계를 진행하고 다시 펠트센스 단계에 있으면서 또 이름 붙이기 단계로 나아가는 순환단계다. 특정한 단계만 밟는 것이 아니라 여러 단계를 다시 밟는 과정을 거치게 된다.

주변 정리 단계로 돌아가 다시 진행해야 하는 경우

말이나 단어가 떠올라 펠트센스를 방해할 때

꽤 오랜 기간 동안 어떤 문제를 안고 살아왔다면, 필시 그 문제를 묘사하거나 설명해 주는 단어들도 형성되어 있기 때문에 그 말들에 붙들릴 가능성이 있다. 이런 일은 대다수의 사람들에게 일어나는 흔한 현상이다.

　하지만 비판적인 말들은 변화 가능성을 부정한다. 비판적인 태도를 취하기 전에 그런 말들을 무시해 버리고 몸의 진짜 느낌을 새롭게 찾아보는 것이 중요하다. 그 느낌을 잡아서 그 문제 전반의 펠트센스 속으로 넓게 퍼지도록 해야 한다. 그 느낌을 포착하는 방법으로는 자신에게 말을 거는 방법이 있다. 예를 들면, "말이나 단어를 떠올려서는 안 돼!"라는 태도보다는 "그 말을 들었을 때 이랬지."가 더 좋다. 또한 "지금 나에게 그것은 어떻게 느껴지지?"라고 묻는다면 좀 더 넓은 뭔가를 느끼게 될 것이다.

　이러한 말들은 처음에는 불분명한 태도를 지니고 있다. 하지만 계속 집중을 하다 보면 그것의 느낌이 어떤 성격을 지녔는지 분명해진다. 그것은 문제를 갖게 된 분노일 수도 있고, 해결해야겠다는 급박감일 수도 있으며, 짓누르는 무력감이나 긴장된 어떤 느낌일 수도 있다. 이때 떠오른 느낌에 포커싱을 실시한다.

　설명이나 생각, 비난 같은 말들이 머릿속에서 떠오르면 생각나는 대로 "충분히 느끼는 거야."라는 식으로 무엇이든 '환영한다.'는 태도를 유지한다면 어느새 펠트센스 속으로 몰입된다. 핵심은 말과 싸우는 것이 아니다. 말이 떠오르거든 "아, 이런 말이 떠오르는구나." 하는 식으로 흘려보내는 것도 좋다. 핵심은 그 말들 배후와 너머를 느끼는 것이다.

　똑같은 낡은 생각과 느낌에 붙들리지 않고, 그 범위를 넓혀서 문제에 대한 몸의 넓은 감각에서 다른 과정이 시작되도록 하는 게 중요하다. 이런 경우 다시 이전 단계인 주변 정리 단계로 되돌아가서 주변을 정리할 필요가 있다.

말과 분리되어서는 아무 느낌도 가질 수 없을 때

말(또는 단어)과는 확실히 다른 어떤 느낌이나 펠트센스를 체험할 수 없고, 당신의 느낌이 언제나 그 느낌과 완벽하게 들어맞는 말과 함께 나타난다면, 그래서 그 느낌과 말이 항상 하나라면 다음과 같이 시도해 볼 수 있다.

보통 때처럼 포커싱의 첫 단계를 실시한다. 주변을 정리하고 난 뒤 스스로가 가진 모든 문제를 한쪽으로 치워 놓은 다음, 조용히 그 문제들을 받아들이는 마음으로 있어 보자. 그런 다음 당신이 가진 문제와 가장 관련 있는 말이나 단어를 천천히 열두 번 정도 반복해서 읊어 본다.

"나는 그게 겁나……."

그러는 동안 몇몇 물음이 그 말 주위를 맴돌게 한다.

"이 '겁난다'는 게 뭐지? 이건 내면에서 어떻게 느끼는 거지?
나는 어디서 그것을 느끼는 거지?"

처음에는 말과 느낌이 정확하게 하나였을지 모르지만, 잠시 후에 그 느낌은 약간 커지는데, 정확히 말하면 그 말 언저리(edge)에 삐져나와 있는 것을 발견하게 된다. 그 말이 맞는 말이지만 실제로는 그 느낌에 관련된 더 많은 말이 있는데도 느낌의 한가운데, 즉 일부분만을 포착하고 있을 뿐이다.

느낌에 언어적으로 표현하기 힘든 그 이상의 것이 있다는 것을 알아차리면 그것은 일종의 희미한 모서리와 같다. 이때 희미한 모서리를 가졌을 때의 느낌이 펠트센스다.

훨씬 더 희미한 모서리를 발견하거나, 혹은 그 말들과는 다른 느낌을 가지려면, 당신이 찾아낼 수 있는 가장 의미 있는 구절이나 문장을 되뇌어 보는 것이 도움이 된다. 그 구절이나 문장이 당신에게 무엇을 느끼게 만들고 그곳이 어디인지를 감지하려고 애쓰면서 접근하는 것이다. 어떤 의미에서 보면 이것은 포커싱 단계를 거슬러 오르는 것이다. 일부 사람들에게는 이러한 방법이 효과가 있다. 가장 흔한 과정은 먼저 그 문제의 펠트센스를 통째로 접하는 것이다. 포커싱은 기계적인 과정이 아니다. 가끔씩은 말로 시작해서 그 모든 것의 펠트센스로 거슬러 올라가는 게 당신에게 좀 더 효과적이라면 그런 식으로 하도록 한다. 하지만 그렇게 하는 경우에도 당신의 내면 태도가 질문하는 식이어야지 대답하는 식이어서는 안 된다. 몸이 어떤 식으로 체험하는지 물어보겠다는 마음으로 하고, 몸의 느낌이 대답하게 하는 것이 중요하다.

몸이 아무것도 못 느끼는 경우

몸이 아무것도 못 느끼는 경우 포커싱을 하기 전에 먼저 일상의 감정이 내 몸 안에 어떤 식으로 남아 있는지 발견해야 한다. 누구나 다 느끼는 평범한 느낌까지도 발견해야 한다. 그래야만 자신 안의 펠트센스를 찾을 수 있다. 이런 경우 일주일 정도 시간을 들여서 일상적인 감정이 강하게 느껴질 때마다 하던 일을 멈추고 몸의 느낌에 주목해야 한다. 그러면 몸이 내면에서 그 감정을 느끼는 것을 발견할 수 있다.

배 안에 주의를 기울일 수 있다면 거기에서 어떤 분명한 느낌을 감지해 낼 수 있을 것이다. 만약 감지해 낼 수 없다면 주의를 왼쪽 엄지발가락에 집중시켜 본다. 필요하면 엄지발가락을 꼼지락거리고 눌러보는 것도 좋다. 발가락 안에서 눌리는 느낌이 느껴질 것이다. 이제 무릎, 허벅지, 배로 올라가 본다. 거기에 당신의 펠트센스가 있다. 많은 사람들에게 이런 방법은 아주 새로운 것이지만, 배우는 데 그리 오래 걸리지는 않다. 조금만 연습해 보면 잘 할 수 있다.

TIP   만약에 마음이 방황하고 있는 것을 발견한다면?

포커싱을 하는 동안, 무관계한 사고 궤적을 따라 표류하는 자신을 깨달으면, 가만히 자신을 되돌려 주자. "내가 뭐에 초점을 맞추고 있었지? 아, 그래, 그것! 그런데 그걸로 뭘 하려고 한 거지? 아, 그렇지, 그 전반을 느껴 보는 거였지. 그럼 그것 전반에 대한 느낌이 어땠지?" 등으로 자신에 대해 주면 도움이 된다.

자신을 되돌리기 위해서는 주의가 산만한 어린아이를 다루듯이 부드러울 필요가 있다. 그럴 때는 아이의 주의를 끌기 위해 아이에게 팔을 두른 다음, 가르치려는 태도로 부드럽게 아이를 이끌기 마련이다. 따라서 마음이 방황할 때도 당신 자신에게 부드럽게 팔을 두르고 자신을 다시 끌어오도록 한다. 몇 번을 그렇게 해도 전혀 문제되지 않는다.

거의 아무런 느낌을 가지지 못한다면?

자신의 느낌과 접하는 것이 어려운 사람들도 있다. 거의 모든 사람들이 적어도 한 번씩은 이런 어려움을 겪게 된다.

복잡한 당신의 감정을 느끼기 힘들 때, 해 볼 수 있는 몇 가지 방법이 있다. 가장 먼저 자신의 느낌을 날마다, 시간을 정해 놓고 점검해 보는 것이다. 앞으로 며칠 동안 느낌이 지나갈 때, 그 느낌이 어떤 건지 확인해 보면 도움이 된다. 사람들과 부대끼면서 일상의 삶을 살아갈 때 이따금 멈춰 서서 자신에게 우호적인 태도로 물어보라. "난 지금 어떻지? 난 지금 어떤 느낌을 받고 있지?" 이때 미리 대답하지 말고, 기다리면서 무엇이 떠오르는지 두고 보면 된다.

몸의 감각과 기분을 성급하게 알아맞히기보다 수면 위로 자연스럽게 떠오르기를 기다려야 한다. 내면에서 발견한 것을 받아들이는 한, 이렇게 하면 이전과는 전혀 다른 기분을 발견할 수 있다. 중요한 것은 자신에게 나쁜 말을 하거나, 발견한 것을 놓고 자신을 괴롭히지 않아야 한다.

"내가 그렇지 뭐……."라는 식이 아니라 "내가 이런 상황에서 움츠려 들고 있구나." "숨어 버리고 싶어 하는구나." 식으로 자신을 관찰하는 것이다. 자신을 관찰하는 것 자체가 자신에게 관심을 갖기 시작한다는 것이다. 자신을 관찰하면서 발견해 낸 것이 있다면 자신의 내면 공간을 알게 된 것에, 또 그것이 분명하게 느껴졌다는 것에 기뻐하면 된다. "내가 참 무딘 사람이었구나."라는 발견 자체가 환영할 만한 것이다.

어떤 느낌에 대해 화난다거나 겁난다거나 지겹다는 식의 흔히 사용되는 이름표를 붙이게 되면, 그 느낌에 대해 알아야 할 건 이미 다 알고 있다는 식으로 생각하기 쉽다. 이는 그 느낌에 붙인 이름표와 동일한 느낌으로 더 이상 새로운 느낌이 나올 수 없이 그걸로 끝나는 것이다.

"화가 나. 그래, 나 화났어!"
"나 무시당했어. 맞아, 나 무시당한 거야!"

똑같은 분노라 해도, 이름 붙은 느낌이라 해도 그것을 느끼는 방식은 무수히 많다. 따라서 지금 '화난' 느낌이 돌출되는 상황의 덩어리는 내일이나 아니면 다음 주에 또 다른 상황에서 느끼게 될 '화난' 느낌이 떠오를 상황의 덩어리와는 전혀 다르다. 기존의 이름표를 달고 나타나 듯이 보이는 느낌에서 중단하지 말라는 이유가 여기에 있다. 이름 없이 나타나는 느낌들을 특별히 환영해야 한다. 어떤 느낌이 이름 없이 나타나면 멈춰 서서 귀를 기울이고, 거기에서 신선한 단어가 흘러나오게끔 한다. "이것과 관련해서 내가 뭔가 해야 할 것 같은 느낌이야. 하지만……. 난 벽 같은 것에 둘러싸여 있다고나 할까."

멍하거나, 붙잡혔거나, 비었다고 느낀다면?
느낌이 없는 것도 하나의 느낌이다. "난 텅 비었어. 좋아. 이 '텅 비었다'는 게 도대체 어떤 느낌이지? 이 비어 있음 전반에 대한 느낌이 어떤 거지?"

"난 붙잡혔다. 좋아, 이 '붙잡혔다'는 게 어떤 느낌이지?" 그것
이 긴장해서 옴짝달싹 못하는 것인지, 아니면 당신 머리가 돌덩어
리 같은 것에 눌려서 옴짝달싹 못하는 것인지, 아니면 뭘 해야 할
지 몰라서 옴짝달싹 못하는 것인지 탐험을 해 보자. 그도 아니면
"함정에 빠진 것 같은 느낌인가?" 그 느낌에 시간을 주고 함께 머
무르면 '그것'이 열릴 것이다.

느낌을 회피하는 경우

'내면'에 자리 잡고 있는 건 '우리 안에 갇힌 독사처럼 우글거
리는 공포'가 아니다. 많은 사람들은 자신에 대해 이렇게 말한다.
"나는 뚜껑을 열고 싶지 않아. 나는 그 모든 끔찍한 것들이 쏟아
져 나오게 하고 싶지 않아."

그러나 사실, 당신은 독사가 우글거리는 우리가 아니다. 또한
당신은 스스로 생존하는 느낌들을 담아 두는 일종의 그릇도 아니
다. 지금 자신은 일종의 과정이고, 당신의 느낌은 그 과정의 한 부
분이다.

예를 들어, 우리 아버지가 내 얘기를 귀담아 들어주지 않을 때,
나는 무력한 분노를 느꼈다.

"그때 느꼈던 느낌을 나는 지금도 갖고 있는 게 아닐까? 그리고
그 느낌은 상기할 때마다 가질 수 있는 게 아닐까?"

맞다. 그러나 나 자신이 이 느낌인 것은 결코 아니다. 나는 몸의

전체다. 따라서 내가 '무력한 분노'라고 이름 붙인 이 느낌은 수천 가지 다른 것들을 동반한다. 이 느낌이 내게 되살아날 때마다, 그것은 무력한 분노라고 이름 붙인 이 느낌은 수천 가지와는 다른 전체성을 갖는다.

내 어린 시절의 느낌에 대한 기억은 변하지 않을 테지만, 내 몸 전체가 그 느낌을 만들어 내는 방식은 달라질 것이다. 포커싱을 하면 우리 내면에서 오랫동안 고정된 채 바뀌지 않던 것을 몸이 바뀌 놓는 이유가 여기에 있다. 이는 우리 내면에 있는 것들을 겁낼 필요가 없다는 뜻이다. 우리 안에 아무것도 없으니까 말이다. 오히려 우리 느낌들은 매 순간마다 새롭게 만들어진다.

과거에 자주 겪었던 감정들은 몸의 일부에서 공간을 사용한다. 이 공간을 없애 버리거나 느끼지 않으려고 하기보다 그 공간을 새롭게 인테리어하는 것이다.

여러 가지 느낌이 너무 빨리 떠오를 경우

어떤 사람은 느낌이 너무 빨리 오고 너무 많아서 포커싱하기가 어렵다고 말한다. 이런 사람들에게는 포커싱이 일종의 늦추기 작업이 된다. 이런 경우 다음과 같은 세 가지 방법이 있다.

• 아무거나 하나를 잡아 거기서 멈춘 다음 그 느낌을 붙잡는다. "제일 만만한 녀석 하나를 골라야겠군."

• 그것들은 그대로 다 놔두고, 아래로 조용히 내려간다. 그런 후 그 느낌들 아래에 있는 딱 하나의 느낌만 집어낸다. 이것

은 상처가 실제로 어떤 것인지, 그 상처받은 느낌 전반이 어떤 것인지를 살펴보는 방법이다.

• 주도권을 잡아가며 그 모든 느낌을 잠시 밀어 버리고, 그 느낌들이 한 번에 하나씩만 나타나게 한다. 또는 그 느낌을 전부 털어 버리고 그냥 앉아서 방 안을 한번 둘러 보고 느낌들을 모두 밀어낸다. 그런 다음 휴식을 취한 뒤 반드시 딱, 한 가지 느낌만 들어오게 한다.

당신의 비평가(critics)가 당신을 기분 나쁘게 만든다면?

누구에게나 '비평가'는 있다. "넌 형편없는 녀석이야." "넌 우유부단한 녀석이야."라는 식의 심술궂은 목소리가 있다. 이따금은 옳은 정보가 담겨 있기도 하지만, 그런 경우라 하더라도 당신을 파괴할 수 있는 비평임을 충분히 알아야 한다.

무엇보다 비평과 당신 내면의 원천이 다르다는 것을 느끼는 것이 중요하다. 비평은 당신 내면에서 말하는, 펠트센스가 아니라 머리 위에서 들리는 목소리와 같다. 이것들도 내면에서 느낌들을 만들어 내지만, 이것들은 포커싱의 대상이 되는 느낌이 아니다. 이 느낌들은 비평가가 만들어 낸 압박이자 꽉 막힌 긴장감일 뿐이다. 이때 비평가를 존중하지 않는 것이 중요하다. 비평가는 양심적이지 않다. 양심은 내면의 '조용하고 낮은 목소리'다. 그 비평가를 방 밖으로 내보내 거기서 기다리게 한다. 그러면 어떤 정보라도 혼자 힘으로 훨씬 더 잘 평가해 낼 수 있다.

비평가를 쫓아 내는 가장 좋은 방법은 좀 무례한 표현을 통해 시원하게 쫓아 버리면 된다.

"꺼져 줄래? 새로 해 줄 얘기가 있으면 그때 다시 와."

"아직 네 차례 아니거든? 눈치 봐 가면서 나와라!"

"얘가, 얘가 어딜 또 끼어들어!"

포커싱을 할 때 비평가가 당신을 방해한다면, 시원하게 쫓아 버려야 한다. 그런 후 문제 전반에 대한 펠트센스가 형성되는, 당신 내면의 원천을 다시 감지할 때까지 기다려 본다.

나는 금세 기분이 나빠져 버리고, 항상 기분이 나쁘다

세심하고 정밀한 포커싱 지침에도 불구하고, 그것들을 전부 건성으로 넘겨 버리고 곧바로 그 일상적인 불쾌감으로 들어가는 사람들도 있다. 어떤 사람은 내면으로 향할 때마다 내면의 나쁜 기분에만 관심을 둔다. 그들은 나쁜 기분에만 포커싱을 하게 되고, 덕분에 그것은 늘 거기에 있게 된다.

"나쁜 느낌에 초점을 맞추면 기분이 나쁘다." 포커싱이 추구하는 것은 이런 것이 아니다. 이상하게 들리겠지만 포커싱은 심각한 감정들보다 가볍다. 심각한 감정들이 초점 맞추기에 들어올 때도 있지만, 몸에는 펠트센스가 감정보다 언제나 더 편하다. 특히, 정열을 여러 번 느껴 보고 추구했던 사람이라면, 그것을 촉발시킨 '사소한' 느낌에 초점을 맞춰 본다.

포커싱이 자신을 압도하는 느낌, 산산이 부서지기 위해서는 한나절 정도를 비워 둘 필요가 있다고 생각하는 사람들도 있다. 그러나 포커싱은 그런 것이 아니다. 업무나 업무 사이의 2~3분 정도면 충분하다. 30분 정도 시간이 걸릴 수도 있지만 그 이상은 아니다. 그런 다음에는 얘기도 하고 쉬기도 하면서 다른 무엇인가를 해 본다. 포커싱의 특징은 모든 것을 한꺼번에 작업하지 않는다는 데 있다. 따라서 나중에 다시 와도 된다. 그동안 몸이 알아서 다 처리할 것이다.

펠트센스를 찾는 데 가장 큰 벽은 당신이 제대로 하고 있는지 의심하는 것이다. 만약 당신이 정말 펠트센스를 느낀다 해도 말이다. 사실 이 단계에서는 '펠트센스' 라는 단어 자체를 잊는 게 좋다. 우리는 그 개념이 당신의 인생에 개입하는 것을 원하지 않는다. 단지 당신이 '무언가' 를 찾고 있다고 생각해 보자. 어떤 것이든 그 무언가가 될 수 있다.

펠트센스는 당신의 몸 어디에서든 올 수 있지만 보통 한가운데에서 진행하는 것이 좀 더 명확하고 쉽다. 목, 가슴, 배, 허리 이런 부분에서부터 시작해 보자. 하지만 다른 부분에서 무언가 느껴졌다고 해도 상관없다. 신체적 증상도 펠트센스가 될 수 있기 때문이다.

펠트센스 단계 사례

다음 사례는 포커싱 워크숍에서 공개를 허락한 사례들로 워크숍 참가자의 펠트센스를 체험하기 위해 슈퍼바이저의 안내 아래 경험한 실제 사례다. 포커싱 파트너십을 활용하여 펠트센스를 체험하는 '포커서' 와 경청하고 이를 반영하는 '경청자' 로 나누어 펠트센스를 체험하도록 하였다. 먼저 주변 정리를 한 후 펠트센스 단계에서 '좋아하는 사람을 떠올려 보세요.' 라는 주제를 던져 주었다. 곧 워크숍 참가자들은 각자 내면에서 어떠한 것들이 떠오르는지 체험하였고 이를 인터뷰했다.

사례 Ⅰ **좋아하는 남자**

30대 미혼 여성 참가자는 눈을 감고 내면을 고요하게 정리하기 위해 주변 정리를 했다. 그런 다음 펠트센스에 도달하도록 포커서와 작업 시 3명의 남자 이미지를 떠올렸다. 이 중 어제까지 만났던 남자 동창생들이 사라지고 단 한 명의 남자 동창생이 그려졌다. 그 동창생을 그리던 중 '번개 같은 짜릿함'이 느낌으로 다가왔다. 포커서는 좋아하는 남성에 대해서 자신의 내면이 '번개 같은 짜릿함'으로 느껴진다고 표현했다.

이처럼 펠트센스는 매우 짧은 찰나에도 동시다발적인 메시지와 다양한 정보를 포함한다. 굉장히 섬세하게 느껴지는 모호하고 희미한 내적 체험을 몇 가지 단어로 명확하게 표현해 내는 것은 매우 어려운 일이다. 하지만 중요한 것은 불명확하고 희미하며 모호하지만 분명 우리의 몸은 무엇인가 메시지를 담고 있다는 것이다.

무엇인가 '아찔하고 짜릿한' 호감 가는 느낌을, 좋아하는 남성과의 관계를 통해 느끼고 있음을 알 수 있다.

사례 2 │ 친구의 아기

30대 기혼 여성은 좋아하는 사람을 떠올리라고 했을 때 어떠한 것도 느끼거나 떠오르지 않았다. 잠시 후 아기가 자는 모습이 떠올랐다. 자는 모습이 보이다가 '뒤뚱뒤뚱' '몽실몽실' 과 같은 이미지가 떠올랐다. 그리고 내면에서 이러한 이미지가 떠오를 때 그녀에게 가슴이 떨리고 따뜻함이 느껴졌다.

좋아하는 사람으로 친구의 아기를 떠올린 포커서는 아이의 이미지를 떠올리면서 자신의 가슴이 떨리면서 따뜻해지는 느낌을 체험하였다. 펠트센스는 어떤 특정한 형상으로 다가오면서도 그 형상과 동시에 배꼽 아래부터 목 아래까지 다양한 신체감각이 느껴지므로 펠트센스를 단순하게 신체감각, 혹은 내적인 이미지만을 느끼도록 하기보다 다양하게 자신의 몸의 감각이 어떻게 반응하는지를 알아채는 것도 중요하다.

사례 3 │ 자신의 딸

40대 기혼 여성은 좋아하는 사람으로 자신의 딸을 떠올렸다. 자신의 딸을 연상하면서 딸의 이미지가 떠오르는 순간 마치 '쫙' 하고 부챗살이 펴진 듯한 느낌이 밝은 느낌으로 다가왔다. 호감 가는 이미지였다고 포커서는 이야기했다.

이렇듯 펠트센스는 특정한 시점의 느낌이 아니라 연속적인 변화를 체험하는 과정이다. 짧은 시간이라도 그 시간 사이의 펠트센

스는 고정되지 않고 매우 다양하게 체험할 수 있다. 펠트센스를 체험하는 순간에는 심상의 이미지, 청각, 촉각, 후각 등 매우 다양한 감각으로 총체적인 경험을 하게 된다. 마치 영화 속 필름이 연속적으로 지나가듯이 펠트센스도 연속적으로 느껴지는 것을 체험할 수 있다.

사례 4　엄마를 떠올리다

　30대 여성은 엄마를 떠올렸을 때 명치 부근에서 뭔가 목으로 올라오는데 뜨거운 것이 막혀 있었다. 그 뜨거운 것이 막고 있어서 가슴의 명치가 답답했다.

　'뜨거운 것이 막고 있어서 명치에서 답답함이 느껴진다.' 는 것이다. 이 사례의 펠트센스는 분명 논리적으로나 과학적으로 설명할 수 없다. 그러나 우리는 체험을 통해서 이러한 감각을 지각하고 이것이 존재하

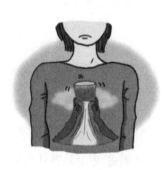

고 있음을 체험할 수 있다. 그리고 그러한 자신의 경험을 믿을 수밖에 없다.

사례 5 얼어붙은 느낌

50대 기혼 남성인데 좋아하는 사람을 떠올리라는 주제보다 현재 본인이 느끼는 강렬한 펠트센스를 다루고자 했다. 그는 펠트센스 과정에서 몸이 옴짝달싹 못함을 느꼈다. 그는 곧 초등학교 2학년 때 형들과 음침한 곳을 지나가던 장면을 떠올렸다.

주변이 어두컴컴했는데 어둠 속에서 "우어~" 하고 마치 영화 속 킹콩이 위협할 때 내던 소리가 들렸다.

그 소리에 놀란 형들은 놀라 도망갔고 어둠 속에 혼자만 남겨졌다. 너무 무서운 나머지 몸이 얼어붙어 옴짝달싹 못하는 내 자신이 느껴졌다.

그 당시 상황을 다시 느끼면서 '맞서고 싶은 큰 아이'로 자신을 느꼈다. 포커서는 어둠 속에서 자신을 위협하던 그 대상과 맞서야 한다는 것을 느꼈다.

우리가 체험하는 펠트센스는 논리적이지 않으며 명확하지도 않다. 이는 마치 꿈을 통제하려고 하는 것, 꿈을 우리가 의도한 대로 내용을 조작하고자 하지만 우리의 의식처럼 통제할 수 없는 것과 굉장히 유사한 경험이다. 이처럼 펠트센스는 매우 독특해서 '뭐다'라고 단언하기에는 다소 무리가 있다. 하지만 중요한 사실은 자신의 내면이 경험하는 것을 우리가 체험한다는 것이다.

펠트센스는 내면의 경험을 체험하는 단계다. 그리고 그다음 단계가 내면이 경험하는 '펠트센스'를 언어적으로 표현하는 '이름 붙이기' 단계다. '가슴이 떨리고 따뜻함' '부챗살이 펴지는 듯한'과 같이 언어적으로 묘사하는 것은 포커싱의 단계가 명확하게 구분되어 진행되는 것이 아니라, 우리가 인식하기도 전에 매우 자연스럽게 단계들이 연속적으로 진행되어 체험하고 있다는 것을 의미한다. 실제로 포커싱에서는 펠트센스 단계와 이름 붙이기 단계는 전진과 후퇴를 반복하면서 발달한다.

펠트센스 Q/A

① 펠트센스를 하다 중단하면 어떻게 하죠?

포커싱이 중단된 후 그 느낌을 다시는 못 겪게 될까 봐 끝까지 다 느껴야 한다고 생각하기 쉽다.

흔히 포커싱 과정에서 겪게 되는 일반적인 질문 중 하나다. 포커싱을 하다 보면 충분히 펠트센스에 머무르지 못하고 과정을 중단해야 하는 경우가 있다. 이러한 경우 다시 펠트센스를 경험하지 못할까 봐 걱정을 하지만 그럴 필요는 없다.

펠트센스가 중간에 멈추더라도 그 상황을 떠올린다면 다시 펠트센스를 이어서 경험할 수 있기 때문이다. 또한 다시 펠트센스를 이어 가려고 해도 떠오르는 펠트센스의 내면경험은 달라질 수 있다. 내용과 이미지는 같더라도 감정과 내면경험은 또 다르게 느낄 수도 있다. 따라서 작업이 충분하지 않아도 괜찮다. 또한 다음 작업에서 같은 것으로 이어지지 않아도 괜찮다. 그래도 자신의 펠트센스가 안내하는 것을 접촉하고 수용하려는 자세를 버리지 않는 이상 더 다양한 경험을 느낄 수 있다.

② 펠트센스를 충분히 느꼈는지 어떻게 알 수 있을까요?

충분히 느꼈다면 이에 대한 의문의 여지조차 없다.

펠트센스 단계 요약	
원하는 주제에 집중하기	몸의 감각을 느끼면서 '원하는 주제'가 있다면 원하는 주제 전반과 몸에서 느껴지는 펠트센스를 동시에 느껴 보도록 집중한다. 만약 원하는 주제가 없고 다양한 주제가 떠오른다면 우선순위를 정하거나 가장 중요하게 여겨지는 주제를 선택하도록 한다.
주제를 떠올리며 몸의 감각 탐색하기	주제에 대해서, "내가 그 문제에 대해 어떻게 느끼고 있지?" "나 여기에 있어. 오늘 나랑 무슨 얘기 하고 싶니?"라는 식으로 질문하면서 계속해서 감각을 느껴 본다.
몸의 감각에 집중하기	몸에서 느껴지는 감각을 섬세하게 묘사하는 과정이다. 오감을 활용해 몸의 감각과 감정을 다양한 측면에서 느껴 보도록 한다. 펠트센스 전체에 비추어 그 단어가 가리키는 바를 느껴 보도록 한다. 그리고 새로운 단어나 느낌이 떠오르는지 살펴본다.

🌳 3. 3단계: 이름 붙이기(단서 찾기)

이름 붙이기: 자신이 찾아낸 느낌을 용어나 이미지 등을 사용해 표현하는 과정

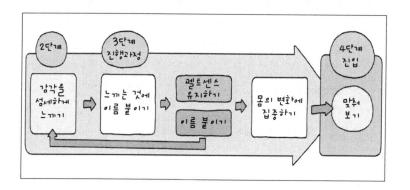

느낌에 대한 성질을 단어에 끼워 맞추지 말고 찾아오는 한 단어
에 적용시킨다(예: 찝찝하다, 무겁다, 상자 안에 갇힌 듯하다, 겁나고
긴장된다, 무거운 납으로 만든 공 등).

이름 붙이는 과정

당신이 어떤 것을 느끼기 시작하면 그것에게 "안녕. 나는 네가
거기에 있는 걸 알아."라고 인사를 건네 보자. 그리고 그것이 당
신의 인사를 어떻게 받아들이는지 기다려 보자. 이것은 나뭇가지
위에 앉아 있는 새처럼 편하게 느낄 수도 있고 대화를 시작하는
사람처럼 편하게 느낄 수도 있으며 그 느낌이 명확하거나 강해질
수도 있다.

인사를 건네면 당신은 그것을 있는 그대로 받아들이면 된다. 이 과정은 당신 내면의 일부를 만나는 소중한 순간이다. 또한 당신은 당신의 인생에서 무엇이 진실인지 맞닥뜨리게 될 것이다. 비록 당신이 찾은 것이 당신이 좋아하는 것이 아니라 하더라도 당신에게는 기분 좋은 일이다.

> **TIP** 가장 중요한 것은 서두르지 않는 것이다. 가장 먼저 당신의 펠트센스를 반기는 데 시간을 들인다. 당신이 느끼는 것처럼 당신의 몸이 어떻게 느끼는지 알아본다.

인사를 건네는 것은 당신에게 찾아온 사람을 처음 만났을 때만 하는 일이 아니다. 새로운 느낌을 만나거나 새로운 당신의 일부를 만났을 때도 똑같이 인사를 건넨다.

인사를 건네고 나면 다음 단계는 그것을 묘사하는 것이다. 단순히 당신의 몸에서 지금 어떤 감각이 느껴지는지 친구에게 말하는 것과 똑같은 방식으로 당신 자신에게 말해 보자. 당신은 보통 단어나 구 또는 이미지를 사용할 것이다. 그것은 소리이거나 표정일 수도 있다. 당신이 지금 느끼고 있는 것을 가장 잘 나타낼 수 있는 것이면 어떤 것이든 좋다.

단어, 구, 이미지는 당신이 느끼는 것을 묘사하기 시작하는 동시에 당신에게 다가갈 것이다. 다음은 이러한 예를 구체적으로 나열해 놓았다.

- "가슴에서 느껴지는 슬픔"
- "배에서 느껴지는 무거움"
- "여기에서 느껴지는 신경질적인 느낌"
- "비어 있는 느낌"
- "내가 내려야만 하는 결정에 관한 우스운 느낌"

이제부터 당신은 당신의 일부를 좀 더 명확하게 느끼기 시작할 때까지 그 묘사를 당신 몸에 퍼지도록 해야 한다. 이것은 마치 그 느낌에게 이름을 지어 주는 것과 같다.

묘사하는 과정은 마술과 같거나 이상한 것이 아니다. 이것은 우리가 평소에 익숙하게 하는 것이다. 만약 새로운 향이 나는 껌을 누군가에게 받았을 때, 잠시 입에 넣고 씹어 보는 것과 같은 것이다. 그리고 나서 누군가 당신에게 "그 맛을 어떻게 묘사할 수 있겠니?" 라고 묻는다면 당신은 입에서 껌을 몇 번 굴려 본 뒤 "음, 글쎄…….

이것은 포도맛은 아닌 것 같고, 민트라고 말하기도 좀 그렇고…….
알겠다! 이것은……."라고 대답할 것이다.

당신이 생각해 내는 묘사가 맞지 않아도 한가운데로 다가가도록
도와주는 적합한 묘사를 계속해서 생각해 보자. 당신이 그 단어나
문구, 이미지를 생각할 때 어떤 것이 움직이거나 이동하거나 강해
지거나 뭔가 긴장이 풀리는 듯한 느낌이 든다면 당신은 제대로 된
길을 걷고 있는 것이다. 묘사할 단어를 찾는 것은 당신을 미로의
한가운데로 데려다 준다. 당신은 다음 단계인 맞춰 보기 단계에서
안도감이나 긴장이 풀린 듯한 분명한 느낌을 경험할 것이다.

"휴, 그거였구나! 이제야 말이 좀 되네."

전체적으로 일이 해결되고 완성되는 느낌을 받게 되고 문제에
대한 새로운 통찰을 얻게 된다.

> **TIP** 당신은 펠트센스를 억지로 묘사하거나 그것이 무엇인지 보여
> 달라고 떼쓸 수 없다. 당신이 만족할 만한 단어나 문구, 이미지
> 또는 표정을 찾지 못해도 당신 몸에서 무언가를 느끼고 있다는 사실만
> 으로도 충분하다. 당신은 그것을 억지로 찾으려고 하기보다는 뭐가 더
> 나을지 가볍게 생각해 보는 게 좋다. 펠트센스를 사랑하는 것이 그것을
> 이해하는 것보다 중요하다. 이해는 때가 되면 자연스럽게 찾아온다.
>   적절한 단어를 찾는 데 너무 애쓰다 보면 당신의 몸이 느끼고 있는 것
> 을 놓칠 수 있다. 당신이 내면에서 느끼는 것으로부터 관심을 뺏겼다고
> 생각할 때마다 당신의 지각을 당신 몸의 내면에 다시 데려다 놓는다.

이름 붙이기 단계 요약

- 세 번째 단계는 포커싱을 시작하기 전의 당신이 예상했던 것과 다르게 느끼는 것을 체험할 수 있다.
- 몸의 변화와 함께 나타나는 것이 당신이 찾는 것이다.
- 단어나 이미지가 맞아떨어질 때, 우리는 그것을 '단서'라고 하거나 이름을 붙이면 된다.
- 느낌 자체가 뭔가를 드러낼 때까지 그것들을 그냥 내려놓으면 된다.
- 느낌에서 말이나 이미지가 떠오르게 한 뒤 '겁난다' '내 안에 뭉친 자리'와 같이 스스로를 이름 붙이도록 한다.
- "맞아, 딱 맞아."라고 얘기하는 약간의 안도감을 만들어 내는지를 느껴야 한다.

4. 4단계 : 맞춰 보기

맞춰 보기: 떠올린 심상, 또는 그 표현된 용어 등이 내면의 느낌과 맞아떨어 지는지를 계속해서 오가며 맞추어 가는 과정

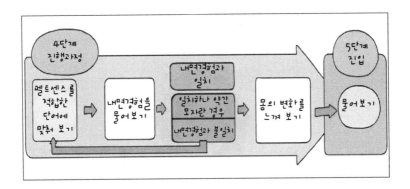

붙여 준 이름을 확인하기: "이게 맞니?"

당신이 적절하다는 내면느낌이 느껴지는 경우

이름 붙이기 단계에서 생각해 낸 단어(또는 구, 이미지)를 펠트센스에 맞춰 본다. 자기 자신에게 "이게 맞니?"라고 질문을 던져 보는 것이다. 만약 '꽉 찬 느낌'이 맞다면 거기에 있는 것의 본질을 찾은 것 같은 만족스러운 내면느낌이 들 것이고, 긴장이 풀리거나 기분이 차분해지는 경험을 할 수 있다. 그러면 그 느낌과 함께하는 것이 더 편안해지면서 다음 단계로 넘어갈 수 있다. 또한 내면의 깊은 심호흡이 일어나거나 또 한 번의 긴장 완화 같은 느낌이 든다.

그것이 부분적으로 맞긴 하지만 뭔가 더 있다고 느끼는 경우

'꽉 찬 느낌'이 어느 정도 있지만 거기에는 다른 뭔가가 더 있
는 경우도 있다. "뭘까? 음……. 두려움?" 그리고 당신은 '두려
움'이라는 단어를 가져가서 '꽉 찬 듯한 느낌과 두려움'이 맞는
지 확인하면 된다. 만약 딱 맞는 느낌이 오지 않는 경우 펠트센스
를 재경험해야 한다.

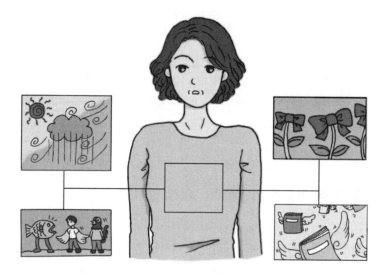

펠트센스를 재경험하는 방법은 다음과 같다.

• 다시 기다리면서 정확한 단어가 나타나게 한다.
• 펠트센스에 걸맞은 첫 번째 단어를 얻을 때까지 펠트센스를
  잘 간직한다.
• 단어나 이미지를 얻고 나면 느낌은 이내 사라지고 단어나 이

미지가 사라지면 펠트센스에서 다시 한다.

- 보통 10~20초 후면 그 느낌이 있는 그대로 되살아난다.
- 느낌이 저절로 바뀌더라도 상관없다.

'꽉 찬 느낌'이 맞지 않다고 느끼는 경우

당신은 그 '꽉 찬 느낌'이 맞지 않다고 느낄 수도 있다. 하지만 그것은 그것에 맞는 단어로 이끌어 주면 되기 때문에 괜찮다. "꽉 찬 느낌은 아니고……. 이것은 ……. 음……. 그래! 압박감이야!" 그리고 이제 당신은 그 느낌에게 '압박감'을 가져가서 적절한 내면느낌이 느껴지는지 알아보면 된다.

머무르기: "그래, 아! 맞아."

가령, 단어가 펠트센스와 딱 들어맞아 일치하게 되면 잠시 그것에 머물러 그대로 느끼는 것이 중요하다. "그래, 아! 맞아." "아, 이거구나! 이런 거구나!"와 같은 말을 저절로 뱉어 낼 수도 있다.

중요한 것은 이 순간을 어떻게 보내는가가 중요한데 옳다는 느낌은 단서를 확인하는 것에 끝나지 않는다. 몸이 지금 이 순간 바뀌고 있기 때문이다. 그것이 바뀌고, 이완되고, 진행되고, 움직이는 중이라면 그냥 그대로 내버려 둔다. 1~2분가량 시간을 준 뒤, 몸이 이 지점에서 얻고 싶어 했던 모든 이완감과 변화를 누리도록 해야 한다.

더 읽어 나가기 전에 이제는 멈춰서 포커싱을 시도해 본다. 당신이 자기 자신을 돕기 위해 이 책을 읽는다면 당신이 직접 해 보는 대신 어떤 일이 일어날지 생각만 할지도 모른다. 그래도 괜찮지만 내 의도는 당신이 이 기술을 습득하기를 원하는 데 있다. 그러기를 원한다면 당신은 먼저 시도해 봐야 한다.

맞춰 보기 사례

다음 사례는 포커싱 워크숍에서 공개를 허락한 사례다. 워크숍 참가자의 펠트센스를 체험하기 위해 슈퍼바이저의 안내에 따라 경험한 실제 사례다. 포커싱 파트너십을 활용하여 펠트센스를 체험하는 '포커서'와 경청하고 이를 반영하는 '경청자'로 나누어 펠트센스를 체험하도록 하였다.

사례 | 철수갑이 느껴진다는 여성

30대 초반 여성은 다음과 같이 보고하였다.

가슴에서 무거움이 느껴진다. 그 무거움이 손끝에서 발끝까지 번지는 느낌이다. 그것은 마치 쇳덩이에 눌린 듯한 느낌이었다. 보다 정확히 표현하자면, 철수갑이 손목에 채워진 느낌이었다. 무거움에 고정된 내가 보인다. 깊은 바닷속에 손목이 수갑에 묶여 있는 내가 보였다.

이 여성의 경우, 내면경험은 깊은 바닷속에 손목이 철수갑에 묶여 있고 발목에도 채워진 느낌을 체험하였다.

이처럼 펠트센스는 생각하는 것이 아니라 느낌과 감각을 존중하고 수용함으로써 '이것이 내 것'이 되는 것이다.

비판적인 태도는 자연스럽게 느껴지는 것들을 평가하기 때문에 내면 스스로가 수용받지 못할 것이라는 의심을 품고 더 깊은 곳으로 꼭꼭 숨어 들어가려고 한다.

펠트센스는 늘 '내' 안에 함께 존재하고 있다. 지금까지 그래 왔고 앞으로도 그럴 것이다. 그러나 당신이 그러한 존재를 인정하지 않는다면 함께 있어도 느끼지 못할 것이다. 펠트센스는 누가 찾아 주는 것이 아니다. 자신이 자신을 믿고 신뢰하고 조건 없이 바라볼 때 생생하게 체험할 수 있다.

사례 2   **포커싱 도중에 충분히 느끼지 못하고 분석해 버린 사례**

다음 사례를 읽어 보고 각 포커싱 단계를 구분해 보자. 포커싱을 성공적으로 끝마쳤는지 혹은 어떤 부분이 부족했는지 살펴보기 바란다.

1년간 회사에 다니게 된 철수(32세, 남) 씨는 직장상사와 갈등을 빚고 있다. 철수 씨는 그중에서도 상사인 영숙(38세, 여) 씨와 불편한 관계를 호소하고 있다.

처음에는 자신에게 매우 깍듯하고 상냥하게 관심을 가져 주고 대접해 주었다. 그런데 여름 휴가가 지나고 나자 그녀는 철수 씨를 홀대하였다. 얼마 전 송년회 때도 눈길 한 번 마주치지 않았다. 뿐만 아니라 말을 건네도 별로 대답도 하지 않는다. 이런 행동은 철수 씨를 몹시 화나게 했다. 그러나 문제는 자신에게만 유독 이런 행동을 보이는 것이 아니라 그녀는 자신에게 이익이 될 만한 사람에게만 관심과 대화를 나누고 더 나은 사람이 회사에 오면 관심을 끊어 버리는 사람이었다.

지하철을 타고 가면서 포커싱을 실시했다. '화'가 났다. 곧바로 눈 동공 윗부분에서 무게감이 느껴지고 눈뜨기조차 무겁다는 것을 알았다. 자꾸만 눈을 감아 버리고 싶은 마음이 들었다. 누군가가 강제로 눈꺼풀을 끌어내리고 있는 듯한 느낌이 들었다. 순간 그녀와 눈을 마주쳐야 할 때면 매번 외면하고 피해 버리고 싶던 일들이 떠올랐다.

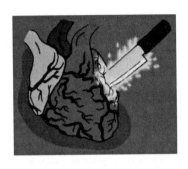

갑자기 그녀의 차갑고 무표정한 얼굴이 보였다. 그런 후 '쿵쾅쿵쾅' 뛰던 심장으로 날카로운 칼날이 3cm가량 파고 들어온 듯했다. 사시미 칼 같은 날카로운 칼이 양쪽 폐 사이로 피부를 뚫고 들어와 폐와 칼이 닿기 일보 직전의 긴장되는 순간이 느껴졌다. 칼은 매우 차갑고 윤기가 반질반질 나 있었으며, 칼날은 차갑고 냉기가 서려 있었다.

그다음 자신에게 물었다. "이 칼을 어떻게 했으면 좋겠니?" 그러자 양 손바닥 사이에 칼날을 끼워 넣고 밀어내 버리고 싶은 생각이 들었다. 그런데 칼날의 냉기가 너무 차가워서 손이 닿으면 너무 시릴 것 같아 꼼짝도 못했다.

나는 이 상황에 적합한 단어를 찾기 시작했다. 3분 정도가 지났을까? 그녀는 '강하다' 라는 단어가 떠올랐다. 그 순간 눈꺼풀이 가벼워지고 폐에 닿으려고 했던 일촉즉발의 칼날이 스르륵하고 사라졌다. 눈을 뜨고 있는 것이 다시 가벼워졌다. 그런 후 "난 약해. 내가 대항할 수 있는 것은 그녀에게 더 친절하게 대하는 것뿐이야." "그녀가 원하는 것을 해 주면 기뻐할 거야. 그게 약자가 살아남는 법이라고."라는 메시지가 떠올랐다. "그녀가 그 칼을 빼

줘야 해. 나는 할 수 없어."라는 사실을 깨달았다.

　어릴 적에 스스로 "난 약자야. 그러니까 모두에게 친절하게 대해 주고 원하는 것을 더 잘해 줘야 인정받을 수 있어."라며 느껴 왔음을 알았다. 이 사실을 자신에게까지 속여 왔다는 것도 이제야 알았다. 이런 사실을 인정하기 싫었던 나⋯⋯. 하지만 이렇게 살아온 나 자신⋯⋯. '안쓰러움' '측은함' '애처로움'이 느껴졌다. 이제는 나 자신이 '당당해지고 싶다.'는 간절함이 생겼다.

　포커싱은 분석을 하지 않는다. 따라서 좀 더 충분히 느껴야 할 필요성이 있다. 이 사례는 펠트센스를 충분히 느끼지 않고 불안을 견디지 못한 채 분석해서 인과관계를 판단하고 평가 내린 사례다. 이런 경우 그 원인을 알더라도 펠트센스에 대한 자신의 감정에 변화를 경험할 수 없다.

　많은 사람들이 이처럼 펠트센스를 충분히 느끼지 않고 "왜 그랬지? 원인이 뭐지?"라며 분석하려는 시도를 무의식중에 하게 마련이다. 하지만 분석을 통해서 원인을 알아도 감정은 변하지 않는다.

맞춰 보기 단계 요약

- 이 단계에서는 자신이 발견한 펠트센스와 적합한 이름, 심상 등을 맞추어 본다.
- 펠트센스에 붙여 준 이름이 적절한지 확인해 본다.
- 펠트센스와 그것을 표현할 수 있는 용어 등이 적절하면 더 이상 다른 표현을 찾을 필요가 없다.

🌳 5. 5단계 : 물어보기

물어보기: 표현된 느낌이 무엇을 필요로 하는지, 또 원하는 것을 물어보는 과정

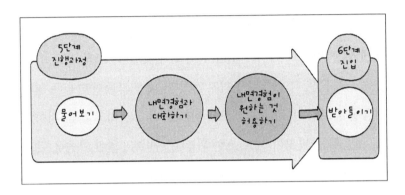

"안녕, 너는 단단함이니? 만나서 반가워." 이제 당신은 이 내면의 일부와 앉아서 그 느낌의 이야기를 듣고 무엇을 이야기하고 싶은지 들어 볼 필요가 있다.

무엇을 원하는지 물어보기

당신이 펠트센스와 시간을 보낸 후에는 질문하는 것이 맞는지 생각할 것이다. 가끔씩 하는 질문은 큰 도움이 된다. 그것은 당신의 몸의 감각과 머무르는 데 좋은 방법이 될 수 있다. 질문은 펠트센스에 완만한 구조를 제공해 준다. 그리고 뭔가 더 있는 곳에 당신의 관심을 이끌도록 도와준다. 어떤 때는 질문이 적절하지 않다고 느껴지기도 한다. 이때는 내면의 어떤 곳이 지금 당장 질문을

원하지 않기 때문이다.

　당신의 펠트센스에게 질문할 때는 그것이 어떤 문장으로 대답하기를 바라면 안 된다. 그것이 있는 곳을 보다 잘 느낄 수 있도록 당신의 지각을 이끄는 방법으로 질문해야 한다. 내가 처음 포커싱을 배웠을 때는 질문하는 것이 너무도 어려웠다. 나는 내면의 일부가 내게 입을 벌리고 얘기해 줘야 한다고 생각했다. 그러나 그 안에 있는 느낌들은 거의 입을 벌리지 않았다. 대신 그들의 반응은 열린 마음을 갖고, 질문하려는 태도로 뭔가를 더 느끼려고 하는 것이었다. 질문하는 과정이 꼭 필요한 과정은 아니다. 열린 마음을 갖고 친근하게 관심을 갖고 호기심으로 바라보는 태도가 꼭 필요하다. 따라서 질문하는 것은 그러한 태도를 유지하기 위함이다.

　자주 사용되는 네 가지 질문을 제시한다. 하지만 당신과 당신의 과정은 독특하기 때문에 다른 가능성을 열어 두고 그 질문이 느낌을 말하도록 도와줄 수 있는지 자신의 몸에 물어봐야 한다.

펠트센스에게 물어보는 4가지 질문유형

"펠트센스는 어떻게 느끼고 있니?"

당신이 아직까지 아무런 감정도 느끼지 못했다면 이 시점에서 펠트센스가 갖고 있는 감정이 무엇인가 물어보도록 한다. 예를 들어, 펠트센스가 '단단함'이라면, 당신은 내면에게 "단단함에는 어떤 감정적인 가치가 있을까?"라고 물어볼 수 있다. 또한 당신은 몇 가지 가능성을 발견할 것이다. "두려움을 느끼는 단단함인가, 기쁨을 느끼는 단단함인가, 아니면 분노의 감정을 느끼는 두려움인가?" 비록 당신의 추측이 다 틀릴 수도 있지만, 당신이 당신의 몸을 계속해서 느낀다면 당신의 몸은 어떤 감정의 단어가 가까운 단어인지 가르쳐 줄 것이다.

당신이 '두려움을 느끼는 단단함'이나 '분노를 느끼는 두려움'을 한번 만나기만 한다면 당신의 펠트센스에 굉장한 깊이와 풍부함이 느껴질 것이다. 당신이 단지 '단단함'을 느꼈을 때보다는 훨씬 더 많은 것을 알 수 있는 기회를 맞게 될 것이다.

"무엇이 널 그렇게 _____하게 하니?"

만약 당신이 포커싱 과정에서 추가적인 질문이 필요하다면 이런 식의 질문을 사용해 보는 것도 좋다. 이를테면, '흥분하기 쉬운'이라는 구가 떠올랐다면 당신의 펠트센스에게 이런 질문을 할 수 있다. "무엇이 널 그렇게 쉽게 흥분하게 만드니?" 혹은 그 감정의 단어가 '두려움'이라면 당신은 "무엇이 널 그렇게 무섭게 만드니?"라고 질문할 수 있다. 그러나 당신이 느끼는 감정이 "물론이지, 누구나 이렇게 느끼는걸."과 같은 누구나 쉽게 느끼는 것이라면 어떨 때 가장 많이 느끼는지 물어보자. 예를 들면, 다음과 같다.

"언제 가장 널 그렇게 쉽게 흥분하게 하니?"
"언제 가장 널 두렵게 만드니?"

당신이 아직까지 몰랐던 것을 듣기 전까지는 당신이 펠트센스에게 전달받은 메시지가 아직 없음을 기억하자.

"너에게 필요한 게 있니?"
당신이 이러한 질문을 했는데도 뭔가 찜찜한 것이 남아 있다면 펠트센스에게 이렇게 질문해 보자.

"나한테 바라는 게 있니?"
"다음에 네가 바라는 것은 무엇이니?"

처음부터 이런 질문은 하지는 않는 게 좋다. 이유인즉, 느낌을 전하는 메시지를 듣기도 전에 그 느낌을 경감시킬 수도 있기 때문이다.
이 공간이 필요로 하는 존재의 방식은 어떤 것일까? 내가 단지 옆에 조용히 있어 주기를 바라는 걸까? 아니면 사랑과 공감을 필요로 하는 걸까? 뭔가 더 말해 보라고 용기 주기를 원하는 걸까?

먼저 물어보고 난 뒤 기다려 보자.

펠트센스는 당신이 충분히 머물러 주고 경청해 준다는 믿음을 얻으면 "○○가 하고 싶어." "난 말이야."라는 식으로 고개를 내민다.

"'모든 것이 괜찮은' 느낌이 어떤 건지 보여 줄 수 있겠니?"

당신이 이러한 종류의 질문을 다 했는데도 뭔가 더 필요하다는 생각이 들면, 당신에게 마법과도 같은 추가 질문을 할 수 있다.

당신의 몸에게 "'모든 것이 괜찮은' 느낌이 어떤 건지 보여 줄 수 있겠니?"라고 물어보고 기다린다.

"나는 내가 긴장이 풀린 걸 느끼고 있다고 생각해요." 혹은 "난 이제는 긴장을 풀 수 있다고 생각해요."라며 해결하려 들지 않는다. 이제 당신의 몸에게 모든 것에서 괜찮은 방식이 어떤 건지 보여 달라고 부탁한다.

TIP
당신이 질문을 하는 것은 펠트센스에게 인사를 하고, 그것을 묘사하고, 그것과 함께 머무르는 것이 괜찮은지 살펴본 이후여야 함을 기억하자. 내면에게 건넨 질문에 답을 얻지 못하는 가장 큰 이유는 너무 빨리 질문했기 때문이다. 당신은 가장 먼저 어떤 질문이라도 기꺼이 대답할 수 있도록 내면과 좋은 관계를 만들어야 한다.

만약 질문을 하고 나서, 당신의 펠트센스가 강요당하는 것처럼 느껴진다면, 당신이 너무 서둘러 질문하지 않았는지 확인한다. "네가 무엇에 관해 말하고 있는지 말해 봐, 지금 당장!" 만약 그렇다면 그렇게 서두르는 당신의 부분에게 인사를 건네고 그 느낌과 잠시 앉아서 "무엇이 널 그렇게 서두르게 만드니?"라고 질문해 보는 것이 좋다.

흔히 물어보기 단계에서 무엇을 원하는지, 펠트센스가 어떻게 변하는지를 의식하고 물어보지만 물어본다고 해서 변화를 추구하는 것은 아니다. 변화하지 않는 것을 원하는 사람도 있기 때문이다. 무엇을 더 해 주고, 어떻게 해 주지 않고 그저 펠트센스가 원하는 것을 들어주고 허용해 주는 것만으로도 펠트센스는 만족해한다.

〈당신 펠트센스를 통해 할 수 있는 기타 질문〉
- "마음을 열도록 하려면 내가 어떻게 해야 할까?"
- "내가 알았으면 하는 게 무엇이니?"
- "내가 어떻게 하면 너에게 도움이 될 수 있을까?"
- "너는 어떻게 하고 싶어?"

'왜' 라고 시작하는 질문은 되도록 하지 말도록 한다. '왜' 는 당신의 논리적인 생각과 관련 있으며 논리적인 생각은 기꺼이 거기에 빠져들어서 느낌을 장악할 것이다. '왜' 라는 질문은 비난이나 판단을 함축하고 있다(예: 왜 너는 책을 그렇게 들고 있니?). 당신이 정말로 '왜' 라는 질문을 하고 싶다면 '무엇' 이라는 질문으로 재구성하려고 노력해 본다. "왜 그렇게 화났니?"라는 질문은 "뭐가 그렇게 너를 화나게 했니?"로 바꿀 수 있다. "왜 상처받았니?"라는 질문은 "네가 상처받았을 때 무슨 일이 일어났니?"로 바꿀 수 있다.

당신이 논리적으로 생각한다는 것을 알려 주는 또 다른 신호는 당신 자신이 "내가 생각하기에는" "아마도" "이건 ~해야만 해요."라는 말을 섞어서 말하는 자기 자신을 발견할 때다. 당신의 대답이 펠트센스로부터 온 것이 아니라는 표시가 있다. 당신의 지각을 몸에게 다시 가져가 질문하든지 혹은 그 '논리적'인 대답을 몸에게 가져가 "그게 맞니?"라고 물어본다. 그러면 당신은 당신 내면의 감각이 적절한지 아닌지를 깨달을 수 있다.

당신의 몸이 대답하는 데는 시간이 걸린다. 이는 우리가 합리적인 생각을 해내는 것이나 시각화시키는 능력보다 더 느리다. 빨리 나온 대답은 당신의 몸을 통해 확인해야 한다. 그들은 맞을 수도 있지만 당신의 몸으로 하여금 대답을 얻어 낼 필요가 있다.

당신에게 다가온 것이 진짜인지 아닌지 확신할 수 없을 때 당신의 몸과 펠트센스만으로 확인해 본다. 느낌에게 확인하는 질문으로는 "그게 맞니? 내가 너를 이해한 거 맞니?"와 같은 질문을 해 본다.

가끔 아무 질문도 필요하지 않을 수 있다. 당신이 꼭 질문해야 하는 것은 아니다. 펠트센스가 필요로 하는 것에 민감해지도록 한다. 질문은 우리의 호기심을 만족시키기 위해서가 아니라 펠트센스가 원하는 것을 우리에게 표현하는 것을 도와주기 위해서다.

이제 멈춰도 될지 확인하기

포커싱 과정을 마치기 위해서는 당신의 펠트센스에게 멈춰도 될지 정중히 물어봐야 한다. 펠트센스에게, "조금 있다가 과정을 마쳐도 되겠니? 아님 내게 더 알았으면 하는 게 있니?"라고 물어

본다. 이것은 문제가 해결되었는지를 묻는 것이 아니다. 문제는 아직 해결되지 않았을 수도 있고, 당신의 논리적 생각이 생각대로 해결되지 않았을 수도 있다. 하지만 멈춰도 될 시간일지도 모른다. 그 느낌은 "지금은 이 걸로 충분해."라고 느낄지도 모른다.

당신이 멈추기 전에 뭔가 더 나올 것이 있는지, 뭔가 더 알아야 할 것이 있는지 물어보는 게 좋다. 종종 펠트센스는 질문을 했을 때 굉장히 중요한 것을 남기기도 한다. 사람들이 이 시간을 가장 중요하게 여기는 이유도 바로 이 때문이다.

포커싱에서는 단계별로 변화가 찾아오기 때문에, 당신의 몸은 지금 이것으로 충분하다고 느낄 수 있다. 비록 당신이 다음에 뭔가 더 올 것이 있다고 여기더라도 말이다.

마무리는 무엇이 왔고 당신 자신에게 이 과정에서 무엇을 기억하고 싶은지 물어볼 수 있는 좋은 시간이다. 포커싱은 당신이 거의 기억하지 못해도 새로운 지각이 당신의 의식에서 벗어나 깊은 수준에서 일어난다. 이때는 당신이 어떠한 변화도 완전히 받아들이는 시기다. 따라서 아무리 작은 변화라도 완전히 받아들일 필요가 있다. 또한 펠트센스는 불편한 어떤 것에서 따뜻하고 넓고 기쁘고 심지어 불타는 느낌으로 바뀔 수 있다. 그 느낌이 원하는 만큼 받아들이는 기분을 만끽할 시간을 주도록 한다. 원하는 만큼 당신의 몸을 채울 수 있도록 초대한다. 이 느낌은 단지 당신이 과정을 끝낸다고 해서 멈출 필요는 없다. 당신은 이 느낌을 당신과 함께 가져갈 수 있다.

- 당신에게 허락된 시간이 제한되어 있다면 과정을 부드럽게 끝낼 수 있다. 당신이 과정을 시작할 때 얼마나 시간이 있는지 언제 끝내야 하는지 당신의 몸에게 알려 주도록 한다. "우리는 10분의 시간이 있어." 혹은 "나는 7시에 일하러 가야 돼." 당신의 몸은 스스로 시간을 설정하는 능력이 있으므로 그 시간 동안 할 수 있는 적당한 무언가를 가져올 것이다.
- 당신이 멈추기 몇 분 전에 마무리하기 시작한다. Barbara McGavin은 10분당 1~2분 정도씩 마무리하는 시간을 충분히 주는 것이 좋다는 규칙을 제공한다. 만약 당신이 30분 정도의 과정을 진행한다면 5분 정도가 소요될 것이다.
- 포커싱 과정은 탐색과 쉼의 자연스러운 리듬이 있다. 보통 5~10분마다 마무리할 시간이 있기 때문에 마무리할 수 있는 편안한 장소에서 너무 멀리 떨어져 있지 말아야 한다.
- 여기에 적어 놓은 단계들은 단지 추천하는 것일 뿐이다. 당신은 그 과정을 모두 따라할 필요는 없다(이전 단계가 다음 단계를 돕는 데 중요하다는 것은 잊지 말자.). 어떤 단계에서든 마무리 과정은 가능하다. 당신의 몸이 언제 마무리하는 것이 좋을지 얘기하도록 한다. 당신의 몸이 15분이 지난 후 마무리하는 게 좋다고 느낀다면 굳이 20분 동안 포커싱을 진행할 필요는 없다.

"다시 돌아올 거야."라고 약속하기

당신은 시간이 지난 후에도 다시 몸으로 돌아가 이 과정을 계속할 수 있을 것이다. 가장 정중한 이별은 내면에게 당신이 돌아올 것이라고 말하는 과정을 포함한다. 당신의 몸이 이별이 큰 과정의 한 부분이고 뭔가 더 있을 것이라고 알게 하는 것이다.

- 어떤 것이 아직 끝나지 않았다면 처음에는 펠트센스가 당신을 떠나기가 어려울 것이다. 펠트센스는 당신의 관심을 얻어 냈지만 당신이 다시 돌아오지 않을까 봐 두려워할 수 있다. 당신은 펠트센스에게 다시 돌아올 것이라고 다시 한 번 확신시켜야 하며, 당신 역시 약속을 지켜야 한다. 시간이 자나면 당신이 펠트센스에게 신뢰를 얻게 될 것이고, 그러면 당신의 펠트센스는 각 과정에서 이별하는 것을 좀 더 쉽게 받아들일 것이다.
- 당신은 아마 '그 장소를 표시'하고 싶을 것이다. 이것은 우리가 갔던 장소를 다시 가기 위해서 표지판을 세우는 것과 같다. 거기에는 생동감 있는 이미지가 있을 수도 있고 명확한 문장이나 문구가 될 수도 있다. 또한 그것은 당신이 도착했던 그 장소를 상기하는 데 도움이 될 것이다. 당신은 포커싱 일지에 그림을 그리거나 글을 쓰고 싶어 할지도 모른다.

나와 함께하는 내 몸의 일부분에 감사하기

이 과정은 당신이 받은 것에 대해 감사를 나누고 감상하는 과정이기도 하다. 포커싱의 본질은 당신 내면의 자신과 좋은 관계를 갖는 것임을 기억하자. 비록 아무 일도 일어나지 않아도 당신의 몸에서 느껴지는 어떤 것과 머물 수 있다면 당신은 포커싱에 성공한 것이다. 자, 당신을 위해 축배를 들자!

物 물어보기 단계 사례

사례	14년 전의 첫사랑

34세의 미혼 남성은 좋아하는 사람으로 초등학교 때부터 20여 년간 사랑했던 여자친구를 떠올렸다. 현재도 그녀와는 친한 친구로 관계를 유지하고 있다.

주변 정리 단계에서 두 눈을 감고 천천히 마음으로 자신의 내면이 어떤 메시지를 전달하려는지 이를 경청했다.

- 자신의 가슴에서 네모난 모양의 어떤 것이 느껴졌다.
- 그 가슴은 마치 시멘트를 부어서 단단해진 느낌이었다.
- 쇄골부터 배꼽 사이에서 매우 무거움이 느껴졌다.
- 가슴이 '상자로 만들어진 그 무엇'과 같았다.
- 마치 시멘트처럼 굳어져서 단단해진 느낌이었다.

> 경청자: 시멘트를 부어서 단단해진 가슴을 어떻게 하고 싶으세요?
> 포커서: (한참 후) 시멘트를 가지고 싶어요. 시멘트의 딱딱함을
> 　　　　그냥 두어도 괜찮을 것 같아요.

이 참가자는 좋아하는 여성에 대한 펠트센스를 '쇄골부터 배꼽 사이에 시멘트처럼 굳어져 단단해진 느낌'으로 묘사하였고 펠트센스에 대해 이름을 붙여 주었다. 그리고 자신의 펠트센스에 대한 맞춰 보기 단계에서 자신의 이러한 체험을 '상자로 만들어진 폐'

라고 보고 자신의 경험과 언어적 표현을 일치시켰다. 그런 후 펠트센스가 무엇을 필요로 하는지에 대한 물어보기 단계에서 펠트센스가 아직 변화를 필요로 하지 않고 그냥 이대로 두고 싶다는 바람을 표현하였다.

이 참가자가 체험한 펠트센스는 '시멘트를 부어서 단단해진 가슴'이었다. 자신의 펠트센스를 체험하고 난 후 이 참가자는 그 여자친구가 자신에게 간간이 내비치던 이야기들을 자신이 흘려보낸 사실을 떠올렸다. 포커싱을 통해 그 뜻을 이해하게 되었다.

자신이 사랑했던 그 여성에게서 안 좋은 소식을 접했을 때는 그동안 자신의 어려움을 가끔씩 내비치며 도움을 요청한 적이 있었음을 깨닫게 되었다. 그런데 자신은 "시멘트를 부어 단단해진 가슴을 가지고 있어서 이를 눈치 채지 못했다."고 표현하였다. 자신이 사랑했던 여성이 힘들 때 간간이 내비치던 그때 그녀의 말을 경청하지 않았던 사실에 후회하였다.

물어보기 단계 요약

- 이 단계에서는 불명료한 펠트센스에게 직접 그것이 무엇인지를 물어본다.
- 펠트센스를 다시 생생하게 떠오르도록 몇 번이고 단서를 이용한다.
- 좀 전에 가졌던 느낌을 계속 붙들어 줄 만큼 충분하지 않지만 그 느낌은 지금 이 자리에 있어야 한다.
- 느낌을 놓쳤다면 그 단서를 통해 다시 등장하도록 한다.
- 단순한 머릿속의 응답과 펠트센스에서 오는 응답은 구별할 수 있다.
- 머릿속의 답은 빨리 찾을 수 있다.
- 펠트센스에게 열린 질문을 하되 의식적인 사고과정을 통한 대답은 피해야 한다.
- 포커싱은 일이나 숙제가 아니다. 몸 안에서 보내는 이로운 시간이다.

6. 6단계 : 받아들이기

받아들이기: 느낌의 용어나 심상이 원하는 것을 제공하고 난 후의 변화를 자연스럽게 내면화하고 받아들이는 것

　포커싱을 체험함으로써 느껴지는 긍정적인 감정은 특별한 체험이다. 젠들린 교수는 이를 '감각전환(a felt Shift)' 이라고 부른다. 감각전환은 당신 자신이 새롭게 경험한 것을 수용하기 위해 당신의 몸과 마음을 재배열하는 시간이다. 또한 감각전환은 사방이 꽉 막힌 공간에 들어오는 신선한 바람과도 같고 뭔가 새롭게 깨어난 인생과 삶, 흥분과도 같으며, 동시에 안정감이 있다. 종종 사람들은 명확성, 평화, 든든한 안도감을 느끼기도 한다.

　우리는 어떤 문제를 하나 해결하면 성취감이나 기쁨을 느끼고

자신에게 의미를 부여하기도 전에 곧바로 그다음 문제를 해결하기 위해 집중한다. 하지만 그 이전에 당신이 자신의 기쁨으로 누릴 수 있는 것을 환영하고 그것에게 필요한 공간을 주어 충분히 허용하고 누릴 필요가 있다. 또한 그것이 어떻게 느끼는지 시간을 두고 충분히 느껴 본다.

포커싱 과정을 멈춘다고 해도 당신이 누릴 수 있는 좋은 감정들은 멈출 필요가 없다. 그것을 다시 당신에게 가져와서 느끼는 것을 주저하지 말자. 이는 모두 당신 자신의 것이다. 당신에게 온 축복, 즉 좋은 감정을 몸이 원하는 만큼 충분히 채울 수 있도록 좋은 감정을 초대한다. 그러면 그 감정이 당신의 몸 전체로 퍼져 나갈 것이다.

변화하는 감정에 초점을 맞추고 변화를 주목하기

당신이 포커싱을 여러 번 거치고 난 후에는 무엇인가 기분 좋은 과정을 겪을 것이다. 따라서 당신은 뭔가 변화된 느낌을 받고 완화되는 느낌 혹은 큰 반전이 일어나는 느낌을 갖게 된다. 한 가지 문제에는 다양한 감정이 숨겨져 있다. 그리고 이런 다양한 감정은 포커싱 과정을 통해 다양하게 변화한다. 여기서 주의할 점은 문제와 관련된 본래의 감정에 초점을 맞추기보다는 수많은 다양한 감정 중에서 변화하고 있는 감정에 초점을 맞춰야 한다는 점이다.

당신이 정말로 변했다고 해도 당신의 오래된 습관은 새로운 것과 함께 공존할 것이다. 여기서 중요한 것은 당신의 몸이 지금 어떻게 느끼고, 몸이 느끼는 방식이 어떻게 달라졌는지를 알아차리는 것이다. 당신이 그 새로운 감정을 뼛속 깊이 느끼기 전까지 변화하고 있는 감정과 함께 머물러야 한다. 마치 삶이 완전히 뒤바뀐 것처럼 눈을 똑바로 뜨고 당신의 일상을 시작하는 것은 도움이 되지 않는다.

　따라서 당신에게 변화된 것을 내면이 알 수 있도록 알아차리는 노력이 필요하다. 변화된 것을 알아차리는 과정은 당신에게 낯선 과정일 것이다. 당신은 삶을 바꿔 나가는 것에 대해 조금 불편하거나 힘들어할 것이다. 대신 시간을 더 들여서라도 과정이 끝나고 나면 어떤 일이 벌어졌는지 그 의미를 되새기며 감사하는 마음을 가지는 것이 좋다.

새로운 감정이 아무리 작더라도 소중히 여기고 가꾸도록 한다

　포커싱을 하다 보면 변화가 큰 과정도 있고 작은 과정도 있다. 변화가 큰 과정에서 느끼는 좋은 감정은 굉장히 강력하지만 작은 과정에서의 좋은 감정은 작고 부드럽다. 펠트센스가 처음에는 희미하고 강하지 않은 것처럼 감각전환 역시 마찬가지다. 변화되는 크기와 상관없이 있는 그대로 그것을 받아들이고 축하해야 한다.

　당신에게 전해지는 변화는 새로운 새싹에 비유하자면, 당신은 정원사와 같다. 당신의 의무는 "그건 충분하지 않아."라는 식의 비난으로부터 이 새싹을 지켜 내는 것이다. 누구든지 포커싱 과정에서 오는 변화의 단계를 작게 느끼거나 무시하기 쉽다.

　새로운 감정이 아무리 작더라도 크기에 신경 쓰지 않아도 된다. 또한 당신의 몸은 다르게 느끼지만 당신의 머리가 아직 이해하지 못하고 있을 때도 있다. 만약 당신이 경험하는 것에 대해 확신하지 못할 때는 체념하거나 자신을 책망하기보다 지금 이 상황을 수용하고 받아들이고 환영해야 한다. 정원사가 되어서 새로 난 싹이 처음에는 그다지 좋지 못해도 괜찮으니 잘 돌보도록 한다. 이처럼 펠트센스에서 비롯되는 감각변화는 굉장히 다양하며 새롭고 독특하다.

긍정적인 감정은 당신의 신체증상을 호전시키는 데 도움이 된다

　포커싱은 당신의 몸을 치유하고 호전시키도록 도와준다. 또한 치유되는 과정은 긍정적인 경험이 될 수 있다. 이전과는 다르게 몸의 통증과 증상에 대처하고 이로 인해 유발되는 감정에 유연해질 수 있다. 이 밖에도 자신의 몸을 알고 돌봄으로써 자신에 대한 새로운 태도를 확신할 수 있다.

받아들이기 Q/A

• 포커싱이 끝났는데 기분이 좋아지지 않았다면 포커싱을 잘못한 것인가요?

만약 포커싱이 끝난 후 기분이 나빠져 있다면 포커싱에 실패했다는 생각이 들 수 있다. 하지만 그렇지 않다. 포커싱은 당신의 내면과 관계를 맺어 가는 과정이라는 사실을 기억해야 한다. 관계를 유지하고 친밀해지는 것에는 항상 시간이 걸리기 마련이다. 포커싱의 각 단계는 당신자신과 그 믿음을 만드는 과정이다.

포커싱은 대부분 좋은 기분과 좋은 감정으로 끝나게 마련이다. 하지만 그렇지 않을 때도 있다. 기분이 좋아지지 않은 상태로 끝난다면 포커싱과정 중의 일부로 생각하면 된다. 그러면 다음번에 더 나은 펠트센스로이어 나갈 수 있다. 마치 꽃이 피기 전에 새로운 새싹이 올라오는 것을즐겁게 바라보는 정원사처럼 어떤 좋은 감정이든지 받아들여야 한다.

"그래, 난 이것에 대해서 충분히 알았어. 지금까지는 충분히 좋았으니까 지금은 멈추고 나중에 다시 돌아와야겠다."는 태도로 다음번 포커싱을 기약하면 된다.

〈받아들이기 단계 요약〉

• 떠오르는 것이 있으면 그것이 무엇이든 기꺼이 환영하면서 몸이 당신에게 말해 줘서 기쁘다는 태도를 갖는다. 그 말은 그냥 한 번의 반전일 뿐 마지막이 아니다.
• 그것을 기꺼이 받아들이고 나면 다른 단어가 나타날 것이다.
• 지금 이 순간에 말하는 펠트센스를 그대로 믿거나, 동의하거나 행할 필요는 없다. 그냥 그것을 2~3분 동안 받아들이면 된다.
• 느낌을 반전시키는 질문들과 생각이 옳을 수도 있으나 그런 생각들은 잠시 옆으로 밀쳐 둔다.
• 포커싱 과정에서 나타나는 어떤 것이라도 당신이 '받아들이는' 태도를 갖는 한, 당신을 압도하지 못한다.
• 당신은 그것들 안에 있는 것이 아니라, 그 옆에 있다.
• 당신은 그것들이 옆에 머물 수 있게 해 주는 것이다.
• 당신은 그것과 당신 사이에 공백이 있다는 것을 느낀다.
• 당신은 여기 있고 그것은 저기 있다.
• 당신이 그것을 갖고 있는 것이지, 당신이 그것은 아니다.

👤 포커싱 체험심리치료의 총체적 단계 요약

이 단계들을 따라 당신이 스스로 연습하기를 권하는 바다.

주변 정리	• 눈을 감고 자신에게 인사한다. "안녕! 반갑다" • 주제를 떠올려 본다. "오늘은 어떤 방법으로 할까?" • 몸의 감각을 느껴 본다. "나는 내 몸을 느끼고 있어."
펠트센스	• "오늘 내 지각이 무엇을 원하고 있지?" 혹은 "내가 그 문제에 대해 어떻게 느끼고 있지?" • "나는 거기에 있는 것에게 인사를 건네고 있어." • "그것은 이런 것이구나."
이름 붙이기	• "나는 그것을 묘사한 것에게 적절한 이름을 찾고 있어." • "그것은 마치 어떤 것과 같은 느낌이야."
맞춰 보기	• "내가 이름 붙인 것이 무엇을 원하는지 비교하고 있어."
물어보기	• "그것은 어떻게 해 주기를 원하고 있지?" • "나는 이 느낌에게 '뭐가 널 그렇게 _____하게 했니?' 라고 묻고 있어." • "나는 이 느낌이 원하는 게 무엇인지 묻고 있어." • "나는 내 몸에게 '모든 것이 괜찮은' 것이 어떤 느낌인지 보여 달라고 부탁하고 있어."
받아들이기	• "나는 내 몸과 함께 그것을 다시 확인하고 있어." • "나는 여기서 멈춰도 될지 확인하고 있어." • "나는 내 몸이 나와 함께해 준 부분에 대해 감사하고 있어."

Chapter **04**
포커싱의 다양한 활용

이 장에서는 포커싱의 다양한 활용에 대해 알아본다. 첫 번째로 포커싱에 관심이 있는 두 사람이 좀 더 쉽게 할 수 있는 포커싱 파트너십을 다룬다. 포커싱 파트너십이란 한 사람이 우선 포커싱을 하고 이를 촉진하고 도와주는 경청자가 함께 작업하는 과정이다. 두 번째로 당신이 상담자라면 포커싱을 상담에 어떻게 적용할 수 있는가를 다룬다. 세 번째로 만약 자신이 상담을 받고 있다면 상담에 포커싱을 어떻게 활용할 수 있는지를 알아본다. 네 번째로 포커싱 꿈 작업을 다룬다. 다섯 번째로 포커싱 미술치료를 알아본다. 여섯 번째로 다양한 포커싱 체험심리치료 활용을 통해 포커싱의 치료효과를 알아본다. 마지막으로 포커싱 체험심리치료 연구 결과를 다룬다.

1. 포커싱 파트너십

포커싱 파트너십(Focusing partnerships)에서는 두 사람이 두 가지 역할을 번갈아 가면서 진행한다. 두 가지 역할이란 '포커서(Focuser)'와 '경청자(listener)'다.

포커서가 소리 내어 말하는 것은 다른 방향으로 흐르지 않아 포커싱에 집중하는 데 도움을 준다. 하지만 소리 내어 진행하는 것이 포커싱하는 데 방해가 된다면 그렇게 하지 않아도 된다. 왜냐하면 포커싱을 하는 동안 포커서가 책임져야 하는 것은 포커싱 과정이지 경청자를 기쁘게 하는 것이 아니기 때문이다.

경청자의 역할

현재에 머무르기

경청자가 해야 할 일은 단지 '거기'에 있는 것이지 포커서가 좋은 과정을 겪을 수 있게 하는 부담을 갖을 필요는 없다. 경청자는 단지 그 자리에 머무르는 것이다.

가끔 경청자로서 몸의 감각을 느낄 필요가 있다. 의자에 앉아서 자신의 목, 가슴, 배, 허리 부위에서 몸의 감각을 느껴 본다. 경청자로서 펠트센스가 느껴진다면 자신에게도 인사를 통해 반겨 준다. 그리고 펠트센스에게 경청 중이므로 곧 차례가 돌아온다는 사실을 이야기해 준다. 그리고 나서 포커서에게 관심을 옮겨 간다. 포커서가 이야기하기 시작할 때 경청자는 들은 것을 재진술해 준다. 포커서가 발견한 보물을 감사하는 태도로 기꺼이 환영해 준다.

경청자는 전문가가 아니다

경청자는 다른 사람의 인생을 고쳐 주는 사람이 아닐뿐더러 치료자도 아니다. 우리는 보통 친구들의 문제를 듣고 제안을 하고, 도움을 줘야 한다고 생각한다. 또한 우리는 친구의 짐을 덜어 줘야 한다는 의무감을 갖는다.

물론 친구에게 도움을 주어야 할 때도 있다. 예를 들어, 친구가 좋은 치과의사를 못 찾고 있을 때 좋은 의사를 알고 있다면 가르쳐 줄 수 있다. 하지만 경청자로서 포커싱을 도와줄 때에는 무엇인가를 고쳐 주려는 자세는 전혀 도움이 되지 않다. 경청자는 그 과정 안에 들어가서 자신의 옷을 입어야 한다. 포커서가 자신에 대한 책임을 가지고 있다는 사실을 기억하는 것은 경청자에게 훨씬 편안하고 더 많은 도움을 준다. 경청자는 단지 동료일 뿐이다. 경청자가 할 일은 포커서와 함께 머무르는 것뿐이다.

실질적인 경청(Practical listening)

우리는 얼마나 자주 생각하지 않고 분석하지 않고 판단하지 않고 다음에 반응해 줄 말을 생각하지도 않으면서 듣기만 하는가? 경청자가 된 사람은 아직 숙련되지 않았다는 것을 발견할 것이다. 만약 그렇다면 다른 어떤 것보다 경청이 당신에게 굉장히 많은 것들을 가져다줄 것이다. 또한 경청은 뒤죽박죽 섞여 있는 마음을 명확하게 해 줄 것이다.

경청을 할 때 가장 중요한 것은 재진술을 해 주거나 포커서가 말하는 것을 반영해 말하는 것이다. 포커서가 "난 슬퍼."라고 이야기한다면 "그래, 너 슬프구나."라는 식으로 이야기해 준다. 포커서가 "목 안에 단단함이 느껴져."라고 말하면 "아, 네 목에 단단한 것이 느껴지는구나."라고 이야기해 주는 것이다. 요컨대, 포커서가 들을 필요가 있는 말들과 감정을 거울처럼 반영해 주는 것이다.

처음에는 앵무새처럼 말하는 것이 좀 이상하게 느껴지거나 두려울 수도 있다. 하지만 경청자는 누군가가 당신의 말을 되돌려 말해 주는 것이 얼마나 중요한지 느낄 것이고, 그에 힘입어 당신

의 감정을 좀 더 탐험하게 될 것이다. 그렇게 될 때 좋은 경청자가
금보다 값지다는 사실을 깨닫게 된다.

포커서는 경청자를 듣는다

좋은 경청의 핵심은 경청자가 갖고 있는 지식을 활용하지 않는
것이다. 또한 포커서가 경청자의 말을 듣고 그 단어들이 포커서의
내면경험에 맞아떨어지는지를 확인하는 것이다.

만약 포커서가 자신의 목에서 '단단함'이 느껴진다고 말하면
경청자는 이를 듣고 '목 안에 단단함'이라고 되돌려 말해 준다.
그리고 나서 포커서는 '단단함'이라는 단어를 자신의 목에 가져
가서 그 단어가 적합한지 살펴본다. 만약 내면경험과 일치한다면
이는 굉장한 사건이 된다. 포커서는 경청자가 되돌려 준 '단단함'
이라는 표현을 다시 자신에게 가져가는 과정에서 자신의 몸과 함
께 머무르고 듣는 것을 더 도와준다.

하지만 '단단함'이 내면경험과 일치하지 않을 수도 있다. 그것
은 '조임' '압박감' '좌절감'일 수도 있다. 경청자의 목소리로 당
신이 말한 단어를 되돌려 듣는 것은 당신에게 진실이 무엇인지 좀
더 쉽게 알려 줄 수 있다.

무엇을 들어야 하는가

느낌과 감정 듣기

포커서의 느낌과 감정을 되돌려서 말해 준다. 느낌은 '단단함' '무거움' 또는 '신경질적인' 이라는 단어를 포함하고, 감정은 '두려움' '광분' '기쁨' 과 같은 단어를 포함한다. 경청자는 포커서가 말하는 이러한 단어들을 그대로 돌려주거나 "너 지금 두렵구나." 또는 "거기에 단단함이 느껴지는구나."와 같은 문장으로 말할 수 있다.

> 포커서: 나는 이 프로젝트를 끝낼 수 있을지 두려워요. 거기에 따르는 부담감이 많아요.
> 경청자: 지금 당신은 두려워하고 있군요.

지금 느끼고 있는 것을 듣기

포커서가 어제 느꼈거나 지난주에 느꼈던 것을 말해 주는 대신 '지금 느끼고' 있는 것을 돌려서 말해 준다.

> 포커서: 나는 내 가슴에 단단함이 느껴지는데 이곳은 내가 어제 편안함을 느꼈던 곳이에요.
> 경청자: 당신의 가슴에서 단단함이 느껴지는군요.

마지막 말 듣기

경청자가 반영해 주기 전에 포커서가 너무 많은 말을 했어도 걱정하지 않아도 된다. 모든 것을 기억하고 노력할 필요는 없다. 포커서가 하는 말의 마지막 말만 이야기해 줘도 경청자에게는 많은 도움이 된다.

> 포커서: 나는 내가 느끼는 무거움이 무엇에 대한 것인지 잘 모르겠어요. 이것은 내가 대학에 다녔던 지난 1년을 기억하게 해요. 나는 그때 내 첫 번째 남자친구와 헤어졌고 그것 때문에 남은 일생 동안 외로울 것이라고 확신했었어요. 아! 알겠어요. 이것은 내 친구 ○○가 이사 간 것과 관련 있어요. 내 안에 뭔가가 내가 더 이상 ○○처럼 친한 친구를 만날 수 없을 거라고 생각하는 것 같아요.
>
> 경청자: 당신의 어떤 부분이 당신이 더 이상 ○○와 같은 친구를 만날 수 없다고 생각하게 하는군요.

당신이 반복해서 들은 것을 돌려주기

무엇인가를 반복해서 말하면 그것은 포커서가 정말 다시 되돌려 듣고 싶다는 신호다. 반복하는 이야기가 감정이 아니거나 현재와 관련이 없거나 마지막 말이 아니더라도 경청자는 반복해서 들은 것을 다시 말해 주어야 한다.

> 포커서: 나는 이 프로젝트를 끝낼 수 있을지 두려워요. 거기에

따르는 부담감이 많아요.

경청자: 지금 당신은 두려워하고 있군요.

포커서: 왜냐하면 그것이 부담감이 많이 따르거든요.

경청자: 아~ 부담감이 많이 따르기 때문이군요.

발전된 경청

발전된 경청이란 경청자가 포커싱의 수용적인 태도를 촉진하기 위해서 포커서의 말을 조금씩 바꾸거나 더하는 것을 말한다.

"당신의 일부가 느끼기를……"

당신의 파트너가 "나는"이라고 한다면 당신은 "당신의 일부가……."라고 하면 된다. 또한 당신의 파트너가 "내가 느끼기에……."라고 한다면 당신은 "당신의 일부가 느끼기에……."라고 하면 된다.

이것은 매우 간단하지만 당신의 경청을 통해 포커서는 자신의 감정으로부터 건강하게 분리되는 것을 도와준다. 그렇게 되면 포커서는 쉽게 감정에 휩싸이지 않는다.

포커서: 나는 내 인생에 이런 모든 상실 때문에 정말 슬퍼요.

경청자: 당신의 일부는 그런 모든 상실 때문에 정말 슬프겠군요.

혹은

포커서: 나는 한번에 해결해야 할 일이 너무 많아서 미칠 지경
이에요.

경청자: 당신의 일부는 한번에 해결해야 할 일이 많아서 미칠
지경이군요.

'어떤 것'

'어떤 것'이라는 단어는 경청자나 포커서에게 금처럼 값진 말이
다. 그것은 경청자가 아직 묘사되지 못한 그의 몸의 감각과 친구가
될 수 있도록 해 준다. 포커서가 그가 몰랐던 것에 집중하는 대신
그가 느끼고 있는 것에 감각을 집중하도록 도와준다.

포커서: 나는 이 목 안에 있는 이 기분을 어떻게 이야기해야 할
지 모르겠어요.

경청자: 당신은 목 안에 '어떤 것'을 느끼고 있군요.

TIP　'어떤 것'이라는 것을 살며시 강조하는 것은 단지 빈 공간을 채
우는 것을 넘어서서 진짜 경험을 가리키는 데 도움이 된다. 당신
은 포커서를 거기에 있는 '어떤 것'을 느낄 수 있도록 초대할 수 있다.

"난 잘 모르겠어."

"난 잘 모르겠어."라는 표현은 머리에서 나오는 것임을 기억하
기 바란다. 반면에 "난 뭔가를 느끼고 있어."라는 표현은 몸에서
나오는 말이다. 포커서가 "난 잘 모르겠어."라는 말을 할 때마다

"당신은 뭔가를 느끼고 있군요."라고 반영해 줄 수 있다.

> 포커서: 나는 내 몸의 어떤 부분이 두려워하고 있는지를 모르겠
>   어요.
> 경청자: 당신 몸의 일부가 '무엇인가'를 두려워하고 있군요.

안내하기

파트너와의 포커싱 과정이 경청 이상의 것을 요구할 때도 있다. 그러면 당신은 뭔가를 안내해 주어야 한다. 안내라는 것은 "아마 당신은 자신의 몸이 지금 느끼는 것을 알아차릴 수 있을 거예요."라는 제안을 하는 것과 같다. 제안은 당신의 파트너가 포커싱을 하는 것에 도움을 준다. 하지만 파트너의 포커싱 과정에 대한 제안이지 파트너의 인생에 대한 제안이 아님을 기억해야 한다.

또 기억해야 할 것은 당신이 제안한다 해도 당신은 상담전문가나 치료자나 치유하는 사람이 아니라는 사실이다. 당신은 그 파트너의 동료로서 존재하는 것뿐이다. 그리고 무엇이 도움이 될지에 대해 결정하는 최종 판단자는 당신의 파트너. 그렇기 때문에 당신이 제안할 때는 당신의 파트너가 "사실 난 지금 당장은 그걸 하고 싶지가 않아."라고 이야기할 수도 있다. 이럴 때 당신은 그가 원하는 것에 다가가고 있다는 사실에 기뻐해야 한다.

TIP

안내 문구의 예

- "당신의 몸을 느끼는 데 시간을 더 가져 보세요."
- "내 감각이 지금 무엇을 원하고 있지?"
- "그것과 인사를 나누어 보세요."
- "당신은 그것을 묘사할 최고의 방법을 알고 있을 거예요."
- "지금 그것과 같이 있는 것이 괜찮은지 알아보세요."
- "그것이 어떻게 느껴지는지 그것의 관점에서 느껴 보세요."
- "당신은 그것이 감정적인 가치가 있는지 물어보는 게 좋겠군요."
- "뭐가 이렇게~ 만들었지?"라고 물으면서 빈 칸에 적당한 감정이나 묘사하는 말을 넣어 보세요.
- "그것이 무엇을 원하는지 물어보세요."
- "모든 것이 괜찮게 느껴지는 것이 어떤 건지 당신의 몸에게 보여 달라고 부탁해 보세요."
- "지금 멈춰도 되는지 확인해 보세요."
- "당신이 다시 돌아올 것이라고 이야기해 보세요."
- "당신의 몸과 함께해 준 부분들에게 감사하는 시간을 가지세요."

펠트센스 '그것'에게 인사하기

경청을 하는 데 가장 도움이 되는 것은 그것에게 인사하는 것이다. 시간을 내어 '그것'에게 인사해 보자. '그것'은 펠트센스거나 일종의 느낌이다.

포커서: 나는 내 가슴에 단단함이 느껴지는데 그것은 내일 할 프레젠테이션과 관련이 있어요.

경청자: 당신의 가슴에 단단함이 느껴지는군요.

포커서: 무서워요.

경청자: 무서워하고 있군요. 그것에게 인사할 수 있는지 알아보
세요.

인사를 하는 것은 그것이 포커싱의 본질에 머물도록 해 준다.
만약 당신이 문제를 해결하거나 도움이 되려고 하거나 또는 당신
의 파트너가 내면에 있는 것을 고치려고 할 때는 "그것에게 한번
인사를 건네 보세요."라고 제안하도록 한다.

포커서: 내 일과 관련해서 크고 걱정스러운 느낌이 있어요.

경청자: 당신은 일과 관련해서 걱정스러운 느낌이 있군요.

포커서: 나는 좀 더 기분이 좋아지려면 뭘 해야 할지 생각하려
고 애쓰고 있어요.

경청자: 그 걱정스러운 느낌에게 인사할 수 있는지 알아보세요.

몸으로 다시 돌아오기

포커싱을 하는 순간순간 포커서가 감각을 느껴야 한다는 것을
잊어버릴 수가 있다. 경청자는 포커서가 몸에 집중할 수 있도록 도
우면서 포커싱을 촉진해 주어야 한다.

이것은 언제해야 할까? 당신의 파트너가 길을 잃었다고 이야기
했을 때가 좋은 시기다.

포커서: 내가 무얼하고 있는 건지 잘 모르겠어요.

경청자: 당신은 단지 당신 몸의 감각을 느끼고 있는 중일 거예요.

혹은 다음과 같이 이야기할 수 있다.

포커서: 길을 잃었어요.

경청자: 당신은 당신의 몸이 지금 느끼고 있는 것을 알아차리고
있는 중일 거예요.

당신의 파트너에게 그의 몸을 느껴 보라고 이야기하는 적절한
개입 시기가 여기 있다. 사람들은 가끔 그들의 생각이나 이미지,
심지어 감정에 의해서 감각으로부터 멀어지기도 한다.

첫 번째, 생각은 다음과 같다.

포커서: 내 소화기관에서 분노가 느껴져요.

경청자: 당신은 분노를 느끼고 있군요.

포커서: 내 생각에는 이건 별로 중요한 것 같지가 않아요. 왜냐
하면 분노를 느낄 이유가 없거든요.

경청자: 아마도 당신의 몸이 지금 그렇게 느끼고 있나 보군요.

두 번째, 이미지는 다음과 같다.

포커서: 나는 빛이 피어나는 패턴이 보여요. 윗부분은 넓고 아
랫부분과 가운데는 좁아요. 그리고 전체적으로 반짝거
려요.

경청자: 반짝거리고 피어오르는 빛에는 패턴이 있군요. 지금 당
신의 몸에서 그것을 느낄 적절한 시기인지 알아봅시다.

세 번째, 감정은 다음과 같다.

포커서: 오늘 정말 슬퍼요.

경청자: 당신의 몸에서 어떤 부분이 슬픈지 알아봅시다.

감정에 대한 감정

포커서가 내면수용의 태도를 유지할 수 없다면 그는 받아들이
지 못하는 부분에게 감각을 이동해야 할 필요가 있다. 또한 포커
서가 받아들이지 못하는 느낌을 가질 때가 있다면 그것이 바로 수
용적인 관심이 필요한 부분이다.

포커서: 난 이걸 밀어내고 싶어요.

경청자: 당신이 밀어내고 싶어하는 부분에게 인사를 건네 보는
것은 어때요?

포커서: 나는 이 슬픈 감정이 정말 화나요.

경청자: 그 분노와 함께할 수 있는지를 알아보세요.

도움이 되는 질문 제안하기

포커서가 자신의 펠트센스에게 물어볼 만한 좋은 질문을 생각해 달라고 조언했을 때, 당황하지 말자. 당신이 제안하는 어떤 질문이라도 도움이 될 것이다. 만약 당신이 제안하는 질문이 그 사람에게 도움이 되지 않는다면 질문을 하지 않고 그냥 들어주는 것이 적절할 것이다.

펠트센스 질문과 그 묘사를 다시 확인하는 것 그리고 그것과 함께하는 것이 괜찮은지 알아보는 것은 펠트센스를 묘사하는 느낌 다음에 오는 질문이다. 너무 일찍 질문하면 아무것도 얻을 수 없다. 경청자는 다음의 펠트센스를 물어보는 유용한 질문을 사용할 수 있다.

- "그곳에 감정적 가치가 있는지 알아보는 게 좋을 거예요."
- "뭐가 이렇게 ____ 만들었지?' 라고 물으면서 빈 칸에 적당한 감정이나 묘사하는 말을 넣어 보세요."
- "그것이 무엇을 원하는지 물어보세요."

가능할 때마다 이 질문 안에 있는 포커서에 키워드를 사용하면 된다.

포커서: 정말 슬프네요.

경청자: 당신은 "뭐가 이렇게 슬프게 하지?"라고 묻고 싶은 것
　　　　이 아닌가요?

혹은 다음처럼 이야기할 수 있다.

포커서: 뭔가가 나를 누르고 있어요.

경청자: "뭔가 누르는 것에 관해 무엇이 중요한 걸까?"라고 물
　　　　어보는 것이 좋겠어요.

좀 더 구체적으로 이야기를 하면 다음과 같이 말할 수 있다.

포커서: 내 일부분이 이 상황에 대해 화가 나 있어요.

경청자: "이 상황에 관해서 가장 화나게 만드는 것이 뭔지 알아
　　　　보자."라고 제안해 보는 것은 어때요?

　하지만 가능한 한 경청자는 질문을 하지 않는다는 것을 명심하
자. 경청자는 단지 포커서가 스스로에게 질문하기를 제안하는 역
할을 한다. 경청자의 질문은 포커서로 하여금 자신으로부터 벗어
나게 만든다. 경청자의 조심스러운 제안과 경청은 그가 그의 내면
과정에 머물도록 도와준다.

2. 내담자에게 적용하는 포커싱

당신이 상담자 혹은 상담전문가를 준비하는 수련생이라면, 내담자와의 상담 장면에서 포커싱 과정을 어떻게 활용할 수 있을지 생각해 보았을 것이다. 그러나 포커싱 상담자가 될 필요는 없다. 당신은 상담자가 되기 위해 수많은 기술과 방법을 배웠을 것이고 내담자의 요구에 따라 어떤 것이든 적절한 방법을 이용할 수도 있다. 포커싱 과정은 상담과정을 더욱 효율적이고 효과적으로 적용할 수 있는 훌륭한 도구가 되어 줄 것이다.

포커싱 기법을 쉽게 적용할 수 있는 내담자와 그렇지 않은 내담자

상담자로서 상담과정이 기대되는 내담자가 있을 것이다. 그들의 인생이 얼마나 힘들었는지와 상관없이 그들은 포커싱 과정 속에서 조금씩 변화하고 명확해져 간다. 당신과 내담자는 과정이 끝날 때 좋은 감정을 느끼고 만족감과 발전을 이루었다는 것에 기뻐할 것이다. 반면, 그들 자신과 당신에게 뭔가 막혀 있는 듯한 느낌을 주는 내담자도 있다. 당신은 그들의 인생이나 포커싱 과정을 통해서도 어떠한 움직임이나 변화를 볼 수 없다. 그들이 "뭔가 다른 것이 일어나야 하는 것은 아닌가요?"라고 물어볼 수도 있겠지만 가끔은 변화가 느리게 나타난다고 그들을 확신시켜 줘야 하며 인내심이 필요하다. 하지만 그들은 당신이 기대하는 내담자들이 아니다. 이런 종류의 내담자가 상담받기를 취소한다면 당신은 안도감을 느낄 수도 있다.

가끔 변화가 느린 것은 사실이지만 고통스러울 정도로 느리다면 그들이 변화의 근거에 다가가지 못하고 있다는 사실을 말해 준다. 또한 그들은 그들의 머리로 분석하거나 어떤 반복되는 감정에 갇혀 있을 수도 있다.

생각과 감정은 함께 변화할 수 있지만 그것들이 변화의 근거가 될 수는 없다 . 변화의 근거는 현재 몸에 머무르는 몸의 감각이다. 따라서 미묘하고 공격적이지 않은 발상의 이용은 당신의 내담자가 경험하는 펠트센스 수준을 높이도록 도와줄 것이다. 당신은 다루기 어려운 내담자를 다루기 쉬운 내담자로 바꿀 수 있을 것이다. 하지만 당신과 당신의 내담자는 아무리 느려도 뭔가가 일어난 것을 느꼈을 때 만족감을 더 느낄 것이다.

내담자의 경험으로 가져오기

포커싱에 있어서 필수적인 핵심은 내담자가 그들 자신의 관심과 그 관심을 다루고 있는 문제에 반응해야 한다는 것이다. 만약 당신의 내담자가 다른 사람이 했던 것과 느꼈던 것을 말하고 그 자신의 감정이나 반응은 언급하지 않은 채 외부의 관점으로 사건을 진술한다면, 내담자가 포커싱에 다가가는 것은 어려울 것이다. 즉, 외부의 자극이 아니라 '자신의 어느 측면이 자극에 반응하는가?'에 초점을 두어야 한다. 이것이 개선되어야 내담자의 반복된 패턴이 개선되고 잠재력이 발현된다. 그리고 외부환경에 의존하지 않고 자신의 내적 경험을 관찰하며 자아가 성장할 수 있다. 내담자가 이야기를 하고 난 다음에 상담자는 다음과 같이 물어볼 수 있다.

- "그래서 그것은 당신에게 어떤 느낌이었나요?"
- "그것에 관한 당신의 반응은 어떤 것이었나요?"
- "그것이 일어났을 때 당신은 어떻게 느꼈나요?"

이렇게 하기 위해서는 많은 인내심이 필요하다. 특히, 느낌이 낯선 영역일 때 한 가지 질문만을 한다면 쉽게 다가갈 수 없다. "그래서 당신에게 어땠어요?"라는 상담자의 질문에 대한 답으로 내담자는 "글쎄요, 그건 너무 늦었어요. 그래서 아무것도 할 수 없었어요."라고 대답할지 모른다. 그는 그 자신의 감정을 말하지 않았다는 것을 깨닫지 못할 것이다. 따라서 상담자는 내담자의 내적 경험을 중심으로 공감적으로 부드럽게 이야기해 줄 필요성이 있다. "네, 그건 너무 늦었어요. 그래서 당신은 어떻게 느꼈나요?"와 같이 말이다.

감정의 단어들과 친하지 않은 내담자들에게는 당신이 직접 내담자의 감정을 추측하여 감정의 단어들을 제시해 줄 수 있다. 예를 들어, 당신은 그들의 감정에 대해 추측해 볼 수 있다. "나는 당신이 그것에 대해서 정말 슬펐을 것이라고 추측해 볼 수 있어요.

슬픔이라는 단어가 맞을까요?"

내담자의 감정에 깨어 있기

감정에 접근하고 표현할 수 있게 된 다음에는 지금의 감정을 표현할 수 있는 것이 중요하다. 상담자가 내담자와 자신의 감정에 깨어 있지 않다면 상담의 상호작용은 늦어진다. 이로 인해 매 순간 경험하는 현상에 둔감하게 반응하고 관계 시 솔직성과 진정성이 부족해진다. 또한 이럴 경우 공감적 이해가 늦게 반응하고 한 박자 늦은 피드백을 주게 된다. 중요한 것은 내담자가 말하는 언어적 · 비언어적 표현 뒤에 있는 감정에 대해서 예민하게 깨어 있는 것이다. 물론 상담자 자신의 감정에도 예민하게 깨어 있어야 한다.

　　내담자: 나는 이번 주 내내 실망감을 느끼면서 다녔어요.
　　상담자: 음…… 실망감…….
　　내담자: 나는 우울하다는 말보다 실망했다는 말을 더 좋아해
　　　　　요. 제 아들은 너무 쉽게 실망이라는 말을 써요.
　　상담자: 나는 당신이 지금 실망하고 있는 건지, 우울해하는 건
　　　　　지 궁금해요.

이 예문에서 내담자는 그의 관점에서 감정을 표현하기 시작했다. 하지만 지금의 자신의 감정을 이야기하는 것이 명확하지 않

다. 그러나 '실망감' 이라는 단어를 미루어 넣기보다 그가 사용하는 단어로 아들의 반응에 대해 이야기하고 있다. 상담자는 그가 지금 느끼고 있는 것에게 그의 감각을 초대할 필요가 있다.

내담자의 관점으로 느낄 수 있는 것처럼 현재의 감정을 느끼는 것 또한 내담자가 연습해야 하는 부분이다. 상담자로서 당신은 이를 기다려야 할 것이다.

몸으로 가져오기

내담자가 현재의 감정을 경험한 다음 그의 몸이 머무르고 있는 감정을 초대하는 것은 쉽고도 자연스러운 과정이다. 포커싱을 적용하려면 상담 도중에 적절한 타이밍을 잡아서 내담자의 신체적 증상에 초점을 가져오는 것이 중요하다. 이때 감정과 기분만 다루는 것으로 끝내지 말고 신체가 이를 어떻게 받아들이고 있는지를 알아채서 몸으로 가져와 안내하는 것이 좋다.

> 상담자: 나는 당신이 지금 실망감을 느끼고 있는지 궁금해요.
>
> 내담자: 네, 실제로 그래요.
>
> 상담자: 그러면, 당신은 당신의 몸이 실망감을 느끼고 있는 곳을 찾을 수 있나요?
>
> 내담자: 글쎄요, 심장 근처인 것 같아요.
>
> 상담자: 그다음은 무엇일까요?

앞의 안내 내용을 통해 포커싱에서 펠트센스와 머무르고 있는 사람을 도와줄 수 있다. 물론 상황에 따라 다르게 적용될 수 있다. 예컨대, 감정에게 인사를 건네라는 제안이 포커싱 워크숍 내용에서는 괜찮겠지만 지금 이 상담자 과정에서는 이상하게 느껴질 수 있다. 다음은 포커싱 제안에 관한 대화다.

　　　상담자: 어, 그렇군요. 당신은 심장을 느끼고 있군요. 실망감이라는 것이 지금 느끼고 있는 것에 가장 맞는 단어인지 확인해 봐야겠군요.

　　　내담자: (잠깐, 눈을 감고서) 지금 당장은 거기가 매우 슬프군요.

　　　상담자: 심장 안에 있는 그 슬픈 감정과 함께해도 되는지 한 번 알아보세요.

　　　내담자: (조용히 눈물을 흘리며) 그것과 함께하는 것이 기분 좋은데요.

　　　상담자: (잠깐의 침묵이 흐르고) 당신의 그 슬픈 감정에게 당신이 알아주었으면 하는 뭔가가 있는지 물어보세요.

　　　내담자: 좀 웃기게 들리겠지만 그 슬픈 감정이 나를 잠깐 멈춰서서 심장박동 소리를 들어 달라고 하네요.

　　　상담자: 아하!

　　　내담자: (좀 더 눈물을 흘리며) 나는 다른 사람의 말을 너무 많이 들어 왔어요.

　　　상담자: 당신의 심장 안에 슬픈 곳이 당신을 멈춰 서서 당신 자신의 심장박동 소리를 듣기 원하고 있군요.

내담자: 네, 이젠 더 이상 슬퍼하지 않네요.

상담자: 지금은 어떻게 느껴지나요?

내담자: 이제 거기에 가벼움이 느껴져요. 희망의 느낌이에요.
　　　　거기에는 희망이 있어요.

경청하기

앞의 글에서 알 수 있듯이 상담자는 종종 내담자의 말을 반복한
다. 경청하는 것 또는 적극적인 경청, 또는 감정의 반영, 또는 감정
을 이입한 반영은 많은 상담과정에서 가르쳐 왔고 많은 상담 방법
에서 중요한 기술이다. 이것이 잘 활용되면 굉장히 촉진적으로 사
용되지만 잘못 활용되면 상담자가 기계적이고 멀리 떨어져 있는
듯한 느낌을 주는 것은 물론 미숙하다는 느낌을 줄 수 있으므로
주의가 필요하다. 당연히 우리는 그것을 잘 사용하라고 추천하고
싶다.

우리는 포커싱이 내면의 감각과 함께하는 것을 포함한다는 것
을 잘 알고 있다. 반영의 경청은 내담자가 반영되는 단어를 표현
하는 감각이나 느낌과 함께하는 것을 도와줄 수 있다. 앞에서 '실
질적인 경청'에 대해서 배웠을 것이다. 현재 감정을 반영하는 것
은 내담자가 자기 분석하거나 자기 비난에 사용하는 대신 그 감정
을 탐색하고 함께 머물도록 도와줄 수 있다.

경험의 가장자리(edge) 듣기

포커싱 과정에 잘 적응하는 내담자는 느리게 말하고 자신의 느낌을 알맞은 단어와 맞춰 간다는 것을 살펴보았다. 당신은 내담자가 (젠들린이 말한) "경험의 가장자리에 관해 이야기하는 순간 그들의 이야기를 열심히 들어주고 응원해 주면 상담자는 내담자의 효과적인 촉진자가 될 수 있다."는 것을 확인할 수 있다.

흔히 내담자는 아직 감정에 알맞은 단어를 찾는 일이 얼마나 중요한지 이해할 수 없다. 또한 그 내담자는 너무 서두르거나 뭔가 명확하고 설명할 수 있는 무언가를 찾기 위해 매달릴 수도 있다. 이때 상담자는 내담자가 자신의 내면에 있는 풍부한 감정들과 함께하고 소중히 여기도록 도와줄 수 있다.

예를 들면, 다음과 같다.

> 내담자: 내가 생각하기에 이것은 부정적인 감정의 일종인 것 같아요. 내가 느끼기에는……. 묘사하기가 어려운데요. 안에 우물이 있는 것 같아요. 아뇨, 그것은 딱 들어맞는 표현은 아닌 듯해요. 음, 그것은……. 그것은……. 잘 모르겠어요. 지금은 이게 굉장히 희미해요. 아무래도 내가 망설이고 있는 것 같네요.

이런 상황에서 상담자는 어떻게 대처하는 것이 적절할까? 처음과 끝의 두 문장을 잘 살펴보도록 하겠다.

내담자: 내가 생각하기에 이것은 부정적인 감정의 일종인 것 같
아요. 아무래도 내가 망설이고 있는 것 같네요.

이때 생각이나 추측이라는 단어는 내담자의 머리에서 곧바로
나온 말의 단서일 수 있다. 이것은 중요하지 않다. 오히려 중요한
부분은 중간에 있다.

"내가 느끼기에는……. 묘사하기가 어려운데요……." "그것
은……. 그것은……. 잘 모르겠어요. 지금은 이게 굉장히 희미해
요."는 마치 펠트센스와 연결되어 있는 것 같다.

굉장히 희미한 어떤 것을 소중히 여기는 것은 큰 믿음을 필요로
한다. 상담자가 많은 힘이 되어 주어야 할 부분이 바로 이 부분이
다. 포커싱의 관점에서 내담자의 과정을 도와주는 반응들은 어느
것이든 내담자를 응원해 주는 데 사용할 수 있을 것이다.

- "우물가 같은 것이 안에 있군요. 아직 정확하지는 않군요."
- "당신은 뭔가 희미한 것을 느끼고 있군요."
- "당신을 멈추게 할 뭔가가 느껴지고 당신을 막는 무언가가 있
  군요."
- "뭔가 묘사하기 어려운 느낌과 함께하고 있군요."

내담자 경험의 가장자리를 듣는 것은 반드시 앞에서 다룬 적극
적 경험이나 감정반영이 함께 있어야 한다. 반면, "당신은 그것이
일종의 부정이라고 생각하고 있군요."라며 단순히 상담자가 분석

적인 진술로 표현하면 내담자는 포커싱 과정에 깊이 있게 참여하지 못한다. 이러한 반응은 포커싱을 전혀 촉진시키지 못한다.

내담자의 거절에 감사하기

상담자가 적극적 경청을 하고 감정반영을 하며 안내를 하기 위해 제안을 할 때는 '맞아떨어지지 않는' 제안을 할 가능성에 열려 있다는 것을 명심해야 한다. 포커싱에서는 내담자가 내면의 감각을 듣는 과정에서 자신의 감각을 확인하는 것이 상담자의 경험 또는 반영이나 제안이 맞느냐 틀리느냐보다 훨씬 더 중요하다.

당신이 상담자라는 위치에 있기 때문에 당신의 말은 내담자에게 친구 이상의 무게를 가진 제안이 된다. 내담자와 균형을 맞추려면 가끔 내담자의 펠트센스로 자신의 말들을 확인했는지 알아보는 제안이 필요하다.

내담자: 저는 뭔가에 갇힌 듯한 느낌이 들어요.

상담자: 그것은 마치 당신이 무력하다고 느끼고 있는 것 같군요.

내담자: 그런 것 같아요.

상담자: 당신은 당신의 몸으로 무력함이라는 단어가 맞는지 아니면 갇혀 있는 느낌이 맞는지 확인해 볼 필요가 있겠군요.

내담자: 아니요, 둘 다 아닌 것 같아요. 그것은 마치…….

　내담자가 "아니요, 그것이 정확한 것은 아닌 것 같아요."라고 말하고 싶어 한다면 좀 더 귀 기울여 들어야 한다. 그것은 분명히 상담자와의 저항 또는 전달 문제로 그것을 해명하는 포인트를 놓친 것이다. 그것은 상담자에 관한 부정적인 거부가 아니다. 당신의 내담자가 말로 표현하기 힘든 어떤 것에 접근하고 있다는 뜻이며, 당신과 그것을 좀 더 깊이 공유하기 위해 시간이 필요하다는 신호다. 만약 당신이 내담자의 'No'를 환영하고 감사하면 포커싱의 과정한 단계를 나아가 색다른 경험을 하게 된다.

내담자가 충분히 느끼지 못할 때

　상담에서 내담자가 자신의 느낌에 접근하지 못하면 변화와 이동은 어려울 수 있다. 포커싱은 느낌을 지각하는 것을 촉진하는 데 도움을 준다. 당신이 이미 앞에서 논의된 제안들을 시도하더라도 이러한 종류의 내담자를 대할 때 뭔가 공허함을 깨닫게 된다.

　내담자: 그들이 나를 회피하는 것 같아요.
　상담자: 그 사람들이 그럴 때 당신은 어떤 느낌이 들었나요?
　내담자: 그들을 고소해야 한다는 느낌이 들었어요.
　상담자: 그래서 지금은 어떤 느낌이 드나요?
　내담자: 잘 모르겠어요.

이것은 느낌 그 자체가 친근하지 못해서 생기는 저항 때문에 나타난 문제는 아니다. 느끼는 능력을 촉진시키는 것은 상담가가 갖춰야 하는 직무 능력의 일부분이다. 이것을 위한 하나의 테크닉은 느끼는 것을 체계적인 연습 방법으로 안내하는 것이다(다음에 나오는 '조율'을 참고하기 바란다.). 혹여 당신이 내담자에게 펠트센스를 안내해 주더라도 그는 여전히 아무것도 못 느낄 수 있다. 여기에 매우 도움이 될 만한 두 가지 테크닉인 '다름을 느끼기'와 '뭔가 긍정적인 것을 느끼기'가 있다.

첫 번째, 다름을 느끼기

가장 쉽게 느낄 수 있는 것은 '다름'이다. 왜냐하면 내담자는 무엇을 느끼는지 알 필요가 없고 그가 느끼고 있는 것과 다른 무언가를 느끼면 되기 때문이다.

> 내담자: (맞춰 보기 작업을 하고 난 후) 내 목과 가슴과 배에 무언가 비어 있는 게 느껴져요.
>
> 상담자: 그렇군요. 그러면 당신은 목을 느끼는 데 시간을 좀 들여야겠네요. 그리고 나서 당신이 목에서 느끼는 공허함과 배에서 느끼는 공허함이 다른지 알아보세요.
>
> 내담자: 그들은 거의 똑같이 느껴지는데요.
>
> 상담자: 음, 그러면 이번에는 당신 가슴의 느낌을 느껴 보세요. 당신의 배에서 느껴지는 공허함과 가슴에서 느껴지는 공허함이 서로 왜 다른지 알아보세요.

내담자: 글쎄요, 제 배가 조금 단단한 것 같은데요…….

두 번째, 뭔가 긍정적인 것을 느끼기

흥미롭게도 우리가 어떻게 느끼는지 질문을 받았을 때 종종 긍정적인 감정은 무시하곤 한다. 상담과정에서 무엇인가 부정적이고 기분이 좋지 않은 감정을 찾아보라고 하는 경우가 많아서 그런 경향은 이해가 된다. 그러나 느낌의 과정은 연습이 필요하며, 기쁘고 긍정적인 감정 역시 매우 중요하다.

내담자: (맞춰 보기 작업을 하고 난 후) 내가 느낄 수 있는 어떤 것도 안 느껴져요.

상담자: 그렇다면 당신은 뭔가 열려 있고 편안하거나 평화로운 느낌이 드는지 알아볼 필요가 있겠군요.

내담자: 글쎄요, 사실 가슴에 뭔가 열려 있는 느낌이 들어요.

상담자: 그렇다면 가슴의 열려 있는 느낌과 좀 더 시간을 가져 봅시다.

내담자: 네, 느낌이 좋군요……. 그리고 지금 배에는 단단함이 조금 느껴지는 듯하네요.

내담자가 너무 많이 느낄 때

강력한 감정반응과 정화작용이 일어나는 과정은 상담 센터에서는 환영할 만한 일이다. 하지만 당신의 내담자는 변화가 막혀 있는 느낌 앞에 강렬한 감정을 느끼는 경우가 있다. 가끔 이것은 그 느낌의 강렬함에 놀라 멈춰 섰기 때문이다. 노랫소리가 너무 크면 멜로디를 자세히 듣지 못하듯이, 강렬한 느낌은 때때로 내담자가 확실히 구분하면서 느끼는 능력을 방해하기도 한다.

포커싱이 제공하는 핵심은 미묘한 차이를 두고 반영하는 것이다. 이것은 "나는 슬퍼."와 "내 일부분이 슬퍼."의 차이와 같다. 미묘한 차이를 두고 반영하는 것은 내담자가 강하지만 뭔가 조금 다른 관점에서 그 느낌을 경험할 수 있는 능력을 제공한다.

미묘한 차이를 두고 반영하는 것을 도와줄 수 있는 여러 가지 테크닉이 있다. 내담자로 하여금 그의 몸에서 감정이 느껴지는 곳을 찾게 하는 것은 물 흐르듯이 내버려 두는 테크닉 중 하나다.

과정 시작하기

첫 번째, 조율(Attunement)하기

당신은 과정 시작에 포커싱 '조율'을 사용하고 싶을지도 모른다. 내담자가 "무엇을 작업해야 하는지 잘 모르겠어요."라고 말할 때는 특히 이 방법이 더 생각날 것이다. 당신은 무엇인가에 다가갈 때 이 과정을 사용할 수 있는 가능성을 제안할 것이고 내담자가 동의한다면 이렇게 말해 보자.

"그러니까 당신은 의자에 앉아 좀 더 편안한 시간을 보내는 게 좋겠군요. 당신의 감각을 몸으로 가져가 봅시다. 자, 손부터 시작하는 게 좋겠군요. 이제 슬슬 다리로 옮겨 가고……. 의자에 앉아서 당신의 몸의 감각과 연결을 유지해 봅시다. 그러면 당신의 감각을 목, 가슴, 배와 허리를 포함하는 당신의 몸의 내면으로 가져가 보십시오. 그리고 당신의 감각을 전체의 가운데서 부드럽게 쉬도록 해 보십시오. 아마 거기로 당신 자신을 부드럽게 초대하면 당신은 "여기에 지금 무엇이 있죠?" 또는 "지금 내 감각이 원하는 것이 무엇이죠?"라고 말할 것입니다. 이제부터는 기다려 보십시오. 당신이 뭔가를 알아차리게 되면 그때 내게 말해 주십시오."

느리게 말하고 휴식을 허락하자. 당신의 말의 속도와 억양은 당신 내담자의 과정을 촉진할 것이다. 아마도 당신은 자신의 몸을 따라가고 싶을지도 모른다. 당신이 "처음에는 손부터 느끼는 게 좋을 것이다."라고 말하면서 당신의 손도 함께 느끼도록 하자. 이것은 당신이 말하는 데 있어서 자연스러운 타이밍을 제공할 것이고 그 상담과정에서 당신 자신의 감각을 포함시키는 데도 도움이 될 것이다.

두 번째, 주변 정리하기
내담자가 "이번 주에 일어난 일에 관해 이야기할 것이 있어요."라고 말했을 때 주변 정리라고 불리는 포커싱 과정을 사용할 수 있다. 주변 정리는 앞으로 일어날 일에 대한 목록을 만드는 방법이다.

앞에서 나왔던 조율의 방법과 같은 방법으로 시작해 보자. 그런 다음 가운데 부분에 당신의 감각을 초대해 "당신의 인생이 가고 있는 방향에 대해 느끼는 방법에는 어떤 아름다운 것이 있을까요?"라고 물어보자.

내담자가 각각의 것들을 확인해 나갈 때마다 상담자는 그것을 알 수 있도록 불러온다. 내담자가 하나를 가져오면 그것을 '지금-여기'로 가져와야 한다. 내담자가 고개를 끄덕이거나 그것을 가져왔다는 신호를 보내면 상담자는 "그럼 지금부터 당신의 인생에 관해서 정말로 멋졌던 것에 대해 또 다른 느낌은 없는지 이야기해 볼까요?"라고 물어보자. 만약 내담자가 어떤 것을 가져오는데 어려움을 느낀다면 "당신이 가져오려고 한 것을 테이블이나 당신 옆에 있는 선반에 올려놓는 상상만 해도 도움이 되겠네요."라며 이미지를 활용할 수 있다. 이 과정에서 내담자는 포커싱의 시작하는 단계로 자연스럽게 옮겨 갈 수 있다.

내담자가 그에게 다가오는 모든 과정을 끝마치고 "이젠 됐어요."라고 말했다면 상담자는 같이 작업할 무언가를 선택해도 좋다. 여기로 초대하는 한 가지 방법은 "당신의 몸 가운데에 있는 자석으로 지금 이 순간 느끼는 것을 잡아당긴다는 상상을 해 보세요."와 같은 말이다.

부드러운 태도를 촉진하기

포커싱에서 받는 축복 중 하나는 당신의 내담자가 자기 자신과 좀 더 부드럽고 수용적인 관계를 맺도록 해 준다는 것이다. 내담자가 자신의 내면경험을 거부하는 것을 듣는 것은 무척이나 괴롭다. 또한 내담자가 자신을 비난하면서 변화의 과정을 지연시킨다면 그 괴로움은 더해진다.

> "이건 정말 바보 같은 방법이네."
> "난 아무래도 쓸모없는 사람인가 봐."

부드러움에 다가가는 첫 번째 단계는 미묘한 차이를 두고 반영하는 것이다. "정말 바보 같은 방법이라고 생각하는 당신의 일부분이 있군요." "당신의 분노는 당신의 일부분이 없어지기를 바라고 있군요." "당신이 쓸모없는 사람이라고 느끼게 하는 당신의 어느 한 부분이 있군요."와 같은 과정들은 내담자에게 '어떠한' 변화를 가져오게 한다.

내담자가 자신의 감정을 가져오는 데 적합한 언어를 사용하면서 자신의 감정 수용을 거부할 때는 "당신은 당신의 분노가 지금 '그곳에' 있도록 허락할 수 있는지 알아보세요. 그것이 전달하려는 메시지를 듣고 그것이 변할 것이라는 생각을 가지면서 말이에요."라고 말할 수 있다.

그러나 거부나 저항으로 지속된다면 그것은 관심의 표적이 되어야 한다.

> 내담자: 나는 내 분노가 사라져 버렸으면 좋겠어요.

상담자: 당신의 분노가 사라져 버리기를 바라는 당신의 일부가
　　　 있군요. 그렇기 때문에 당신은 지금 당신의 분노가 '거
　　　 기' 있도록 허락할 수 있는지 알아봐야 합니다. 그것이
　　　 전달하려는 메시지를 듣고 그것이 변할 것이라는 생각
　　　 을 가지면서 말입니다.

내담자: 아! 못하겠어요. 저는 화내고 싶지 않아요.

상담자: 그렇군요. 그러면 화내고 싶지 않은 당신의 일부를 알
　　　 아주고 거기에 뭔가 더 있는지를 알아보세요.

내담자: 그것은 마치……. 음, 사람들이 내가 화나는 것을 보면
　　　 그 사람들이 저를 해칠 것만 같아요.

　　우리는 종종 스스로 괴로움을 알아채지 못해도 내면의 부드러
움이 이러한 과정을 풍부하게 만들 것이라는 직감이 느껴질 때
가 온다. 다시 말하면, 내담자도 자신이 부드럽고 취약하고 미숙
한 감정을 느낄 때가 바로 그 시기다.

내담자: (가슴을 가리키면서) 바로 여기에 뭔가 부끄러운 감정이
　　　 느껴져요.

상담자: (부드러운 목소리로) 그렇군요. 무언가가 있고 그것이 부
　　　 끄러워하고 있군요.

내담자: (눈물을 흘리며) 지금 굉장히 부드럽고 연약한 것이 느
　　　 껴져요.

상담자: 아마 당신은 그 부드럽고 연약한 곳에 부드럽게 다가

갈 수 있을 것입니다. 그리고 그것에게 당신이 함께한
다는 것을 알려 주세요.

내면의 관계를 촉진하기

"아마 당신은 그 부드럽고 연약한 곳에 다가갈 수 있을 것입니
다. 그리고 그것에게 당신이 함께한다는 것을 알려 주세요."와 같
은 제안은 포커싱을 사용하는 강력한 작업방법의 예다. 이것을
'내면의 관계를 촉진하기'라고 부른다.

이 방법은 내담자가 자기 자신과 보다 긍정적이고 풍부한 관계
를 만드는 데 도움이 된다. 따라서 당신은 "그것에게 당신이 듣고
있다는 사실을 알려 주세요."와 같은 부드러운 제안을 해야 한다.

이 과정은 '내면아이' 작업과 유사한 과정이다. 차이점이 있다
면 펠트센스를 아이처럼 의인화할 필요가 없다는 것이다. 내담자
가 그것을 아이처럼 느낀다면 환영해야 하지만 그렇지 않다면 그
것은 부드러움, 수용, 그리고 경청으로 받아들여져야 한다. 사람
들에게 '내면아이'를 경험하게 하는 것보다 내면에 관심을 쏟기
가 더 수월하기 때문이다. 당신은 사람들이 '내면아이' 작업을 어
려워하거나 부끄러워하거나 또는 슬퍼하지만 미약한 펠트센스와
풍부한 관계를 맺어 가는 것은 힘들어하지 않는다는 사실을 알게
될 것이다.

행동계획 단계

내면감각의 과정이 새로운 방법의 행동과 삶으로 연결되지 않는다면 그 과정은 불완전하다. 변화의 초기 단계에서는 그것이 어떻게 느껴지는지를 있는 그대로 느끼는 것이 중요하다. 그 이후에 당신의 내담자는 그의 인생에서 변화된 행동을 실천하기 위해 새로운 감각을 받아들일 준비가 되는 것이다. 내담자가 그 단계에 다다르면 내담자는 다음과 같이 말할 것이다.

내담자: 나는 같은 것을 반복하는 느낌이 듭니다. 나는 조금도
　　　　변하지 않은 것 같아요.
상담자: 그것은 마치 당신이 뭔가를 실행에 옮길 시간이 왔다
　　　　고 느끼는 것 같은데, 맞나요?
내담자: 네. 정확히 맞아요.
상담자: 당신의 의도가 무엇인지 또, 무엇을 보고 싶은지에 대
　　　　해서 말해 보는 것은 어떨까요?
내담자: 저는 계속해서 커지고 있는 제 남편에 대한 선입견에
　　　　열린 마음을 갖고 싶어요.
상담자: 그것이 당신의 의도인가요?
내담자: 글쎄요, 제가 그래야 된다는 것은 알아요.
상담자: 그것은 일종의 의무죠?
내담자: 네.
상담자: 그렇다면 당신은 남편에 대한 선입견에 열린 마음을

갖는 것이 일종의 의무라고 보고 있는데, 이때 당신의 몸이 어떤 반응으로 느껴지는지 살펴보세요. 그 의무와 함께 몸이 느끼는 반응들이 당신을 한 단계 앞으로 나아가게 하는지 알아보세요.

포커싱과 상담은 인생과 별반 다르지 않다. 사람들의 인생은 감정과 행동의 상호작용이라고 해도 과언이 아니다. 내담자는 좀 더 발전된 과정으로 나아가기 전에 그것으로부터 얻는 행동의 변화를 통해 새로운 방법으로 인생을 살기를 원할지도 모른다. 우리는 가끔 행동에서 답을 얻을 수 있다.

새로운 방법으로 작업하기

여기서 보여 주는 제안들은 이미 당신이 내담자와 작업했던 방법 또는 그들이 태도와 언어에서 보이는 변화와 일치하는 것일 수도 있다.

당신이 어떤 사람과 오랫동안 작업을 했다면 "오늘은 뭔가 다른 것을 시도하면서 어떤 느낌이 드는지를 알아봅시다. 오늘 과정에서는 당신의 몸이 어떻게 느끼고 있는지에 대해 더 많은 관심을 기울이도록 초대할 것입니다. 걱정하지 마세요. 거기에는 아무런 잘못될 일이 없습니다."라고 새로운 작업의 방법을 소개할 수 있다.

하지만 많은 경우에 당신이 제안한 것과 같은 변화된 방법을 소

개할 필요는 없다. 왜냐하면 당신이 이미 작업하고 있는 상담과정
에서 만들어 갈 수 있기 때문이다. 포커싱과 함께하는 상담과정의
일부는 새로운 문장이 첨가되었어도 이미 거의 비슷한 과정일 것이
다. 그것은 극적으로 변화를 가져오는 과정의 일부분이다.

상담자 자신의 펠트센스

당신의 상담에 포커싱 연습을 시작하는 것은 단지 당신 내담자
의 펠트센스와 관련된 것만은 아니다. 이는 당신의 펠트센스와도
관련이 있다. 당신이 포커싱 과정 동안 몸의 감각과 함께 머무는
것은 매우 유용한 일이다. 그 유용함은 세 가지로 정리된다.

첫 번째, 당신의 직관을 향상시키기

당신이 당신 내담자의 이야기를 잘 들어주고 당신 몸의 현재 감
각과 함께하면 당신의 생각은 논리가 아닌 느낌과 이미지를 통해
느낄 수 있다. 당신의 내담자와 그 느낌이 맞는지 아닌지를 생각
하면서 그 생각을 상담자와 나눠야 하는 때가 있다. 만약 그 느낌
이 맞다면 한 단계 도약할 수 있다.

가끔은 당신 것이 아닌 것을 당신 몸에서 느낄 수도 있다. 이런
경우 당신의 내담자가 자기 자신의 감정에 접근하지 못할 때 일어
난다. 몇몇의 경우에는 당신이 내담자에게 자신의 감정을 느낄 수
있도록 초대하고 나서 내담자가 성공하면 상담자 자신의 몸에서
안정감이 드는 경우도 있다.

내담자: 그녀가 한 달 전에 제 곁을 떠났을 때, 그 당시에는 그
　　　다지 많은 감정을 느끼지 않았어요.

상담자: 나는 이것이 당신에게 맞는지 모르겠지만, 내 가슴에
　　　무거움이 느껴지는군요.

내담자: 네, 거기에 일종의 무거움이라는 것이 느껴지네요. 아,
　　　거기에 그렇게 많은 분노가 있는지 미처 몰랐어요!

두 번째, 당신 자신의 문제를 깨닫고 알아차리기

당신의 내담자를 경청하는 것은 당신 자신의 문제를 가져오는
것에 기초로 한다. 당신의 감정과 반응이 내담자의 작업으로 발
현된다면 당신이 그 감정과 반응을 알아차리고 깨닫는 것을 포커
싱이 도와줄 수 있다. 아마도 당신은 자신의 반응을 가져와서 당
신 자신의 포커싱을 할 수 있을 때까지 갖고 있을 수 있다. 하지
만 당신 개인의 반응들을 내담자와 나눈다면 당신의 내담자와의
관계와 과정을 강화할 수 있다. 어떤 경우라도 당신 자신의 감정
을 먼저 지각하는 것이 매우 중요하다.

세 번째, 당신의 존재를 촉진시키기

이상적인 치료관계는 상담자가 한 사람으로서 현재에 존재하는
가에 달려 있다. 상담자가 어떻게 자신의 존재를 내담자에게 표현
하느냐는 상담 스타일에 따라 달라질 것이다. 하지만 상담자로서
사람이 가지는 존재의 경험은 상담자가 사용하는 어떠한 방법의
치료과정이라도 강화할 것이다. 당신의 몸을 느끼는 것은 당신을

현재의 순간으로 가져올 것이고 살아 있는 그대로의 자기 자신으로 존재하게 할 것이다. 그리고 그것은 하나의 축복이다.

상담자가 얼마나 존재를 경험하느냐에 따라 당신의 내담자는 성장할 것이다. 당신 내담자와 당신 자신의 과정에서 자신을 위한 포커싱을 활용해 보자. 그리고 당신 자신이 성장함과 동시에 더 나은 상담자가 되는 보상을 즐기도록 하자.

상담에서의 포커싱 사례

이 사례는 워크숍에서 한 사람은 상담자 역할을 또 다른 한 사람은 내담자 역할을 했다. 이러한 사례는 포커싱을 내담자에게 적용시킬 때 흔히 발생할 수 있는 상황을 보여 주고 있다.

사례 | 내담자가 펠트센스를 충분히 허용하지 못한 경우

30대 남성 내담자에게는 자신이 다니는 회사에 한 직장상사가 있었다. 그 상사는 10년차 박사과정인데 교수로 이직 예정이었다. 내담자는 상사가 회사에 안 나온다고 생각을 하니 걱정과 불안에 두렵기까지 했다. 이 상황을 포커싱을 통해 펠트센스를 경험해 보기로 했다.

• 눈을 감아 주변 정리를 한 후 이 주제를 떠올렸다.
• 상사의 빈자리가 느껴졌다. 허전하고 쓸쓸했다.

- 막연한 듯한 느낌이 들었고 잠시 후 가슴이 갈라지는 명치에서 통증이 느껴졌다.

내담자가 펠트센스를 느끼는 동안 잠시 침묵이 흘렀다.

　　상담자: 상사 분을 이제 만날 수 없다고 하니 쓸쓸했겠어요.
　　내담자: 네, 좀……

펠트센스를 충분히 느낀 후 저자는 내담자 역할을 한 사람에게 물어보았다. 내담자는 상담자 역할을 한 워크숍 참가자가 침묵을 깨고 "쓸쓸했겠어요."라는 감정반영을 한 것이 펠트센스에 머무는 것을 방해했다고 한다.

이 사례는 포커싱 과정에서 흔히 발생하는 경우다. 내담자가 자신의 펠트센스를 경험하는 동안 잠시 표면적인 침묵이 흐르게 되는데 상담자는 이러한 침묵을 견디고 머무를 줄 알아야 한다.

또한 침묵은 반드시 언어로 소통되지 않는 것이 아니라 침묵 속에는 끊임없이 자신과 대화를 하는 과정이다. 따라서 표면적인 대화, 침묵이 진행되지 않더라도 이러한 침묵을 성급히 깰 필요는 없다. 하지만 모든 침묵 상태를 묵묵히 견뎌야 하는 것만은 아니다.

포커싱 과정 중에서, 특히 맞춰 보기 과정은 내면작업이기 때문에 상담자는 그저 적극적인 경청과 공감적 이해를 통한 반영만을 할 필요가 있다. 따라서 이 과정에서는 내담자의 침묵이 뒤따르는 과정이다. 침묵하는 과정이 펠트센스를 체험하는 과정이 아니라 면 상담자는 내담자에게 피드백을 주거나 펠트센스를 경험하도 록 할 수 있으며 다음과 같은 질문을 통해 내담자가 자신의 내면 경험이 어떤 것인지 언어적으로 표현할 수 있도록 과정을 촉진시 키는 다음과 같은 질문을 할 수 있다.

- '그것' 은 어떤 느낌이죠? 싸한~ 느낌인가요? 아니면 콕콕 찌 르는 느낌인가요?
- 그 통증에 대해 적절한 이름이 있을까요?
- 통증이 느껴진다면 어떻게 아플까요?

3. 자신의 상담에 적용하는 포커싱

많은 사람들이 포커싱을 배우고 나서 자신의 상담에 대해 만족 해한다. 그것은 당신이 포커싱에 대해 언급했는지 당신의 상담자 가 포커싱을 배웠는지와 상관없다. 당신이 내담자로서 상담을 받 는 상황이거나 시작하려고 한다면, 당신의 상담에 도움이 되는 포 커싱 방법이 여기에 있다.

당신의 치료자를 훈련시키는 방법

포커싱의 과정들은 당신의 상담자가 일반적으로 상담하는 방식과 조금 다를 수 있다. 이제 당신이 포커싱에 대해 알고 있기 때문에 뭔가 새로운 것을 시도하려는 당신의 상담자를 도와줄 수 있다. 이를테면, 상담자에게 이 책을 보여 줄 수도 있고 당신이 포커싱 과정을 이 작업에 시도해 보고 싶다고 설명할 수도 있다. 또는 포커싱에 관한 언급 없이 포커싱 태도의 일부분을 도입할 수 있다.

과정 시작하기

자신의 상담과정을 어떻게 시작해야 할까? 상담자가 먼저 말해야 할까, 아니면 당신이 먼저 말해야 할까? 지금 어떻게 느끼는지에 대해 말해야 할까, 지난 과정에서 어떤 일이 일어났는지 말해야 할까? 아니면 당신의 상담자가 이야기를 꺼내야 할까?

아마 당신은 몇 회기라도 먼저 당신의 몸을 느끼면서 시작하고 싶다며 당신의 상담자에게 말할 것이다. 뿐만 아니라 상담자에게 이 순간에는 아무 말도 안 해도 된다고 말할 것이다. 당신이 이런 방법으로 시작할 때는 상담자에게 몇 가지 질문을 해 달라고 초대할지도 모른다. 아니면 앞에서 말했던 '조율'로 당신을 안내해 달라고 부탁할지도 모른다.

> 한 여성: 저는 제가 이 과정을 시작했을 때 제 몸을 느끼면서 일어난 일들이 정말 좋았어요. 하지만 그것을 어떻게 해야 하는지 종종 잊어요. 저는 저의 한 주가 어떻게 지나갔는지에 대해 이야기해 보려고 해요. 그래서 제 상담

자에게 "오늘 당신의 몸의 감각을 느끼면서 시작해 볼
까요?"라고 제게 일깨워 주면서 시작할 수 있는지 부탁
했어요. 내면에서 이것을 시작한 이후에 포커싱 과정
이 훨씬 더 풍부하게 진행되고 있다는 느낌이 들어요.

침묵의 시간

무언가 당신의 몸 감각을 통해 반응하거나 펠트센스가 형성되
고 느낌을 묘사하기에 적절한 단어를 찾는 데는 시간이 걸린다.
치료과정에서는 조용한 시간을 갖고 내면의 감각을 느끼는 데 집
중할 필요가 있다.

당신이 상담자에게 뭐라고 말해야 할지 생각하는 데 시간이 걸
리는 무언가를 느끼고 있을 때는, "시간이 좀 더 필요합니다."라
고 말하고 그냥 자신 옆에 앉아서 당신을 도와 달라고 할 수 있다.

돌려서 말하면, 당신은 상담자에게 가끔은 제발 조용히 해 달라
고 부탁할 수 있다. 만약 당신의 상담자가 그 부탁을 들어주지 않
는다면 그에게 이유를 설명할 수도 있다.

이런 태도에 대해 분명 상담자들은 이해할 수 있을 것이다. 그
러나 잘 이해하지 못한다 하더라도 당신의 성장에 있어서 최종적
인 책임은 당신에게 있음을 잊지 말아야 한다. 당신은 누가 이해
하지 못해도 당신이 원하는 것을 요구할 권리가 있다.

당신이 혼돈스럽거나 명확하지 않을 때

당황스럽거나 명확하지 않음을 느낀다는 것은 당신이 몸을 느끼는다는 신호다. 당신은 이제 포커싱에 대해서 알 것이고, 당황스러움이 느껴지는 공간이 얼마나 중요한 잠재력을 갖고 있는지 깨달았을 것이다. 당신이 뭔가 이야기하거나 묘사하기 어려운 것을 만났을 때 바로 그곳에 잠시 동안 머물러 보도록 한다.

그러나 당신이 당황했을 때 당신이 당황스러움을 느끼고 있다는 사실을 잊지 말아야 한다. 이때 당신은 상담자에게 개입해서 도와 달라고 요청할 수 있다. 또한 "내가 당황하거나 뭔가 명확하지 않을 때, 그때는 내 몸을 느껴야 한다는 것을 상기하고 싶어요. 당신이 내가 속도를 늦추고 그 당황스러움과 함께해야 한다고 말해 줬으면 정말 좋겠어요."라고 상담자에게 말할 수도 있다.

"아니요, 그것은 정확하지 않아요."라고 자연스럽게 말하기

당신은 상담자가 당신에게 답을 주기 위해 있는 것이 아님을 이미 알고 있다. 상담자는 당신이 내면탐색을 보다 잘할 수 있도록 안전하고 지지적인 공간을 제공해 주기 위해 있는 것이다. 그러나 당신이 어떤 모습으로 행동해야 하는지 더 잘 알고 있는 전문가로 상담자를 바라보는 우를 범할 수도 있다. 그것은 우리 사회가 대부분의 관계에서 '파트너십' 보다는 '전문가' 모델을 많이 사용하고, 당신의 인생을 책임지는 것은 많은 용기와 의식이 필요하기 때문이다.

이것을 기억하기 가장 쉬운 방법은 상담과정에서 당신의 몸으로 느껴지는 감정으로 당신 상담자의 말들을 확인하고 "아니요, 그건 아니에요."라든지 "그것은 정확히 맞지는 않네요. 그건 그렇기보다는 음……."이라고 자연스럽게 말하는 것이다.

> 내담자: 나는 이번 주에 왜 내가 우울했는지 모르겠어요.
>
> 상담자: 나는 남편과의 이혼이 당신에게 슬픔을 가져온 게 아닐까 싶은데요.
>
> 내담자: (몸의 느낌을 확인하고) 아니에요, 그것은 정확하지는 않아요. 이혼에 관한 것은 맞지만, 이것은 슬픔보다 뭔가 더 깊은 것이에요. 뭔가 더 두려운 건데요. 전에 그 관계에서 그랬듯이 나를 또 한 번 잃게 될까 봐 느껴지는 두려움이에요.

과정 중간에 당신의 작업을 계속하기

상담의 약점 중 하나는 일주일에 한 시간 정도만 상담이 이루어지고 그사이에는 당신 자신이 스스로 인생을 꾸려 나가야 한다는 사실이다. 포커싱은 당신의 감정과 부드러운 우정을 쌓고 감정들이 느껴질 때 언제든지 당신의 내면작업을 계속함으로써 당신이 '숙제'를 할 수 있도록 도와줄 것이다.

아마도 당신은 공황과 슬픔처럼 강한 느낌이 밤늦게 또는 다른 사람과의 관계 안에서 느껴질 것이다. 그 시간에는 당신의 상담자에게 도움을 요청하기가 어려울 것이다. 만약 이런 일이 발생하면 당신의 감정에게 먼저 인사를 건네도록 한다. 그렇게 강한 느낌들이 당신을 찾아왔다면 그만한 이유가 있어서일 것이다. 당신 안의 감정들을 두 팔을 벌려 감싸 안았다고 상상해 보자.

우선 당신 자신에게 "응, 나의 일부분이 그런 식으로 느끼고 있어."라고 말해 보자. 당신이 혼자 있다면 그 감정들과 같이 하면서 당신의 몸의 감정에 대해 묘사하고 "지금은 어떤 것을 내가 알았으면 좋겠니?"라고 물어보자. 당신이 부드러운 관심을 쏟는다면 과도한 감정은 빠른 시간 내로 다루기 쉬워질 것이다.

혹시 이런 강한 감정들이 올 때 다른 사람들과 함께라면, 먼저 깊게 숨을 들이마셔 보자. 우리는 얼마나 자주 숨을 들이마시는 것을 잊고 있는가! 그리고 나서 그 감정들에게 조용히 "안녕, 나 네가 거기에 있다는 거 알아."라고 말해 보자. 당신은 그 감정들이 조금은 편안해지는 것을 느낄 수 있을 것이다. 당신과 함께하는 사람들의 관계에 따라서는 어떤 일이 일어나고 있는지 그들에게 말할 수 있다.

"내가 지금 약간의 패닉 상황에 빠졌는데, 잠깐 숨 돌릴 시간이 필요해." "지금 당장은 너와 시간을 보내기 힘들지만 차 안에서 30분 정도 혼자 있으면 네 말을 들어줄 수 있을거야." 그리고 나서, 당신의 약속을 지키면 된다.

치료과정 안에서

상담과정 동안 포커싱은 당신이 경험하는 긍정적인 변화를 지원하고 응원할 수 있다. 당신은 당신 자신이 다음과 같은 방법들로 변하고 성장하는 것을 느낄 것이다.

- 당신은 그 감정을 느끼는 순간 멍해져서 그 반응이 며칠 지나서 온다거나 하지 않고 바로 어떤 감정인지를 깨달을 수 있다.
- 당신은 다른 사람들이 보는 대로 세상을 바라봐야 한다고 생각하기보다 당신 자신의 의견과 관점을 좀 더 수용하게 된다.
- 당신은 당신의 삶에서 한걸음 더 나아갈 때 두려움과 흥분을 함께 느끼는 것처럼 혼합된 감정을 쉽게 받아들일 수 있다.
- 당신은 사랑, 관심, 존경을 잘 받아들이게 될 것이며, 그것을 당신 자신에게 주는 데에도 익숙해질 것이다.
- 당신은 당신 자신의 힘과 유연성을 잘 유지할 것이며 당신 삶의 상승곡선과 하강곡선을 벽에 부딪히지 않고 잘 다룰 수 있다.
- 당신은 언제 재앙이 닥칠지 두려워하지 않으면서 당신의 행복한 감정을 누릴 수 있다.

처음에 당신은 이러한 긍정적인 변화들을 조금은 적은 시간 동안에만 누릴지도 모른다. 인생의 변화는 '두 걸음 앞으로, 한 걸음 후퇴' 식으로 일어나기 마련이다. 뒤로 후퇴하는 시간 동안 당신이 정말 변화하고 있는지 의심하기 쉽다. 또한 당신은 포커싱을 통해 긍정적인 변화의 경험을 확인하고 더 깊게 할 수 있다. 당신이 좋은 감정을 느끼고 있으며 새로운 방법으로 상황을 경험하고 있음을 깨달았을 때 당신 자신의 감각을 느껴 보자. 그 새로운 감정을 유지하고 그것에 이름 붙여 주고 환영하도록 해 보자. '받아들이기'에서 말했듯이 당신의 긍정적인 경험들을 깊게 하는 데 힘써 보자.

포커싱 과정에서 감정을 느끼는 데 실패하고 옛 감정으로 돌아가는 데 실패했을 때 당신 자신에게 친절하고 부드럽게 대하는 것이 효과적이라는 사실을 잊지 말아야 한다. 가끔은 당신이 완화하고 있다고 생각한 행동과 태도들이 당신을 떠나기 전에 마치 '마지막 폭풍'처럼 강하게 되돌아올 수 있다. 그러면 거기에 머물러야 한다. 당신은 당신 자신만의 길을 헤쳐 나가고 있는 중이다.

당신 자신의 치료자되기

이제 당신은 상담을 끝낼 단계가 되었다. 당신은 이 단계에서 진실을 느끼는 데 포커싱을 이용할 수 있다. 당신의 포커싱 기술은 당신의 제1지원자로 상담자를 선택하는 것에서 이제는 당신 자신이 상담자가 될 수 있다. 당신 자신의 감정을 느끼고 그들의 메시지를 듣는 것은 평생의 축복이며 당신 인생의 다가올 변화에 함께할 당신의 능력이다.

따라서 어떤 일이 있어도 자신의 몸을 느끼고 그것에게 인사를 건네는 것을 잊어서는 안 된다. 포커싱과 함께라면 당신은 당신 내면과 풍부한 관계를 가질 수 있다. 그러면 아무것도 당신에게서 빼앗아 가기 힘들 것이다. 이제부터 그것을 마음껏 즐겨 보도록 하자.

4. 포커싱과 꿈 작업

포커싱과 꿈 작업은 젠들린 교수가 1986년에 낸『몸이 꿈을 해석하게 하라(Let your body interprete your dreams)』를 부분 인용한 것을 밝힌다. 정신분석에서 꿈은 분석의 대상이며 무의식의 대상일 뿐이며 꿈과 나 자신을 거리를 두고 바라본다. 반면에 포커싱은 '현실생활에서 내가 무엇을 얻어 갈 수 있는가? 특히 꿈에서 내가 무엇을 얻어 갈 수 있는가? 현실생활에 어떻게 접목시킬 수 있는가? 그것이 의미하는 것은 무엇인가? 꿈이 나에게 무슨 말을 하려고 하는가?'로 꿈에 접근한다.

포커싱에서는 꿈을 꾸었을 때 자신의 신체적인 펠트센스에 중점을 둔다. 즉, 꿈을 꾸었을 때 자기 몸이 어떻게 반응하는지, 특히 펠트센스를 강조하고 현실에서 어떻게 반영되는지에 관점을 두고 꿈을 최대한 어떻게 사용할 수 있는지에 대한 것을 중점적으로 두고 활용한다.

정신분석에서는 꿈이 상징적이고 성적인 것에 반해 포커싱에서는 꿈이 총체적이며 전반적이고 어떻게 전개되는지 예측을 할 수 없는 것으로 본다. 마치 펠트센스가 어떻게 이어지는지 예측 불가능한 것처럼 말이다. 특히, 포커싱 꿈 작업은 당신에게 어떠한 성장을 가져올 것인가에 대한 기대도 크다. 정신분석에서는 꿈에 쉽게 다가가기 힘들기 때문에 꿈 작업이 어려운 반면, 포커싱에서는 아주 친절하고 쉽게 꿈을 활용할 수 있게 해 준다.

포커싱 꿈 작업은 눈을 뜨고 난 뒤에 몸의 감각을 느껴 볼 수 있고 어느 시점, 어느 부분이던 간에 꿈을 다 꾸고 나서 할 수도 있으며 특정 장면을 연상하면서 몸이 어떻게 느껴지는지에서 출발할 수도 있다. 꿈을 꾸고 나서 질문해야 하는 것들은 먼저 '꿈과 관련해서 무엇이 연상되는가?' '어느 한 부분을 선별해서, 그것과 당신과는 어떤 관계인가?' 등 자기 자신과의 연계성을 매우 강조한 것들이고, 그다음으로는 '꿈에서 자신을 어떻게 느꼈는가? 펠트센스가 어떻게 전해져 왔는가?' 등 생생한 꿈을 꾸었다면, 찌뿌둥해하면서도 쫓아가 보도록 한다.

체험이론에 근거한 꿈 모델에서는 무엇보다도 꿈을 어려워하거나 두려워하지 말고 친구가 되기를 권한다. 그리고 꿈 자체를 하나의 유기체로 보고 그것의 생명력을 믿고 상담자가 지시적이기보다는 항상 내담자와 함께한다. 더 나아가 내담자의 힘과 자원을 믿는다. 포커싱 꿈 작업은 내담자가 인식하거나 힘들어서 처리하지 못할 때, 꿈에서 나타나면 즉시 처리될 수 있다고 본다. 꿈에서는 개인의 문제가 이미지로 나타나고 이는 해결을 향한 에너지를 포함하고 있다.

포커싱 꿈 작업을 하기 위한 준비 단계에서는 우선 꿈과 좋은 관계를 맺어야 한다. 꿈이 반드시 해석의 대상이 될 필요는 없다는 여유를 갖는 것도 중요하다. 뿐만 아니라 꿈 작업은 내담자의 몸에서 일어나는 비언어적인 체험이라는 것을 염두에 두어도 도움이 된다.

본격적인 꿈 작업에서 첫 번째 단계는 질문하기로 이 과정은 무척 중요하다. 먼저 연상질문을 한다. 예를 들어, "꿈 꾸기 전날은 무엇을 하나요?" "그날 어떠한 일들이 내면에서 일어났나요?" 내담자가 꿈의 어떠한 부분의 펠트센스를 체험했다면, "당신의 삶에서 그러한 느낌과 흡사한 것을 말해 주세요." 등을 물어본다. 이에 대한 구체적인 질문은 다음에 제시하겠다. 질문할 때는 가급적 개방형 질문을 하고 펠트센스에 관한 질문은 매우 정교해야 한다. 그러면 꿈 작업의 두 번째 단계에 접어드는데, 이 과정에는 꿈에서 도움받기, 즉 '나의 편을 찾아내기'다. 세 번째 단계는 부자연스럽고 부정적인 것들을 역으로 만들고, 꿈에서의 이미지를 가지고 문제를 풀어 나가기가 있다. 이때 내담자에게 "어떤 일이 일어났고, 그다음에 당신은 어떻게 했고, 그다음 어떠한 일이 일어났지요?" "다음 당신의 삶에서 그와 흡사한 느낌을 주는 것은 무엇일까요?" 등의 질문을 하면서 꿈 이야기를 요약하게 한다. 네 번째 단계는 이를 통해 변화된 것을 받아들이는 것이다.

다시 한 번 꿈 작업 단계에서 각기 중요한 것을 요약하면 1단계는 어떠한 가정도 하지 않고 질문하기다. 2단계에서는 꿈에서 '도움'을 찾고 이를 발견한 후 간직하기다. 3단계는 꿈에서 긍정적, 또는 부정적 부분을 바탕으로 다음 단계로 이동하기 위해 질문하기이고, 마지막으로 4단계는 주요 이슈에 있어서 긍정적인 에너지가 얻어지면 멈추기다. 다음은 포커싱 꿈 작업에서 순차적으로 하는 질문을 구체적으로 제시한 것이다.

포커싱 꿈 작업의 16가지 질문

Q1. 무엇이 떠오르는가?
• 꿈과 관련해 어떤 연상이 떠오르나요?
• 그 꿈과 관련해서 어떤 생각이 떠오르나요?
• 아니면 꿈의 일부분을 골라 보세요. 그것과 관련해서 어떤 게 떠오르나요?

Q2. 감정
• 꿈에서 어떤 감정이 들었나요?
• 꿈에서 느껴지는 감정의 핵심을 감지해 보세요. 그리고 그것을 되돌아오게 해서 최대한 충분히 느껴 보세요. 꿈에서 가장 황당하고 이상하고 충격적이거나 가장 황홀한 장면을 골라 보세요. 그리고 물어보세요. 언제 그렇게 느낀 적이 있었나요? 또는 이 감정의 핵심에서 무엇이 떠오르나요? 언제 그렇게 느낀 적이 있었나요? 또는 그 펠트센스에서 내게 새로운 것은 뭔가요?

Q3. 어제
• 어제 무엇을 했나요? 어제의 기억을 떠올려 보세요.
• 그리고 깊은 내면의 소리에 귀 기울여 보세요. 꿈과 관련된 어떤 이야기가 당신을 엄습할지도 모릅니다.

Q4. 장소
• 당신 꿈의 주요 장소를 머릿속에 스케치하고 느껴 보세요.
• 어떤 것이 떠오르나요?
• 그런 장소를 가 본 적이 있나요?
• 어디에서 그렇게 느낀 적이 있었나요?

Q5. 이야기
• 먼저 꿈의 플롯을 요약하세요. 그리고 물어보세요. 당신의 삶에서 그런 플롯을 가진 이야기가 있나요?
• 두세 단계로 그 꿈의 사건들을 정리해 보세요. "먼저…… 그리고…… 그러고 나서……." 그 꿈을 좀 더 일반화해 보세요.

Q6. 등장인물
• 당신의 꿈에서 낯선 사람을 떠올려 보세요. 혹시 다 아는 사람들이라면 그중 가장 중요한 사람을 떠올려 보세요(또는 그 사람들 모두를 차례대로 떠올려 보세요.).
• 당신이 정확히 보지 못한 사람일지라도 몸으로 느껴진 감정을 알아차릴 수도 있어요. 익숙한 사람들이라면 그 사람들이 평소랑 똑같이 행동했나요?

Q7. 당신의 어느 부분
• 몇 가지 이론에 따르면 당신의 꿈에 나오는 다른 사람들은 당신의 일부예요. 그 사람이 당신에게 어떤 감정의 핵심을 느끼게 하나요? 당신의 몸에서 어떤 감정

이 올라오나요? 당신은 그것을 이름 지을 필요도 없고 단지 그것을 지니고 있기만 해도 되요. 만약 어떤 감정도 느껴지지 않는다면 당신 자신에게 물어보세요. 어떤 수식어를 그 사람에게 붙여 줄 수 있을까요? 그러고 나서 그 수식어나 감정의 핵심을 당신의 일부로 생각해 보세요. 그것이 당신의 일부로 느껴진다면 당신의 어떤 부분이 그렇게 느껴지나요?

- 당신은 그런 당신의 일부가 좋을 수도 있고 좋지 않을 수도 있어요. 어쨌든 이 순간에는 여기에 함께하도록 내버려 두세요.

Q8. 그 사람이 어떻게 될 수 있을까요?

- 일어나거나 의자의 가장자리에 등을 펴고 앉아 보세요. 당신의 몸에 힘을 빼세요. 그런 다음 연극에서 연기를 하려고 준비하는 상상을 해 보세요. 그 연극의 공연일은 내일이에요. 그럼 당신은 열심히 준비하고 그 역할에 충실하면 되요. 당신의 꿈에서 나온 그 역할을 당신이 연기해 보는 거예요. 그 사람이 되어 보면서 느껴지는 감정의 핵심이 당신의 몸에 다가가도록 해 보세요.
- 그리고 당신이 꿈에서 그랬듯이 당신은 평소대로 행동하면 되요. 그것을 과장해서 표현하고 조용히 관찰해 보세요.

Q9. 꿈이 이루어질까요?

- 결말이나 꿈의 중요한 장면을 생생하게 스케치해 보세요. 그것을 다시 한 번 느껴 보세요. 그것이 가능한 한 충분히 다시 느껴질 때 그것을 단지 지켜보고 뭔가 더 벌어질 일을 기다리세요.

Q10. 상징

- 이것이 무엇을 상징하는 것 같나요?(꿈에서 주요하게 기억나는 것들)

Q11. 몸에 비유

- 꿈에서 어떤 것은 당신의 몸에게는 유추의 실마리가 될 수 있어요. 예를 들어, 긴 물체는 남성의 성기일 수 있고 지갑은 여성의 성기를 나타낼 수 있어요. 차는 당신의 성적 행동을 의미할 수도 있으며 집은 당신의 몸을 나타낼 수도 있어요. 이 이야기가 실제로 들어맞나요?

Q12. 실제와 반대되는 것

- 꿈에서만 나타나는 실제상황과 다른 특별한 상황은 무엇인가요? 구체적으로 그 꿈이 현실과 어떻게 다른가요?

Q13. 어린 시절

- 그 꿈과 관련해서 어떤 어린 시절의 기억이 떠오르나요? 당신의 어린 시절에서 이 꿈에서 느껴지는 감정의 핵심이 어떤 의미를 가지나요? 그 시절 당신의 삶에는 어떤 일이 지속되고 있었나요? 그때 당신은 누구와 비슷했나요?

Q14. 개인적 성장

• 당신은 어떻게 성장하고 있나요? 성장하기 위해 어떻게 노력하고 있나요? 무엇 때문에 갈등하고 어떻게 되고 싶어서 어떠한 노력을 하나요?

• 당신은 어떤 면에서 고집스러운 사람인가요? 그 꿈이나 그 꿈의 등장인물이 당신이 여전히 성장해야 할 부분과 관련이 있나요? 그 꿈이 당신이 성장해야 하는 부분과 관련된 이야기라고 가정한다면 그 꿈은 무슨 의미를 가질까요?

Q15. 성적

• 당신이 요즘 성적으로 느끼거나 하고 있는 일과 관련하여 꿈과 관련된 이야기를 만들어 보세요. 그 이야기가 성적인 측면에서 당신이 생활하는 방식에 관한 이야기라면 어떤 이야기일까요?

Q16. 영성적

• 당신에게서 창조적이거나 정신적으로 잠재적인 것이 존재한다면 그것과 꿈은 어떤 부분에서 서로 관련이 있나요? 당신의 삶에서는 그다지 중요하지 않던 사람이 꿈에서는 어떤 가치를 가진 존재인가요?

🧘 포커싱에서의 꿈 분석 사례

다음 사례는 적절한 질문 또는 부정적인 이미지를 변화시켜 새로운 국면을 맞이한 꿈 사례다.

사례 1	질문을 통해서 꿈에 적절한 에너지를 발견한 경우

어느 한 내담자가 꿈에서 보트를 보고 나서 치료자가 다음과 같이 물었다.

치료자: 당신에게 보트가 의미하는 것은 무엇인가요? 최근에

보트를 탄 적이 있나요?

내담자: (고개를 저으며) 수년 동안 보트를 본 적이 없어요. 제가 어렸을때 종종 스태튼 섬 연락선(Staten Island Ferry)을 타곤 했죠.

치료자: 그때 어땠나요?

내담자: 아, 그 연락선······(얼굴이 밝아지고 몸 전체에도 태도 변화가 생겼다). 그 연락선은 진짜 근사했어요(이야기가 계속됨).

치료자: 그러면 이제 그 연락선을 타고 있다는 느낌으로 나머지 꿈 작업을 해 보도록 합시다.

이 내담자는 치료자에게 질문을 받기 전까지는 연락선을 탄 경험을 떠올리지 못했다. 그러나 질문을 받은 후 그의 몸 전체에서 확연하게 변화가 생겼다. 이렇게 내담자의 몸에서 변화가 생기면 꿈 작업이 훨씬 수월하다. 이처럼 꿈의 이미지는 이와 같은 어떤 에너지를 지니고 있다.

사례 2 | 부자연스러운 부정적인 이미지를 변화시키기

꿈 워크숍에서 한 내담자가 꿈속에서 병든 거북이를 보았다고 한다. 근데 놀랍게도 거북이는 내장이 다 튀어나온 채로 천천히 기어가고 있었다고 한다. 이 꿈은 매우 끔찍한 느낌을 주지만 현실생활과 어떤 연관이 있는지 내담자는 알 수 있다고 하였다. 또한 그 꿈이 무엇을 뜻하는지 감지할 수 있다고 하였다. 그러나 내담자는 그 문제가 아주 심각하다고 하였다. 이를 듣고 치료자는 다음과 같은 질문을 하였다.

> 치료자: 건강한 거북이라면 어떤 모습일까요?
> 내담자: (질문에 의아해하며) 건강한 거북이? 건강한 거북이라……(그녀는 숨을 길게 들이키켜다가 다시 내뱉더니 자세도 달라지고 안색도 변화되었다).
> 치료자: 말로 하지 않아도 됩니다. 그냥 몸으로 느껴 보시기 바랍니다.
> 내담자: 아, 정말 기분이 좋아지네요.
> 치료자: 그 꿈에서 나왔 듯이 당신 삶에서 이와 비슷할 수 있을까요? 현재 이렇게 좋은 상태의 당신 몸이 느끼는 대로, 이렇게 그 문제를 다룰 수 있을까요?

시간이 흐른 뒤, 이 내담자는 "이제 그 거북이는 뒷다리로 걸으며, 춤까지 추고 있어요!" 라고 말했다.

사례 3 │ 결정하는 데 도움을 준 꿈 작업

한 여성이 현재의 남편과 사귀고 있을 때 꿈 작업을 통해 남편과 결혼하기로 결심한 사례다. 이 여성은 결혼 전 남편과의 관계 속에서 혼돈을 겪고 있었다. 이러한 상황 속에서 꿈을 떠올리면서 포커싱을 실시했다. 다음은 그녀의 꿈 작업 보고를 근거로 작성한 글이다.

낡은 미국식 3층 구조 집에서 지하실로 내려가는데 북극곰이 있었다. 북극곰은 굉장히 우스꽝스러운 모습을 하고 있었다.

내 몸에서 "하하하, 바보 같다. 우스꽝스럽다."가 느껴졌다. 그런데 이 우스꽝스러운 곰은 바보 같았지만 굉장히 든든했으며, 푸근한 느낌이 들었고 재미있었다. 나는 늘 경직된 채로 틀에 박혀 있었으며, 항상 어떤 일을 수행해야 할 때마다 답답하고 숨이 막혔다. 그런데 이런 상황에서 북극곰을 만나 보니 너무 재미있고 신났다.

갑자기 북극곰이 내게 손을 내밀고 춤을 추자고 하길래 북극곰과 춤을 추었다. 북극곰은 굉장히 우스꽝스럽게 뒤뚱뒤뚱거렸다.

나는 순간 춤을 추면서도 '내가 뭘 하는 거지?' 라는 의문이 들었지만 기분은 나쁘지 않았다.

'아! 참, 이게 나한테 필요한 거구나. 내 인생에서 이러한 부분이 부족했던 거구나. 북극곰은 나에게 필요한 거구나.' 라는 생각이 들었다. 나의 펠트센스는 마치 나를 새로운 세계로 이끌고 안내해 줄 것 같은 느낌이 들었다. 춤을 추다 보니 순간 벽의 한쪽 면에서 푸른 바다가 펼쳐졌다.

"와! 그 모습은 장관이었다."

나는 자아의 확장을 화려하게 경험하고 있었다. 신체적인 감각과 관련해서 필요한 의사결정을 스스로 내릴 수 있다는 사실을 그 꿈을 통해서 알게 되었다.

그동안 머리로만 선택을 해서 미해결된 문제들이 이제는 포커싱 꿈 작업을 통해서 갈등으로부터 벗어나게 된 것이다.

"이 사람일 수밖에 없구나."
"나한테 정말 필요한 존재구나."

나는 이름 붙이기 단계에서의 '딱 맞아떨어지는 느낌' 이 들었다.

이 여성은 지금도 남편과 살면서 힘든 순간들이 찾아오면 "아, 이 사람이다. 나와 딱 맞는다." 라고 말하며 그때 몸으로 체득한 감각을 지금도 생생하게 담고 있다고 한다. 그녀에게는 너무도 소중한 순간이었기에 그녀는 언제든지 그 순간으로 돌아갈 수 있다.

머리로만 내리는 논리적인 의사결정이 아닌 직관을 비롯하여 총체적인 감각을 총동원해서 내린 결정이기 때문에 꿈 분석 역시 포커싱 과정을 이용하면 결정을 내릴 때 유용하게 활용된다. '꿈이 나에게 무엇을 말해 주고 있는가?'가 포커싱에서 꿈 작업의 핵심이다.

따라서 꿈을 멀리 생각하지 않고 나의 펠트센스를 찾아 이슈를 떠올리면서 펠트센스가 안내하는 대로 쫓아가면 된다. 꿈을 최대한 자유자재로 뽑아내서 선택의 어려움을 겪는 경우에는 도움을 받기 위한 매개체로 활용하면 된다. 영성적인 주제, 발달 성장적인 주제, 현재 자신을 힘들게 하는 다양한 주제를 선택할 수 있다. 어느 방향으로 갈지는 모르지만 어떤 주제로 가는지에 대한 단서는 제공되어야 한다.

사례 4 | 꿈 분석을 상담에서 활용한 사례

꿈의 단계는 순차적으로 따라가는 것이 아니기 때문에 단계에 얽매일 필요는 없다. 다음은 상담자에 대한 신뢰를 갖고 높은 상담동기를 갖고 있는 내담자의 꿈에 관한 내용이다. 3회기쯤 내담자는 상담자에 대한 신뢰가 높다는 것을 표현하기 시작했다. 꿈을 꾸면서 상담자의 신뢰에 대한 자신의 확고함이 더 강화되었다고 하였다. 꿈의 내용인즉, 내담자의 꿈속에 상담자가 나타나 푸른색

아이소토닉 음료를 권하면서 "이 음료를 미국에서 가져왔는데 매우 효능이 있어요."라고 말했다는 것이다.

이 내담자는 상담자가 미국에서 가져왔다고 하니 정말 효과가 있겠다는 느낌을 받았다고 한다. 꿈을 꾸고 나서 어떤 말을 하고 싶었는지 그 이야기에 귀를 기울여 펠트센스가 말하고자 하는 것을 따라갔더니 신뢰, 확고함, 든든함이 느껴졌다고 한다. 상담에 대해 불안을 느끼고 방황하고 흔들렸던 자신이 상담자와 관련된 꿈을 통해 상담에 더 적극적으로 임할 수 있었다고 한다.

젠들린이 제언하는 모든 단계를 다 거치지는 않았지만 펠트센스 부분에 초점을 두고 어떻게 느껴지는지, 무엇으로 다가오는지 현실과 어떤 연관이 있는지를 스스로 말할 수 있도록 하는 부분이다. 정신분석의 꿈 분석이 치료자가 지시적으로 가르쳐 주고 안내해 주는 방법인 반면에 포커싱 꿈 분석은 내담자 스스로가 자신의 펠트센스를 통해 주도적인 태도를 보이는 것이 큰 차이다. 게다가 포커싱은 펠트센스를 더 강조했기 때문에 다른 접근들과 차이점을 보인다.

지금까지 꿈의 의미를 어려워한 당신이라면 포커싱을 통해서 달리 생각했으면 좋겠다. 꿈에 압도당하거나 회피하거나 도망가지 말고 적극적으로 꿈을 대해 자신만의 새로운 경험으로 꿈과 연결되었으면 좋겠다. 정신분석에서 꿈 해석이 자리를 잡았기 때문에 치료자들은 꿈에 대해 다루기를 두려워하고 거리감을 느낀 나머지 트레이닝을 받아야 한다고 느끼지만, 결국 핵심은 내담자에게 도

움이 되는 꿈이어야만 한다는 것이다. 꿈을 내담자 중심으로 다룰
수 있다는 것이 포커싱의 또 다른 특징이다. 내담자가 이러한 꿈을
체험하고 나면 스스로 꿈을 꾸고 난 후에 펠트센스를 찾아서 '그것
이 나에게 무엇을 말해 주려고 하지?' 하면서 질문을 던지게 된다.

이는 내담자가 꿈을 자신의 새로운 경험으로 활용해 재해석하게
도와준다. 꿈을 꾸고 나서 펠트센스가 살아 있을 때 해도 좋고, 과
거의 꾼 꿈을 다시 떠올려도 좋다. 가장 중요한 것은 '지금-여기'
에서 내가 무엇을 선택하느냐에 따라 결과가 달라진다는 것이다.

🌳 5. 포커싱과 미술치료

포커싱과 미술치료의 접목

포커싱과 미술치료 부분은 라파포트(L. Rappaport) 교수가 2009년
에 출간한 『포커싱 미술치료(*Focusing-oriented art therapy*)』의 일
부분을 인용함을 밝힌다. 포커싱과 미술치료는 변화를 촉진시키
는 두 가지 강력한 방법이다. 비록 포커싱과 미술치료가 매우 상
이한 이론적 틀과 실행방법을 갖고 있지만, 그 둘의 수많은 연관
성을 살펴보면 상호 보완관계가 분명해진다. 포커싱과 미술치료
가 공유하는 근본적인 한 측면은 신체펠트센스에 대한 연대성이
다. 포커싱에서는 펠트센스가 분명해지는 반면, 미술치료에서는
펠트센스가 흔히 경험 속으로 숨어 버린다. 포커싱 중에 내담자

는 주의집중, 친근하고 받아들이는 태도를 통하여 마음속에 있는 신체펠트센스를 접하게 된다. 처음에는 펠트센스가 희미하지만, 내담자가 마음속으로 계속 들어감에 따라 점점 더 명료해진다. 그런 다음 내담자는 펠트센스와 일치하는, 마치 아귀가 딱 들어 맞는 상징 같은 것이 있는 것처럼 자각한다. 결국에 펠트센스가 내담자가 그것을 듣고 대화할 수 있는 곳으로 집중되고, 그것의 의미가 열리면서 성장을 향한 발걸음을 내딛게 된다.

미술치료에서는 펠트센스가 미술작업으로 인한 신체의 경험적 본성과 역할을 통하여 작용한다. 그림을 그리고 물감을 칠하며 조각하는 동안 손과 팔, 어깨와 상체가 움직인다. 미술도구에 대한 상이한 신체적 압력에 반응하여 호흡도 바뀐다. 흔히 미술치료 내담자는 펠트센스를 자각하지 않고 예술적 진행과정에 몰두한다. 그러나 펠트센스는 창조적 활동 속으로 숨어들어가 색깔 선택을 알려 주고 미술재료를 고르며, 이미지를 개발하고 마음속 대화를 하며 의미를 느끼면서, 언제 작품이 완성될지도 알게 해 준다.

젠들린은 외부적인 표현과 함께 짝을 이루는 내부로 향한 초점 맞추기 과정의 중요성도 설명하고 있다. 만약 치료가 감정이나 펠트센스 어느 것이든 단지 내부적인 데이터만을 다룬다면, 이는 변화과정의 중요한 영역을 놓치는 것이다. 치료는 투영된 내적 공간에 대한 포커싱 작업한 것 그 이상을 포함해야 한다. 또한 상호작용을 위한 외적 움직임도 필요하다. 이와 같은 포커싱은 외적 움직임으로 충분히 표출되지 못한다.

포커싱적 미술치료는 내담자를 위한 안전한 느낌을 확립시켜 주는 것으로 시작해서, 치료에 도움이 되는 관계형성에 유의하고 체험적 경청, 예술적 반향, 반영(mirroring) 같은 다양한 방법을 통하여 공감적 반향을 통합하는 것이다. 포커싱적 태도를 통하여 치료자는 내담자의 현안, 문제점, 경험에 대한 내적 펠트센스를 향해 환영하고 친근하며 받아들이는 태도를 내담자가 불러일으키도록 돕는다. 내담자는 펠트센스를 접하기 위해 신체의 소리를 듣고, 내부로부터 울려오는 이름/상징(이미지)이 나타날 때까지 기다리며, 그것이 정확한 느낌인지를 확인한 다음에 그 이미지를 예술적으로 표현한다. 보통 신체에는 '감각전환(felt shift)'이나 체험적 변화가 있게 마련이다. 포커싱에서의 '물어보기'와 '받아들이기' 단계는 향후 미술 및 내담자의 체험적 과정을 탐구하기 위해 통합될 수 있다. 대안으로 내담자들은 미술로 시작한 다음, 미술작품과 이미지에 대한 펠트센스를 평가하거나 포커싱 단계를 미술치료로 연계함으로써, 포커싱으로 통합시킬 수도 있다.

포커싱적 미술치료는 세 가지 기본적인 접근방법, 즉 미술을 활용한 마음 공간 비우기 또는 주변 정리, 포커싱적 미술 심리치료, 주제 유도법 등을 포함하고 있다. 미술로써 마음 공간을 비우기는 중심 잡기, 스트레스 감소, 현안의 명확화와 미확인, 내담자들이 자신의 본질적 일체성에 대한 체험적 지식을 가지도록 돕는 데 유익하다. 포커싱적 미술심리치료는 주로 진정성, 조화, 동정심, 심층 지향적 통찰, 의사소통 기술, 변화를 지향하는 성향의 개인이

나 부부에게 적용되는 치료법이다. 주제 유도 접근방법은 집단에서 가장 많이 사용되며, 집단의 요구와 관련된 문제를 처리하기 위한 미술치료에 포커싱을 통합한 방법이다. 비록 포커싱적 미술치료가 주로 인간중심 접근방법이긴 해도 정신역동, 인지행동 등 모든 접근에도 적용 가능하다.

안전감 구축

포커싱적 미술치료의 첫 번째 단계는 연결감 생성, 연결 고리 탐색, '바로 앞에 있는 사람'이 우선이라는 인식을 내담자에게 심어 줌으로써 안전감을 생성시키는 것이다. 안전감은 치료자의 존재, 포커싱적 태도, 임상적 민감성을 통하여 구축된다.

치료적 현존

이는 치료자 자신의 상태를 지각하는 것으로부터 시작된다. 다음과 같은 질문들은 자각하는 것을 도와줄 수 있다. "당신은 기꺼이 여기에 있고 싶어 하며, '바로 앞에 있는 사람'을 따뜻하게 맞을 수 있는가? 당신은 자신의 문제와 마음상태에 대하여 마음을 집중하고, 자신의 역전이 반응을 모니터함으로써, 내담자를 가능한 한 분명하게 관찰할 수 있는가? 당신은 자기 자신에게 '친절'할 수 있는가? 당신은 자신의 나타난 증상에 대하여 자가 치료를 할 수 있는가?"

포커싱적 태도

'친근하게 대하기' '받아들이기' '따뜻하게 맞이하기' 는 내담자 내부의 체험 펠트센스와 창조적인 과정 둘 다에 관련 있다. 내담자 내부의 포커싱적 태도를 유발하고 치료자의 포커싱적 태도를 내담자에게 전이시키며, 치료자의 내부에 포커싱적 태도를 배양하는 것이다. 따뜻하게 맞이하기와 받아들이기에 대한 포커싱적 태도는 미술작업과 미술작품으로도 발전되어야 한다.

임상적 민감성

당신이 치료하고 있는 임상 환자들의 필요사항에도 유의하고 적절하게 포커싱적 미술치료를 적용시키는 것도 중요하다. 예를 들어, 포커싱에서 내담자들의 눈을 감게 하는 것이 그들 내적 경험을 접하는 데 도움이 될 수 있다. 그러나 일부 내담자—특히 정신적 외상, 해리, 정신병, 혹은 심각한 정신 질환을 앓고 있는 내담자—는 안전감 유지를 위해 눈을 뜬 채로 있게 할 수도 있다.

미술치료가 외적 표현을 제공하는 반면에 포커싱은 내부지향을 가져다준다. 그 둘은 한 쌍의 장갑처럼 서로 짝이 맞는다. 포커싱은 신체펠트센스의 내부근원으로 마음을 접근시켜 주는 반면에, 미술치료는 풍부한 상상의 샘과 지혜를 외부 시각적인 예술표현으로 승화시킨다. 다음의 표에 요약된 바와 같이, 포커싱과 미술치료 간에 존재하는 수많은 상호 연관성을 갖고 있다.

포커싱 치료와 미술치료의 상호 연관성

	포커싱 치료	미술치료
신체의 연관성	의식이 몸속에 있는 펠트센스로 다가간다.	미술작업 중에 신체-팔, 손, 머리, 숨결, 상체 등-는 그림을 그리고 색을 칠하거나, 콜라주 혹은 조각을 하는 동안 상호작용한다.
의식과 무의식 간의 경계 영역	의식과 무의식 간의 경계영역에서 발생된다.	무의식과 연관하며 그것을 의식적인 지각으로 끌어낸다.
경험의 전체적인 집단	신체적 투영인 펠트센스를 접한다. 전체 경험, 그것의 복잡함과 다양함의 전체를 체험한다.	선(線)적이기보다는 공간적이다. 경험을 포착하여 그것을 희미하게 옮긴다.
흐릿하고 명확하지 않은 느낌 경험을 분명히 하기	펠트센스가 형체를 갖추지 않고 정의할 수 없는 불분명한 신체감각으로써 시작된다.	미술이 예술적 창조과정을 통하여 보다 분명하게 되는 이미지나 펠트센스로부터 발전한다.
자연스럽게 경험이 펼쳐짐	친숙함과 받아들임의 포커싱적 태도를 가지는 것은 펠트센스가 펼쳐지거나 열리는 것을 도와서 그것 자체에 대한 것을 더 많이 드러내게 한다.	예술적 과정 중에 느낌경험이 자연스럽게 매체와 색깔, 모양, 이미지로 흘러들어간다.
증명하고 경험하는 자기 자신의 두 가지 측면을 배양하기	동시에 펠트센스를 경험하면서, 느낌경험을 지각하고 질문을 하며 답을 듣는 자기 자신의 일부가 있다.	내부경험과 미술작업과 관련된 자기 자신이 있으며, 미술작품을 보고 관찰할 수 있는 자신의 측면도 있다.
내적 대화	내적 대화는 포커싱 질문과 받아들이는 단계를 통해서 발생한다.	대화는 미술작품을 봄으로써 질문을 하고, 작품이 말하고자 하는 것을 받아들임으로써 발생될 수 있다.
내적 관계	내적관계는 포커싱적 태도(친숙하고 받아들이는 태도 등)와 포커싱 단계(문제와 펠트센스를 선	미술은 증명될 수 있고 상호작용 할 수 있는 내면으로부터 우러나오는 경험을 표현한다.

	택, 질문하고 받아들임)를 통하여 개발된다.	
내면의 정확성	'맞춰 보기' 단계는 정확성의 느낌에 대한 신체감각으로 확인하는 방법이다.	창작자의 미적 감각과 연관하여 미술작품을 감상하는 것은 정확성의 감각(색깔, 균형, 완성도 등)을 부여해 준다.
현안과 문제점, 난감한 느낌을 표면화하기	마음 공간을 비우는 것은 현안을 확인하는 것을 돕고, 그것이 무엇인지 확인할 수 있도록 거리를 두도록 만들어 준다.	내적 경험은 예술적 표현을 통하여 표면화된다.
적당한 거리 찾기	현안을 생각할 때 혹은 펠트센스를 가졌을 때, 사람들은 그것에 대해 생각하거나 그것을 마음속에 품고 있을 만큼의 정확한 거리에 그 현안을 내면에 둘 수 있다.	미술 창작품은 그것을 보거나 그것에 대해 이야기하고 그것과 대화할 때 정확하다고 느끼는 바로 그 거리 만큼에다 위치시킬 수 있다. 다양한 재료들을 여러 거리에 보관할 수 있다. −예: 박스에 넣거나, 포장하거나, 그것 위에 얹어 놓을 수도 있다.
경험을 상징화하는 말과는 다른 수단	펠트센스는 이미지, 제스처, 소리(말이나 구절은 물론)로써 상징화될 수 있다.	미술 재료들은 색깔, 모양, 형태, 질감, 이미지를 통하여 말을 넘어선 표현 수단을 제공한다.
향후 작업을 위한 표시	포커싱 과정이 끝나는 것은 향후 탐구를 위해 다시 돌아오는 장소로써 확인될 수 있다. −그곳으로부터 새로운 시도나 포커싱을 다시 시작할 수 있는 출발점이 된다.	미술품은 검토나 계속 감상 혹은 묘사를 위해 언제라도 다시 볼 수 있는 유형의 대상물이다.
좋은 느낌 혹은 치료가 되는 과정	포커싱 과정은 어려운 문제나 경험과 씨름할 때조차도 좋은 느낌을 갖게 해준다고 한다.	창작과정은 고통스럽거나 어려운 경험을 표현할 때조차도 마음을 고양시킨다.

포커싱적 미술치료 단계

1단계: 주변 정리

우선 심호흡을 한다. 당신이 앉아 있는 의자를 느끼고, 디디고 있는 바닥을 느끼며 온전히 있어 보자. 당신 몸에 있는 숨을 느껴 보자. 그것이 날뛰고 있는지, 조용한지, 꽉 끼는지, 따뜻한지, 아니면 다른 느낌인지를 느껴 보자. 당신이 현재 평화로운 곳이 앉아 있다고 상상해 보자. 그곳은 당신이 알고 있는 곳일 수도 있고 당신이 상상 속에서 만들어 낸 곳일 수도 있다. 그곳에 있다고 상상했다면 우선 자신에게 물어보자. 나 자신과 이 편안함 사이에 어떤 차이가 있을까? 어떤 것이 떠오르면 모두 묶어서 한 패키지(package)에 넣어두거나 어떤 이미지를 당신 자신과 멀리 떨어뜨려 보자. 그것들이 보트 위에 있다고 가정했을 때, 당신은 그 보트를 강에서 좀 떨어진 곳으로 보내 버리는 상상을 할 수 있다. 혹은 풍선 안에 있다고 가정했을 때 하늘로 멀리 날려 보낼 수도 있다. (잠시 쉬기) 다시 패키지의 목록들을 확인했을 때 "나는 모두 괜찮아, 그렇지?" 하는 감정이 아닌 다른 감정들을 모두 끌어내서 자신의 몸과 멀리 떨어뜨릴 수 있다.

주변 정리를 위해서는 이슈 또는 어떤 것에 포커싱하기 전에 뒷배경에 어떠한 감정이 있는지와 이런 모든 것을 모아두기에 괜찮은 장소는 심리적으로 어디에 있는지를 다룬다.

• 뒷배경에 있는 감정: 뒷배경에 있는 감정이 어떤 것인지 살펴

보자. 항상 느끼는 감정, 항상 느끼는 긴장, 혹은 항상 느끼는 불안감 (잠시 쉬기) 그리고 그것들을 편안한 거리에 놓아두자.

• 다시 한 번 확인해 볼 것: "그런 것들을 모두 제외하고 나는 '모두 괜찮은가?'

• 모두 괜찮은 장소: 잠시 기다렸다가 '모두 괜찮은 장소'를 생각해 보자. 안에서 느껴지는 감정을 이겨 낼 수 있는 이미지를 상상해보자. (선택사항: 여기서 멈추고 1단계에서 미술작품을 만들어 보자.)

2단계: 선택하기와 이슈, 펠트센스

당신이 만들어 놓은 것을 다시 한 번 살펴보자. 당신의 주의가 필요한 것이 있는지 보자. 당신은 어떤 것을 원하는지 당신 몸 감각에 물어볼 수 있다. 혹은 당신이 하고 싶은 것을 선택할 수도 있다. 당신 몸이 그것을 허락하는지 체크하고 거기에 집중하자.

• 펠트센스: 요즘 고민했던 어떤 이슈에 대해 생각해 보고 당신의 몸이 그것을 어떻게 느끼는지 보자. (잠시 쉬기) 조용히 물어보자. "어떤 생각이 드는가?"

3단계: 이름 붙이고 상징 찾기

어떤 이미지가 안에 있는 펠트센스에 방해물이 되는지 보자.

4단계: 예술적인 표현에 맞춰 보기

당신이 맞는다고 느끼는 것과 반대되는 당신의 몸 상태를 체크해 보자. 그것이 맞지 않는다면 그냥 놔두고 다른 단어, 문장, 이미지, 제스처 또는 소리가 나오도록 해 보자. 만약 당신이 준비되었다면 가만히 눈을 뜨고, 당신의 펠트센스 이미지를 예술적으로 표현해 보자.

5단계: 펠트센스에 물어보기

(내담자가 미술작품을 만들어 내고 난 후) 우리는 펠트센스에 질문을 던질 것이다. 어떤 것은 답을 알아낼 수 있지만 어떤 것은 그렇지 않다. 그런 것들은 그냥 내버려두자. 눈은 감아도 되고 뜨고 있어도 상관없다. 펠트센스 옆에 있다고 상상하고 친구가 되어 보자. 그리고 조용히 들어보자.

"어떤 것이 나를 _____하지?"
"무엇 때문에 그러지?"
"그중에서 최악은 무엇이지?"

모든 것이 해결되었다고 가정하고 그 기분을 느껴 보자. 이것은 마치 책의 마지막 페이지를 열어 보고 답을 찾는 것과 같다. 당신 안에 있는 감각을 찾고 모든 문제가 풀렸다고 상상해 보는 것이다.
당신이 준비가 되었을 때 물어보자.

"내가 가지고 있는 이슈와 해결점 사이에는 어떤 것이 있었나?"

"해결점을 찾기 위해 나에 필요한 것이 뭐가 있을까?"

"올바른 방향으로 나아가기 위해 필요한 작은 단계는 뭐가 있을까?"

6단계: 받아들이기

당신이 포커싱하면서 중요했던 것들을 포함해서 당신이 포커싱을 하면서 받아들였던 색, 모양, 이미지에 맞는 예술적인 표현을 만들어 보자.

포커싱을 미술치료에 엮어 내기

포커싱은 미술치료의 순간순간 마다, 처음, 중간, 그리고 끝에 통합시킬 수 있다.

센터링(Centering)

회기 처음에 포커싱은 센터링(주의집중)과 조용히 시키는 역할을 한다. 이것은 내담자를 진정시키고 몸과 마음을 연결할 수 있게 도와준다.

미술 재료 선택하기

회기 처음과 중간에 내담자는 그들의 펠트센스와 매치되는 미술재료가 어떤 것인지 볼 수 있다. 내담자는 자신의 펠트센스와 그 재료, 색깔, 그리고 이미지가 맞는 질문을 받을 것이다.

예술적 표현과 회기 기초 다지기

미술 과정 중간에 혹은 끝에 내담자는 미술작품을 만들어 내고 나서 그들이 어디에 있는지 체크할 수 있다. 미술작품 사이에서 길을 잃는 것이 아니라 내담자는 다시 되돌아보고 펠트센스의 예술적 표현의 기초를 다질 수 있다.

대화

미술작품 만들기를 끝내고 나서, 내담자와 상담자는 만들어 낸 그 미술작품을 들여다볼 수 있는 곳에 놓아둘 수 있다. 내담자는 미술 작품과 그것을 대표하는 펠트센스를 다른 사람과 나눌 수 있다. 내담자의 이런 나눔에서 포커싱 질문들이 일어난다. 질문들은 펠트센스에 관한 것일 수도 있고 혹은 미술작품에 관한 것일 수도 있다.

펠트센스와 대화하기

펠트센스에 관한 질문들은 이러한 것이 있을 수 있다. '어떤 것이 필요한가?' '치료가 되려면 어떤 것이 되어야 하는가?' '그 과정에 어떤 것이 있을까?' '올바른 방향으로 가기 위한 단계는 무엇이 있을까?' 색깔이나 모양, 혹은 이미지로 그 답이 나타난다면 내담자는 미술작품에 그것을 덧붙일 수 있을 것이다.

미술과 대화하기

액티브 이미지네이션(active imagination), 게슈탈트, 그리고 포커싱의 물어보기와 받아들이기 단계를 통해서 미술작품 자체에 질문을 던질 수 있다. 질문의 예는 다음과 같다. "너 자신에게 하고 싶은 말은 무엇이니?" "넌 내가 무엇을 알기를 원하니?" "너가 원하는 것이 무엇이니?" "서로 다른 부분들이 각자에게 하고 싶은 말은 무엇이니?" "너는 어떤 예술적인 것을 원하니?" 내담자는 펠트센스와 미술이 어떤 것을 서로 공유하는지 들어볼 수 있다.

미술작품을 들여다볼 때, 어떤 것이 느껴지는가? 펠트센스와 어울리는 단어, 문장, 제스처 또는 소리가 있는가? 단어나 문장은 시나 다른 창의적 글쓰기로 발전할 수 있다. 제스처는 한 동작이나 춤으로 발전할 수 있다. 소리는 음악으로 발전할 수 있다.

모두 끝났나?

미술작품을 다시 보고, 내담자는 자신의 펠트센스와 그것이 맞는지 확인할 수 있다. "미술 작업이 끝난 것처럼 느껴지나? 아니면 다른 것이 더 필요한가?" 등으로 물어볼 수 있다.

제목

미술작품을 살펴보면서, 내담자는 자신의 펠트센스에 맞는 단어나 문장을 알아낼 수 있다. 그런 단어나 문장이 제목이 될 수 있다.

다시 되돌아보기와 재확인하기

미술작품과 그 과정을 되돌아보면서 내담자는 한 주(또는 몇 달, 몇 년)에 어떤 것을 그들 안에 끌어들일 수 있는지 확인할 수 있다. 미술작품은 내담자가 집으로 가져갈 수 있는데 이것은 시각적으로 되돌아볼 수 있고 재확인하는 데 도움을 준다.

포커싱 미술치료 사례

사례 1   사랑하는 할머니

대학원생 아드린은 그녀의 경험을 나누었다. 아드린은 특별히 다루고자 하는 소재가 없었는데 항상 자신을 사랑했던 할머니를 떠올렸다. 할머니에 대해 집중하면서 노란색과 오렌지색의 따뜻한 원이 아드린의 몸 주위에 느껴진다고 하였다. 그것이 자신을 보호하고 둥글게 둘러싸고 있으면서 그 안에 곱슬곱슬한 이미지를 보았다고 하였다. 그녀는 미술 재료 중에서 노란색과 오렌지색의 유성 파스텔을 집어 들었다. 아드린은 따뜻함을 전달하기 위해 그것을 이미지로 창조하였다. 파란색은 그녀의 연약한 부분이라고 하였다. 이러한 활동을 시작하는 것은 포커싱적 태도에서 본질적인 펠트센스로의 접근방법을 도울 수 있다. 그리고 이를 미술 안에서 상징화할 수 있다. 아드린을 무조건적으로 사랑한 할머니에 대한 그녀의 펠트센스는 그녀 몸 안에서 노란색과 오렌지색의 따뜻한 원으로 둘러싸여 있다는 것이다. 따뜻한 내부의 곱슬곱슬한 것이 올라오는 그녀 자신을 이미지화함으로써 조율할 수 있다. 아드린은 펠트센스와 연결한 미술 재료를 사용하여 따뜻한 내부에서 곱슬곱슬한 것이 오는 것에 대한 이미지로 상징화했다.

사례 2 | 상처받은 심장

브리아나는 이혼 중에 있는 55세 중년 여성이다. 상담자는 포커싱적 미술치료를 사용하여 1년간 작업했다. 브리아나가 그녀의 감정에 대해 말하기 시작함으로써 상담자는 펠트센스를 수용하도록 초대했다. "지금 당신은 어떻게 하고 있나요?"라는 질문을 받은 후에 브리아나는 눈을 뜨고 보라색 파스텔을 잡고 찢어진 심장모양을 만들기 시작했다. 그녀는 심장 표면에 분홍색을 더하고 심장에 슬픔이 있는 찢어진 내부에 회색 칠을 했다. 브리아나는 한쪽 측면에 '상처받은 심장'이란 말을 적었고, "심장이 갈기갈기 찢어집니다."라고 포커싱 작업을 하며 말했다. 그녀는 심장과 가슴이 타는 것 같았고, 그런 후 슬픔의 심장이 다가오는 이미지가 떠올랐다. 펠트센스는 브리아나의 심장과 가슴을 태우는 느낌이고 보라와 분홍, 찢어지고 상처입은 심장은 그녀의 펠트센스로 상징화되고 조율한다. 이 부분은 미술치료자들이 하는 것이라고 볼 수 있지만 포커싱적 미술치료는 펠트센스의 인식과 접근의 차이를 만든다. 포커싱적 미술치료에서 미술은 단순히 심리적 상상에서뿐만이 아니라 전체적인 신체펠트센스와 마음으로부터 나타난다.

그다음 회기에서 브리아나는 감각전환을 경험했다. 그녀는 상처받은 마음의 일부분에 도달한 후 그 심상을 내려놓고 상담자에게 "그것이 필요한 것은 무엇일까요?"라는 질문을 받았다. 브리아나는 다시 눈을 감고 듣는다. 잠시 후 눈을 뜨고 노란색 파스텔을 집어 심장 주변을 노란색의 따뜻한 색감을 갖고 있는 두 개의 커다란 손을 그린다. 그녀는 종이 위에 '그것을 함께 잡고 있는 강한 손'이라고 적는다. 브리아나는 펠트센스에게 무엇이 필요한가를 물어보았을 때 자신의 내부에서 믿음이 발생하고 가슴 부분에 따뜻함이 느껴지며 이것이 상처받은 심장을 어루만져 주었다고 했다. 브리아나의 감각전환은 '상처받은 심장/쪼개지면 어떻하지?'에서 '그것을 담고 있는 강한 손'으로 변화된 것이다.

미술작품에서 펠트센스가 전환되는 것을 볼 수 있더라도 내담자 자신의 신체에서 감각전환이 발생하는 것을 감지하는 것이 중요하다. 미술작품을 만든 후에 상담자는 "자신의 내부는 이제 어떤가요?" "이제 당신의 신체는 어떠한가요?"라고 묻는다. 미술작품에서 내담자가 자신의 내적 체험이 어떻게 전환되었는가를 시각적으로 보는 것은 매우 강력하다. 내담자는 색감, 모양, 이미지 등이 변화되는 것을 볼 수 있다. 미술은 성장과 치유의 시각적인 재확인, 확고한 움직임을 보여 준다.

🌳 6. 그 밖의 포커싱 활용

상담진행 중 벽에 부딪혔을 때

　종종 상담과정에서 내담자는 자신의 상담을 다시 진행하기 위해 포커싱을 배우기도 한다. 이때 내담자는 자신의 상담이 생각보다 조금 진행되고 궁지에 빠지는 것을 경험하게 된다.

　"나는 같은 것을 반복해서 말하고 똑같은 통찰만 얻게 돼요." "나는 내가 얻지 못하는 것이 있다는 것을 알지만 그것이 무엇인지는 잘 모르겠어요."라는 식으로 앞으로 더 나아가지 못하는 경우가 빈번하게 발생한다. 이럴 때 포커싱은 내담자의 문제에 머무르고 그것이 전해 주는 것에 초점을 맞춤으로써 내담자 자신의 변화를 경험하도록 해 주며 상담자에게도 든든한 버팀목이 되어 줄 수 있다.

느끼는 것과 원하는 것이 무엇인지 잘 알고 싶을 때

　많은 사람들은 그들의 감정과 바람에 다가가지 못한다. 특히, 특정 문화의 사람들은 그들의 감정을 두려움과 슬픔처럼 약하고 부드러운 감정일수록 이를 무시하고 멀리하도록 성장해 왔다. "사람들이 내게 어떻게 느끼냐고 물으면 할 말이 없어요. 거기에 아무것도 없는 것처럼 말이에요." 종종 여성들은 자기 자신의 느낌보다는 다른 사람의 감정을 먼저 고려하도록 성장해 왔다. 결과적으로 우리는 자신이 느끼고 원하는 것이 무엇인지도 모르게 되는 것이다.

우리는 자신의 몸에서부터 멀어지고 자신이 어떻게 느끼는지 알게 하는 것들로부터 멀어진 것이다. 포커싱은 우리의 몸에게 돌아가서 진짜 우리가 느끼는 것, 원하는 것, 필요로 하는 것에 다가가는 것을 가능하게 만든다.

넘치는 감정을 처리하는 방법을 알고 싶을 때

슬픔, 두려움, 분노와 같은 강한 감정들은 넘쳐흐르는 경우가 종종 있다. 이러한 강력한 감정들은 우리를 폭풍처럼 흔들어 놓는다. 그러면 우리는 감정의 힘으로 인해 무기력해진다. 그러나 이러한 감정들이 강력한 데는 이유가 있다. 이 감정들은 뭔가 말할 만한 중요한 이야기가 있기 때문이다. 따라서 이 감정들은 우리에게 중요한 어느 한 조각을 돌려주기 위한 것이다.

포커싱은 자신의 감정이 말하려는 이야기를 들을 수 있도록 해 주고, 이 강력한 감정들로부터 휩쓸리지 않고 감정들이 주는 앎의 기쁨을 느낄 수 있게 해 준다. 당신은 포커싱을 통해 강력한 감정들과 편안한 관계를 맺을 수 있고, 어떻게 해야 그들에게 압도되지 않고 그들을 알아주고, 경청하는 방법을 배울 수 있다.

변화에 대한 의지는 있지만 변화를 실천에 옮기지 않을 때

무엇을 새로 시작하거나 창조하는 행위를 할 때, 망설임을 갖게 되고, 뒤로 물러날 기회를 엿보는 것 등 가능성에 대한 주저하는 느낌을 계속 갖고 있게 된다. 세상에는 변화를 움직이도록 하는 한 가지 진실이 있다. 그 진실은 자신이 주도적으로 전념할 때 변화와 함께 움직인다.

"나는 하고 싶지만, 하지 못해요."라든가 "나는 멈추고 싶지만 그렇지 못해요."라는 것들이 참 많이 있다. 이렇게 변화하지 못하는 것에는 '양가감정'이라는 것에 빠지기 때문이다.

흔히 '양가감정'의 딜레마에서 빠져나오기 위해 변해야 하는 이유와 변하는 것이 주는 이익이 무엇인지 꼼꼼히 따져 보는 방법들을 이용하지만 근본적인 변화를 일으키기에는 도움이 되지 않을 때가 많다. 이럴 때 포커싱은 굉장히 효과적이다. 근본적인 변화를 일으키기 위해서는 내면의 욕구와 표면 사이의 불일치로 인해서 변화하지 않는다.

포커싱은 펠트센스를 통해서 불일치감을 깨닫고 행동 자체의 변화보다는 내면의 의미를 깨달을 때 변화가 일어난다. 결국 양가감정은 내면과 행동의 불일치감의 정도가 클수록 변화의 동기가 저하된다. 이렇듯 포커싱은 양가감정으로 자신이 변화하지 못하는 경우에도 효과적인 도움을 줄 수 있다.

자기 비난을 줄이고 자기수용을 높이고 싶을 때

"당신은 계속해서 실패해 왔습니다. 당신은 언제나 실패할 것이 빤해요. 당신은 아마 지금도 포기하고 싶을 것입니다."

"당신 정말 이상하군요. 얼마나 이상한지 다른 사람들은 모르는 것이 좋을 겁니다. 그들이 알게 되면 당신과 친구가 되고 싶지 않을 테니까요."

"당신은 뭔가 근본적으로 잘못됐어요. 당신은 절대 고치지 못하는 결점이 있어요."

누군가가 이런 말들을 당신에게 한다면 어떨까? 당신은 다른 대부분의 사람들처럼 그 말을 당신 자신에게도 할 것이다. 우리는 일반적으로 다른 사람에게보다 자기 자신에게 더 잔인하고 가차없이 행동한다. 포커싱은 당신의 자기 비난과 다른 형태의 내면을 파괴행위를 통해 완화하는 강력한 도구다. 당신은 자기 비난을 파트너 관계나 지원 관계로 바꾸는 방법을 배우고 자신의 모든 부분에서 사랑과 수용을 키울 수 있다. 이러한 자기수용은 변화가 필요한 인생의 어느 한 부분을 깊고 빠르게 변화시킬 수 있다.

명확하고 중요한 의사결정을 내려야 할 때

모든 사람이 매일 여러 가지 결정을 내린다. "오늘 저녁은 뭘 먹지?"와 같은 작은 결정에서부터 "이제 남은 인생을 뭘 하면 좋을까?"와 같은 큰 결정도 있다. 만일 결정을 내리는 일이 쉽지 않다면 하루하루가 가시밭처럼 느껴질 것이다. 당황스러움, 자기 의심, 그리고 걱정은 어려운 결정을 내리는 과정에서 겪는 일부 경험이다.

"나는 포커싱을 배우고 싶어요. 왜냐하면 내 의사결정을 항상 다른 사람들이나 사회의 관점을 고려해서 결정하거든요. 하지만 더 이상은 그러고 싶지 않아요."라고 어떤 사람이 말했다.

결정을 내리는 일반적인 방법은 종이의 한가운데에 줄을 긋고 한쪽에 모든 '예상' 과 다른 한쪽에 '결과' 를 써 보는 대차대조표를 활용하는 것이다.

이렇게 해도 당신은 결정을 못 내리고 끝난 경험이 있지 않은 가? 결정의 어려움은 논리적으로 결정을 내리는 데에서 오는 어려움이다. 논리는 우리의 일부분만이 활용된다. 우리는 결정을 내릴 필요가 있으며 어떤 것들은 우리의 삶에서 중요한 것들이다. 포커싱은 결정을 내리는 데 좋은 도구로 사용된다. 왜냐하면 논리적인 분석을 넘어서서 당신이 한 선택이 적절한지 느낄 수 있게 하기 때문이다. 당신은 포커싱을 통해 모든 요소를 고려하고 조합하는 조화로운 선택할 수 있다.

🌳 7. 포커싱 체험심리치료의 다양한 사례

사례 1 "내가 이렇게까지 힘들었던가?"(집단상담)

40대 중반의 한 여성은 집안일로 인해 몹시 지쳐 있으며 어려움을 겪고 있다. 이 여성은 워크숍 당일에도 새벽 3시 30분까지 청소를 하고 아침 9시 40분에 워크숍에 참가하였다. 이 여성은 집안일로 늘 자신을 압박하였다.

경청자: 집안일 중 어떤 것이 그렇게 자신을 압박하였나요?

포커서: 집안일 중에서도 특히 청소가 가장 힘들었어요.

경청자: 청소 중에서 어떤 것이 가장 힘들었나요

포커서: 서랍 정리하는 것이 가장 힘들었어요.

포커서는 순간 자신도 모르게 눈물이 났으며 본인이 매우 슬퍼하고 있음을 스스로 느꼈다. 그 슬픔은 가슴에서 흐느끼는 것이었다. 가슴이 울먹이고 있다는 것이 느껴졌다. 가슴 밑에서부터 눈물이 올라오고 있었던 것이다. 갑자기 몸이 오들오들 떨려 왔다. 꺼이꺼이 울던 포커서는 순간 목에 힘이 쫙 빠지면서 목이 뒤로 넘어가려고 했다. 그때 포커서의 마음속에서는 "나를 지탱해 주세요."라는 소리가 들려왔다고 한다.

포커서는 "목을 좀 받쳐 주세요."라며 경청자에게 주문했다. 경

청자는 포커서의 뒤로 돌아가 목을 받쳐 주었다. 포커서는 위로받고 싶어 하는 자신의 메시지를 들었다.

포커서: 저…… 좀 울어도 되나요?
경청자: 울고 싶은 만큼 실컷 울어도 괜찮아요.

경청자가 허용적인 분위기를 조성해 주고 수용적인 태도로 위로를 해 주자 포커서는 목이 받쳐진 채로 5분 정도를 펑펑 울기 시작했다.

포커서는 자신이 그 정도로 힘듦을 겪고 있는 줄을 몰랐고 이런 자신의 내면에 충분히 머물러 주었다. 그러자 몸의 뻣뻣함이 사라지고 한결 몸이 가벼워졌다. 포커싱이 끝나고 경청자의 체험을 물어보았다.

경청자: 포커서가 말하기 전에 목이 뒤로 넘어가는 것을 보고
그냥 받쳐 주고 싶었어요.

그러면서 경청자는 포커서의 목이 뻐끈해지는 것을 느꼈다고 하였다.

이의 사례에서 보는 것과 같이 포커싱은 내담자중심으로 진행되며 내담자를 분석하거나 원인에 대한 탐색적인 질문을 하지 않는 것이 특징이다. 오히려 내담자가 자신의 펠트센스를 통해서 내

면의 경험에 더 가까이 가도록 촉진하며 이러한 경험을 스스로가 버텨 주고 머물러 주는 데 중점을 둔다.

포커싱에서는 다른 기법처럼 의도적인 분위기를 연출하거나 내담자의 상황에 개의치 않고 작업하거나 억지로 도움을 주려고 하지 않는다. 이는 내담자의 심리상태에 맞춰 포커싱 과정이 진행되는 것으로 준비가 되지 않은 내담자를 깊숙이 노출함으로써 노출 후에 벌어지는 내담자의 감정까지 안전하게 예방할 수 있는 부드러운 접근이다.

상담자가 내담자의 내면경험을 통해 정서적 인식과 머물러 주기를 실행함으로 인해서 내담자는 자신의 경험을 새롭게 인식하게 되며 자아강도가 높아지는 효과를 본다. 포커싱에서는 독특한 과정이 있다. 즉, 내담자의 경험을 상담자가 최대한 공감적 이해를 통해 내면의 경험을 반영하다 보면 내담자의 신체적 반응을 상담자가 동일하거나 유사하게 겪는다는 점이다. 이러한 독특한 과정의 대리적 체험으로 인해 상담자는 내담자의 신체적 경험까지도 이해할 수 있는 깊은 수용적 경험을 하게 된다.

사례 2   "머리가 아파요." (개인상담)

이 내담자는 상담자가 1년 정도 개인상담한 여고 2년생 현주(가명)다. 그녀는 부유한 가정에서 별 어려움 없이 자랐으나 중학교 때 갑자기 뇌종양이라는 판결을 받아 뇌수술을 하게 되었다. 그러나 1차 수술이 실패하고 그 이후 몇 차례의 수술을 해야 했다. 그로 인해 마음고생도 많이 하였으며, 병원과 의사에 대한 불신이 매우 심해졌다. 중요한 시기에 수술을 해서 그 후유증으로 전교 2~3등을 항상 지키던 현주의 학업성적은 형편없이 떨어졌다. 명문대에 들어가야 하는 자신의 목표로부터 점점 멀어지자 그녀는 심한 불안감으로 자살을 시도했다. 그러나 실패한 후 어머니에 의해 상담자에게 의뢰되었다. 지속적인 상담으로 인해 자살시도는 멈췄고, 어느 정도 자신감을 갖고 학업계획과 목표를 수립해 나갔으나 현주는 항상 두통을 호소하였다. 여러 다른 기관에서 다양한 검사를 받아 보았으나 수술이 성공적이었기에 정상이라는 판정을 받았다. 그럼에도 현주는 자신의 뇌에는 아직도 종양이 남아 있고 의사가 발견하지 못했을 뿐이라고 굳게 믿고 있었다. 물론 젠들린에 따르면 '펠트센스'는 주로 배 아랫부분에서 목 윗부분까지 있다고 하였다. 또한 뇌는 우리의 사고가 많이 지배하고 분석하는 버릇이 있기 때문에 뇌에서 느낌을 찾는 것은 권하지 않는다(Gendlin, 1996). 그러나 사례의 특성상 포커싱을 시도해 보았다.

우선 '주변 정리'를 위해 포커싱을 시작하기에 앞서 일주일 동안 답답했던 일을 이야기하고 어느 정도 몰입할 수 있도록 준비를 했다. 여전히 그날도 현주는 두통을 호소했는데, 상담자는 현주가 '펠트센스'를 경험할 수 있도록 두통에 집중해 보기를 권했다. 현주는 그 느낌에 집중하는 데 그리 오래 걸리지 않았는데 이는 몇 년 동안 그 느낌과 항상 같이했기 때문에 가능한 일이었다. 다음 작업으로는 그 느낌에 대한 '이름 붙이기'를 시작했다. 현주는 곧 "철썩 거린다." "어디에 부딪히는 느낌이다."라는 표현을 했다. 계속되는

'맞춰 보기' 작업을 통해서 현주는 커다란 두 바위 사이에 파도가 양쪽으로 부딪히며 철썩대는 느낌이라고 명확히 설명해 주었다.

상담자는 이를 듣고 이 고통의 느낌을 없애거나 줄이기 위해 어떻게 하면 좋을지를 물어보는 '물어보기' 단계에 들어갔다. 현주는 이 느낌에 너무나 익숙했기 때문에 이 질문에 심한 저항이 있었고 오랜 시간이 걸렸다. 서서히 말문을 연 현주는 "두 바위가 아주 멀거나 차라리 아주 가까웠으면 좋겠어요. 지금은 두 바위의 거리 때문에 파도가 심하게 치면서 너무 아파요."라고 하였다. "그러면 그렇게 해 주자."라는 말로 상담자는 그 느낌이 원하는 것을 제공해 주도록 권하였다. 이미지 기법을 사용해 상담자가 두 바위를 멀리 옮기자 현주의 두통은 많이 가라앉았다.

그 후 현주의 두통이 완전히 없어진 것은 아니지만 이 포커싱 회기를 통해 다음의 두 가지를 얻을 수 있었다. 첫째, 두통의 원인을 파악하는 데 도움이 되었다. 포커싱 회기 후 상담에서는 그 두 개의 바위가 현재 현주의 생활에서 어떤 사건이나 인물 등을 연상시키는지를 탐색하면서 서서히 밝혀졌다. 바위들은 현주를 대하는 어머니의 이중적 태도, 특히 학업에 대한 기대였다. 바위 하나는 "그래, 네가 그렇게 큰 병을 앓고도 살아 있다니 엄마는 너무나 기쁘다. 공부가 뭐가 중요하니? 학교 다니기 힘들면 그만둬도 돼."라는 현주를 대하는 어머니의 한 면이 있는가 하면 "엄마 친구 딸 ○○이는 이번에 1등 했대. 현주도 아프지만 않았으면……." 하는 엄마의 모습도 있었다. 또 친척들이 모이면 현주의 병이 어머니의 책임인 양 죄책감을 느끼며 주눅 들어 있었는데 이는 또 다른 어머니의 태도를 나타낸다. 현주에게는 어머니의 이런 행동이 하나의 바위로 여겨진다는 것이다. 이런 어머니의 불일치, 비일관적인 이중적인 태도로 인해 수술 후에도 현주의 두통은 계속된 것이다. 상담자는 이를 집중적으로 탐색하여 현주의 자아를 튼튼히 해 주는 작업을 하였고 동시에 어머니를 상담에 참여시켜 문제를 같이 해결해 나갔다. 둘째, 현주는 포커싱 경험을 통하여 항상 신체적 이상으로만 여겼던 두통 문제가 심리적인 측면이 크다는 믿음을 갖는 계기가 되었다. 이로 인해 "나의 두통은 첨단 과학도 발견하지 못하는 그 어떤 병으로 인한 것이야."라는 비관적인 합리화에서 "나의 두통은 심리적인 문제가 크기 때문에 상담을 통해 해결할 수도 있다."의 태도로 상담에 적극적으로 임해 효과적인 상담결과를 가져왔다.

(주은선(2002). 포커싱 체험상담의 이해와 적용. 상담학연구, 3(2), 517-527.)

사례 3   "그냥 이 모습도 좋아요."(집단상담)

이 사례는 포커싱 집단 워크숍에서 추출한 것이다. 상담자가 포커싱에 대한 이론적 설명을 한 후 집단 포커싱으로 진행을 하였다. 포커싱은 일대일 상담뿐만 아니라 집단으로 이루어지기도 한다. 포커싱은 체험 상담의 하나이므로 집단 체험을 통해 그 효율성을 증진시킬 수도 있다. 상담자는 이 내담자에 대해서는 개인적으로 아는 바가 없고, 단지 아는 것은 40대 초반의 주부이며 이름은 영숙(가명) 씨라는 것이다. 영숙 씨는 워크숍 초기에는 표정이 그리 밝지 않았으나 포커싱 교육시간에 매우 관심을 갖고 몰입하는 태도를 보였다.

10명이 둘러앉아 각자 자기소개를 한 뒤 이곳에 오게 된 경위, 현재 느끼고 있는 것, 알리고 싶은 것 등을 말하면서 구성원들이 보다 편안할 수 있도록 라포(rapport) 형성은 물론 '주변 정리'를 하였다. '펠트센스'를 찾기 위해 배 아래에서부터 목 윗부분까지 점검하게 하였다. 영숙 씨는 "항상 아랫배가 더부룩해요."라고 말하면서 "아, 내가 아침에 화장실을 안 가서 그런가?" 하며 다른 구성원의 웃음을 자아내기도 하였다. 상담자는 알아주기를 희망하는 신체의 다른 부분은 없는지를 체크하게 하였고 영숙 씨는 여전히 아랫배의 답답함을 호소하였다. 상담자는 그곳에 집중하였고 느낌이 어떤지 물어보았을 때 영숙 씨는 '무거움' '어두움' '깜깜함' 등으로 그 무게를 표현하였다. 상담자는 이를 계속 반응해 주었고 더 몰입할 수 있게 그 무거움의 '맞춰 보기' 작업을 하였

더니 그녀는 어둠 속에 작은 무언가가 있다고 하였다.

그러더니 서서히 떠오르는 것이 그 어둠 속에서 유치원에서나 볼 듯한 낡고 아주 작은 꼬마 의자가 보인다고 했다. 그런데 그 순간 그녀가 울기 시작했다. 그 의자가 너무 낡고 작아서 '애처롭다'는 것이다. 누군가가 앉을 수도 없고 네 개의 의자 다리 중 뒤에 있는 두 다리는 흔들거리고 부서지기 일보 직전이라는 것이다. 영숙 씨는 누구한테 한 대 얻어맞은 것처럼 소리까지 내고 울면서 '맞춰 보기' 작업을 하였다. 상담자가 그런 의자에 무엇이 필요한지, 어떻게 했으면 좋을지를 물어보는 '물어보기' 작업에 들어가자 영숙 씨는 울음을 잠시 멈추더니 "아, 어떻게 할 수 있나요?"라고 되물었다. 이미지 작업 등을 통해 마음대로 할 수 있다고 하자 시간을 갖고 몰입을 한 후 서서히 말문을 열었는데 "괜찮아요. 그 모습 자체도 좋아요. 지금 보니까 작지만 아담하고 귀엽네요. 당분간 그렇게 놔둘래요."라고 하였다. 상담자는 정말 괜찮겠냐고 재차 확인한 후 영숙 씨에게 다시 아랫배를 느껴 보라고 권했다. 그녀가 "편해요. 시원하네요."라는 말을 하고 나서 비로소 포커싱을 끝낼 수 있었다.

이 포커싱 경험을 통해 영숙 씨는 다음의 두 가지를 얻을 수 있었다. 첫째, 자신이 당면한 현재 문제를 쉽게 파악할 수 있었다는 것이다. 그 의자를 보는 느낌은 마치 자기가 자신을 보는 것과 흡사했다. 즉, 현재 자신에 대한 애처로운 느낌과 딱 맞아 떨어졌다. 결혼 전에는 꿈도 많고 인생에 대한 열정이 있었으나 아이들을 키우기 위해 다니던 직장도 포기했고, 이제는 사회에서 자기를 더 이상 필요로 하지 않는다고 했다. 이 느낌은 마치 아무도 앉으려 하지 않는 의자를 보는 느낌과 같다고 하였다. 둘째, 문제에 대한 해결책을 찾아냈다는 것이다. 자신이 현재 처한 상황과 감정이 좋지는 않지만 뭔가를 해야 한다고 생각한 것이 도리어 스트레스로 작용한 것이다. 그러나 포커싱 경험을 통해 더 이상 뭔가를 어떻게 하지 않아도 된다는 것을 경험한 후 이제는 안도감과 편안함을 느꼈다고 하였다. 그러면서 "언제 때가 되면 의자 다리에도 예쁘게 페인트칠해야 할까 봐요." 하며 미래에 대해 낙관적인 태도를 보였다.

(주은선(2002). 포커싱 체험상담의 이해와 적용. 상담학연구, 3(2), 517-527.)

사례 4 │ "제 목 안에는 두 개의 단추가 있어요."(개인상담)

54세의 파트타임 영어 강사로 활동하고 있는 중산층의 기혼 남성이 상담을 요청했다. 그는 아주 어린 시절부터 심리적인 문제를 가지고 있었으며, 심리적 건강성을 회복하기 위해 안 해 본 일이 없다고 하였다. 부인과는 20년 전에 사제 관계로 만났으나 현재 결혼생활에 문제가 있다고 했다. 이유인즉, 부인이 자신을 배신하

고 모든 삶을 통제한다는 것이다. 외동딸과 연대해서 자신을 따돌
리고 사회생활에서도 자신을 고립시킨다고 했다.

　어린 시절 그의 친부는 알코올의존증에 폭력적인 사람이라서
자신의 조부모가 데려다 키웠다고 한다. 조부는 한 지방의 유지로
서 내담자는 조부모의 사랑을 받고 성장했다. 특히, 조모의 사랑
은 지나칠 정도여서 숨막히는 경험이라고 하였다. 어린 시절 가끔
자신의 부모를 방문하면 아버지는 자신을 구타하고 욕설을 퍼부
었다고 한다. 그러면 어머니는 자신을 보호하려 들었고 이러한 일
이 자주 반복되었다고 한다. 처음에는 아버지에 대한 증오심이 많
았으나 점차 이러한 아버지와 사는 어머니에게도 화가 났다고 한
다. 아버지와 살면서 자신도 힘들고 아들도 못 돌보는 어머니에
대한 증오심이 가득했다.

　그는 심리적인 내적 어려움을 해결하기 위해 심리학에 관심을
갖고 공부를 했다. 특히, NLP 등을 배우고 정신분석에서부터 인
지-행동, 인본주의 등등의 마음 공부를 30여 년 이상했다고 토로
하였다. 수년간 상담도 받았지만 항상 뭔가 해소되지 않아 찜찜했
다고 한다. 이번 포커싱 체험심리치료를 통해 그는 이 미해결된
이슈를 다루고 싶다고 말했다.

　주변 정리를 위해 몇 회기의 상담을 실시한 다음 내용들을 파악
하고 정리했다. 내담자는 그 후 펠트센스에 대한 보고를 시작해서
포커싱 체험심리치료를 실시했다. 그러자 서서히 가슴 중앙에서
답답함과 무거움을 호소한 그는 그 답답함이 점차 목으로 옮겨졌
다. 목구멍에서의 걸림, 침 삼킬 때의 막힘 등을 호소하더니 시간

을 들여 이에 집중하는 모습을 보였다. 자신의 목구멍 안의 펠트
센스는 도로포장할 때나 쓰이는 타르 같은 끈적임이 목구멍을 타
고 내려가는 듯하다고 했다. 내담자는 '시원하지 않음' '끈적거
림' '걸리적거림' 등으로 묘사했다. 그러다 '맞춰 보기' 작업에
서 자신의 펠트센스가 마치 두 개의 단추가 목구멍에 걸려 있는
것과 같다고 하였다. 단추 두 개가 목구멍에 걸려 있으니 항상 찜
찜하고 답답하고 무언가를 삼켜도 시원하지 않았던 것이다.

내담자는 이 펠트센스에 집중하더니 자신의 다른 이슈와 연결이
된다고 상담자에게 보고하였다. 이는 어린 시절 경험을 연상시켰
다. 자신은 먹고 싶지 않은데 할머니나 어머니가 한술이라도 더 먹
으라며 음식을 입에 자꾸 집어넣어 꾸역꾸역 억지로 삼키는 경험
과 흡사하다고 하였다. 자신은 싫지만 "No"라고 말하지 못해 이로
인한 무기력감을 포커싱 체험심리치료를 통해 체험했고 이것이 자
신의 핵심 이슈인 것 같다고 하였다. 사랑받고 인정받기 위해서 자

신의 진심을 숨기고 괜찮은 척하며 사는 삶이 자신에게 준 고통은 생각보다 컸다. 내담자는 이제까지 인지적으로만 다루려던 접근에서 벗어나 몸에 대한 이런 반응을 체험하고 이를 존중하기로 했다. 흥미로운 것은 '물어보기' 작업에서 원한다면 펠트센스를 마음대로 할 수 있는데도, 또 단추도 원한다면 빼내도 된다는 상담자의 피드백에 내담자는 시간을 들여 작업하더니 아직은 이대로가 좋다라는 반응을 보였다. 단추에 구멍이 있으니 무언가는 내려갈 수 있고 이제는 이를 알아차려 주었으니 자신이 외부와 어떻게 소통할 것인가를 자기중심으로 할 수 있는 '중립지대'를 마련했다고 했다. 더 이상 외부에 이끌리는 삶이 아닌 내가 결정해서 어떤 것은 목구멍에서 내려보내듯이 내려보내고, 또 무언가가 걸린다면 그것이 어떤 것인지 알아차리면서 보겠다는 것이다. 오랜 기간 자신의 이슈를 인지적으로, 분석적으로만 접근하려고 한 것의 한계를 포커싱 체험 상담을 통해 극복한 성공적인 사례다.

(주은선(2008). A case study on Focusing-oriented psychotherapy: Middle aged man finding himself through Focusing. *Korean Social Science Journal,* 35(1), 65-96.)

사례 5 │ 개인상담에서 연속적인 포커싱 회기

이 사례는 30세의 여성이 개인상담을 하는 중에 몇 회기의 포커싱 체험심리치료를 실시한 경우다. 그중 네 회기를 내담자의 동의하에 인터뷰를 실시한 뒤 싣게 되었다. 본 내용은 내담자가 직접 표현한 내용 그대로를 옮겨 기록한 것이다.

첫 번째 포커싱 회기

사는 것이 답답했다. 그냥 뭔가 막혀 있는 느낌이었다. 나는 삶이 막막한 나머지 돌파구가 필요했다. 이렇게 계속 살다가는 죽을 것만 같았다. 그래서 상담을 받게 되었다. 지금껏 쉴 새 없이 죽어라고 달려왔지만 잘 모르는 회의감이 많이 들었다. 난 늘 답답해했다. 이런 생활을 빠져나가고 싶지만 어떻게 빠져나가야 할지 잘 몰라 나를 더욱 답답하게 만들었다. 포커싱 체험심리치료를 받을 때쯤 나는 다른 사람과의 관계에 대해 어려움을 느꼈다. 그래서 포커싱 체험심리치료를 통해 타인과의 관계에서 오는 어려움으로부터 벗어나고 싶었다. 이런 내 자신이 '뭔가 부족하고 스스로에게 문제 있는 것처럼' 느껴졌다.

가슴이 답답해서 이에 집중했더니 순간 맨홀이 떠올랐다. 그런데 맨홀에는 무엇인가 물체가 있었다. 노란 눈이 나를 지켜보고 있었던 것이다. 노란 눈은 잔뜩 겁에 질려 있었다. 두려워하면서

슬슬 눈치를 보고 있었다.

　이런 경험은 처음이었던 나는 당황스러울 수밖에 없었다.

　"어디 나오기만 해 봐라. 가만히 안 놔둘 테다."라고 나는 맨홀 속의 노란 눈을 벼르고 있었다. 나는 맨홀 속 노란 눈의 정체가 분명 괴물이라고 판단했기에 싸워서 없애 버릴 심산이었다. 그런데 내 마음을 어떻게 알았는지 노란 눈은 잠시 나를 바라보다가 등을 휙 돌리더니 이내 사라져 버렸다.

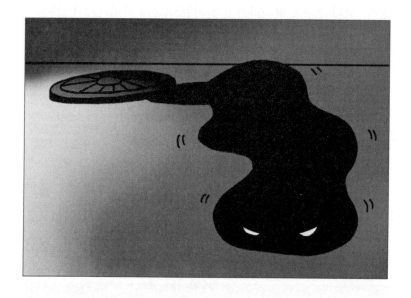

　그런데 갑자기 흐믈흐믈하고 말랑말랑한 검은색 물체에서 털이 나오더니 단단한 강철로 변해서 맨홀 뚜껑으로 바뀌는 것이었다. 그런데 맨홀 뚜껑으로 바뀌자마자 갑자기 그 맨홀에서 오물들이 올라왔다. 냄새는 나지 않았지만 지저분한 신발, 깡통 등 쓰레기가 흙탕물과 함께 솟아오르고 있었다.

한참을 뿜어져 나오더니 그제야 맑은 물이 나왔다. 맨홀 속의 물이 바깥으로 모두 빠져나오자 동그란 맨홀 뚜껑이 딱딱한 느낌으로 찌그러져 있었다.

상담종료 후 느낀 것이지만 사실 괴물이 맨홀 속에 있을까 봐 그 순간에는 상당히 조마조마했다. 포커싱을 통해 내가 체험한 것은 내가 문제가 많을 것이라고 생각했지만 사실 문제는 하나였다는 사실이었다. '하나를 찾으면 내 안에 문제가 별것 아닐 수가 있다.'는 사실을 알게 되었다. 그동안 나는 '나 스스로 문제가 많아.'라고 생각하며 살아왔기에 내 자신이 문제가 정말 많다고 인식하며 살아왔다. 난 이 괴물을 보고 싶지 않았다. 화해하고 친해지면 그만이었지만 나는 이 괴물을 없애 버리고 싶었다.

두 번째 포커싱 회기

그 전날은 대인관계 때문에 힘들어서 교회에 가서 철야 예배를 드렸다. 몸이 고단했던 터라 기도도 못하고 고개를 마구 떨구며 꾸벅꾸벅 졸았다. 그러나 대인관계의 문제를 풀기 위한 나의 각오는 그 어느 때보다도 높았다. 그래서인지 포커싱 체험심리치료는 나에게 무척이나 간절했고 매우 중요했다.

상담자: 몸의 어느 부분에서 느껴지세요?

나는 가슴이 답답했으며, 이 답답함이 오랫동안 느껴졌고 몸에서 전해지는 답답함을 통해 포커싱이 시작되었다.

내 가슴속에서 두꺼운 강화 유리벽이 층층이 쌓여 있는 것이 느껴졌다. 겹겹이 쌓여 있는 유리벽 사이로 깨어진 틈을 발견했다. 유리벽이 사방으로 꽁꽁 막고 있었지만 틈이 있어서 오히려 나를 안심하게 했다. "음……, 마치 단절된 상황에서 소통될 수 있는 희망?" 같은 것이 느껴졌다. 상담이 끝나고 생각해 보니 상처받고 싶지 않아서 스스로 마음을 닫아 놓았다는 것을 깨닫게 되었다. 하지만 그 깨어진 틈이 있어서 내심 반가웠다. 나는 그 깨진 틈으로 들어갈 수 있었다.

한 줄기 빛도 없는 암흑 같은 분위기의 검은 터널 속을 한참 동안 떨어져 내려갔다. 마치 영화처럼 한 줄기 빛도 없는 곳으로 추락하는 느낌이었다. 내려가도 내려가도 끝이 없는 꼬불꼬불한 터널 속으로 계속 떨어지고 있었다.

상담자: (힘들어하는 내담자를 보고) 힘들면 그만할까요?

나는 상담자의 질문에 "계속하고 싶어요."라고 답하였다.

잠시 후 어둠을 지나 공을 가지고 놀고 있는 물개를 만날 수 있었다. 공을 가지고 노는 물개는 어딘가 슬퍼 보였다. 좀 더 자세히 들여다보니 어울리지도 않는 우스꽝스러운 옷을 입고 있는 물개가 불쌍해 보였다. 한참을 공을 가지고 놀던 물개는 실크로 된 가운과 왕관을 쓰고 의자에 앉아 있었다. 논리적인 연결 없이 마음속에서 느껴지는 대로 그냥 따라가고 있었다.

물개가 갑자기 옷을 벗었다. 그때 나는 물개에게 다가가 물개를

안아 주었다. 물개의 볼과 나의 뺨
이 닿았던 그 순간이 아직도 생생
하다. 촉촉하면서도 부드럽고 따
뜻한 촉감이었다. 온기도 기억난
다. 너무 슬피 울고 있던 물개.
"너무 슬퍼서 울고 있구나."라고
물개를 안아 주자 물개는 갑자기
공을 버리더니 이내 표정이 밝아
졌다. 밝아진 물개는 혼자 떼굴떼
굴 구르면서 놀기 시작했다.

　　　"와~~너무 귀엽다."

　포커싱을 통해 느낀 것은 이제까지 내가 나다운 삶을 살지 못했
다는 것이다. 물개는 사실 꼭두각시였다. 내 의지와 상관없이 억
지로 끌려다니는 나 자신이 느껴진다. 이제야 3년 전에 고민하던
것을 반복적으로 느끼고 있음을 알아 버렸다. 그러나 여전히 나
자신으로부터 벗어나지 못하고 맴돌고 있음을 발견했다. 나는 늘
새로운 사실을 깨달았고 늘 변화하고 성장하고 있다고 느꼈지만
실은 제자리에서 맴돌고 있음을 알게 되었다.

세 번째 포커싱 회기
　세 번째 포커싱에서도 역시 물개가 등장했다. 너무도 신나 보이는 물개는 나에게 바다로 들어가자고 제안했다.

　　"안 돼!~ 난 못 들어가."

　나는 바다로 들어가는 것이 무서웠다. 물에는 도저히 못 들어
가고 요트를 타고 들어가겠다고 물개에게 제안했다. 요트를 타
고 바다로 나가니 물개가 바다 위로 올라왔다. 그러더니 나에게
다시 바다로 들어가자고 했다. 생각해 보니 바다에 들어가는 것
이 여전히 무서웠다. 그래서 묘안을 짜냈다. 이대로 그냥 바다에
들어가면 죽을 것 같았다. 나는 죽음이 두려웠다. 그래서 뭔가
입을 것을 찾던 중 물개에게 말했다.

　　"검정색 잠수복을 입고 들어갈게."

　나는 검정색 잠수복을 입고 물개와 함께 바다 속으로 들어갔다.
그런데 웬일인지 물속에 들어가고 보니 잠수복을 입지 않고 있었
다. 물개와 손을 잡고 바닷속을 헤엄쳤다.

　　상담자: 지금 느낌이 어때요?

　"갑자기 뭔가 나타날 것만 같아서 무서워요." 이 말이 끝나자마
자 정말로 상어가 나타났다. 그런데 상어가 나타나면 무서울 줄
알았는데 의외로 무섭지가 않았다. 담담해하고 있는 그 순간 상어

가 내 앞을 지나갔다. 그리고 계속해서 지나갔는데 난파선 두 척이 눈에 들어왔다.

　한쪽은 유령선이고 다른 쪽은 폐선인 채로 서 있었다. "아……, 어디로 가야 하지?" 하면서 고민을 했다. 별로 고민할 것도 아닌데 고민을 하고 있었다. 내가 생각하기에 폐선은 평소 긍정적인 마음 인 듯했고, 유령선은 평소 부정적인 마음을 의미하는 것 같았다. 사실 나는 평소에도 내 자신에 대해서 부정적인 마음이 많았다.

　폐선을 향해 다가갔는데 빛이 문 밖으로 새어 나오고 있었다. 빛이 나오는 창문으로 다가가 안을 들여다보았다.

　　"어? 이 안에 이런 것이 있네?"

　순간 창 안은 배가 아니라 내 마음속을 들여다보는 것이라는 생각이 포커싱 중간에 느껴졌다.

　　"내 안에 아무것도 없다고 생각했는데 빛이 있네?"

　신은 나에게 아무것도 주지 않았다고 생각했다. "이미 너에게

다 주었다."라고 말씀하셨지만 난 믿지 않았다. 폐선 안에는 강렬한 빛이 있어서 아무것도 보이지 않았다. 그 속으로 들어가면 마치 사람이 빛 속에 사라지는 듯한 느낌이었다.

물개와 나는 배 문을 열고 그 빛 속으로 들어갔다. 그리고 배를 통과해서 나오게 되었다. 배를 통과하고 나오자 나는 하얀 드레스를 입고 금발의 긴 생머리를 하고 있었다. 내가 봐도 내 자신이 너무 예뻐 보였다.

나는 서둘러 물개를 찾아보았다.

"물개가 어디 있지?"

하지만 물개는 없었다. 그런데 묘한 느낌이 내 몸을 감돌았다. 눈에만 안 보일 뿐 물개가 있다는 느낌이 들었다. 그러자 수많은 물고기가 바닷물에 가득 찼다. 나는 그 물고기들 가운데 있었다. 빛을 통과하기 이전에는 물이 어두컴컴한 분위기였고 물속에는 아무것도 없었는데 빛을 통과해서 나오자 사방이 달라진 것이다.

네 번째 포커싱 회기

이번에도 가슴이 답답했다. 이때의 포커싱에서는 나무가 가장 먼저 보였다. 이 나무는 양쪽으로 하얀색, 검정색이 잡아당기고 있었다. 여기저기서 잡아당기고 양쪽에서 잡아당기니 나무는 도무지 정신을 차릴 수가 없었다. 그런데 시간이 조금 지나자 나무는 이 모든 것이 바로 나 자신이라는 것을 알았다.

양쪽에서 잡아당기니 몸이 흔들흔들해서 정신이 없었다. 갑자기 그물이 내려오더니 나무가 고개를 떨구고 주저앉았다. 집단상담에서 봤던 무의식 그림이 보였다. 동굴에서 바깥으로 두 사람이 걸어 나왔다. 밖은 안개로 자욱했고 때마침 하늘로 올라가는 용의 꼬리가 눈에 들어왔다. 용이 하늘로 올라가니 하나님이 양손으로 받아 주셨다.

얼마 후 까만 엄마와 하얀 엄마가 나타났는데 까만 엄마가 먼저 공중으로 흩어지더니 이내 사라져 버렸다. 그런 뒤 하얀 엄마가 나타났다. 하얀 엄마는 품속에 아기를 안고 있었다. 하얀 엄마가 품에 안고 있던 아이를 예수님에게 건네주고 이 아이를 받아서 나무에게로 걸어가 그물을 걷어 주었다. 그물이 걷히자 나무는 다시 허리를 꼿꼿이 폈고 나무의 잎사귀들은 풍성해졌다.

예수님과 아이는 나무에 기대어 누워 있었다. 그때 그 앞을 뱀 한 마리가 지나갔다. 그런데 그런 뱀의 모습을 보고 아이가 일어나 아장아장 걸어가더니 뱀을 콱 밟아 버리는 것이었다.

"내 거야. 이제는 다시 안 뺏길 거야!"

나는 포커싱 체험심리치료를 통해 내 것을 주장할 수 있게 되었고 심리적인 든든함까지 갖게 되었다.

8. 포커싱 체험심리치료의 연구결과

포커싱 체험심리치료의 연구결과

젠들린과 동료들은 수많은 기록과 심리치료 인터뷰 테이프를바탕으로 내적 경험 수준의 변인을 척도화하였다. 과정척도와 경험결과척도(Klein et al., 1969, 1986)를 측정하기 위해 몇 개의 연구가 진행되었다. 이들의 가정은, 성공적인 상담결과를 가져오는 내담자는 그들의 신체 내면경험을 직접적으로 언급하는 능력이 증가된다는 것이다. 그리고 치료 초기의 내적 경험 수준이 상담의 결과를 예상할 수 있다는 놀라운 결과들이 나왔다.

성공적인 상담의 내담자들은 치료 초기에 내면경험을 말할 수 있었던 반면, 내면경험을 말하지 못했던 내담자들은 성공적인 상담으로 이어지지 못했다. 이러한 연구결과를 통해 성공적인 상담 여부의 결과는 상담 초기에 이미 결과를 예상할 수 있었고 성공적인 결과로 이어지지 못한 내담자들에게 포커싱을 어떻게 가르쳐야 하는지에 대한 구체적인 방침이 나왔다.

정서와 상담자의 관계의 중요성은 심리학의 초기 프로이트(S. Freud)가 정화와 전이를 강조할 때부터 중요하게 여겨 왔다. 그리고 이는 로저스(C. Rogers)가 랭크(O. Rank)와 공동연구를 하며 더 발전되었다. 로저스(1959)는 "치료의 범주에 성격변화를 포함하였는데 성격변화는 경직과 고착되어 있는 심리적인 기능에서부터 연속선상에 있는 변화의 범주까지"로 보았다. 그리고 젠들린(1996)은 여기서 좀 더 나아가서 "치료는 이미 정의되어 있는 친숙한 종류의 경험만 다루는 것이 아니라 꿈, 정서, 행동, 이미지까지 모두 다룰 수 있다. 치료는 개인이 주관적으로 정의 내리기 이전의 경험들을 포함하고 다시 한번 깊이 있게 의식의 가장자리에 도달하여 재경험하는 것을 포함한다."고 하였다. 젠들린의 공헌은 이러한 펠트센스를 정서와 다르게 구분한 것과 상담자와 내담자 간의 상호작용이 이 포커싱 과정을 얼마나 도와줄 수 있는지를 명료화한 것이다.

지난 40년간 포커싱은 의학, 비즈니스, 교육, 창의적 글쓰기, 교회의 영성작업, 경험적인 생각에 이르기까지 굉장히 많은 분야에 적용되고 연구되어 왔다. 포커싱 고유의 상호적인 성격이 포커싱 파트너십의 발전을 가져왔고 그로 인해 포커싱이 사람들 사이의 관계 문제와 생각하고 작업하는 것에까지 적용되어 왔다.

펠트센스: 몸은 현명하다

우리가 몸의 경험에 주의를 기울일 때 우리가 얼마나 여러 가지 것과 복잡하게 살고 있는지를 알 수 있게 한다. 그 복잡함이란 아직 명확하게 이름을 붙일 수는 없고 불명확하고 전체적이지만 느껴지는 강도는 매우 강한 몸의 느낌을 말한다. 잠시 하던 일을 멈추고 당신이 사랑하고 있는 사람에게 느껴지는 친밀함의 전체적인 느낌에 주의를 기울여 보자. 아마 그것은 단어를 떠올리기 이전에 느껴지는 강력한 느낌일 것이다. 이제는 당신과 껄끄러운 관계에 있는 사람을 느껴 보자. 당신은 또다시 강력한 느낌을 받겠지만 분명 먼저 느꼈던 느낌과는 다를 것이다. 당황스럽고 불명확한 느낌은 과거와 현재가 가지고 있는 의미, 또 다른 사람과 그리고 물리적인 구성과 관계 이상의 것들이 혼재되어 불명확한 것이라고 볼 수 있다.

이것은 내재적으로는 현재에 머무르고 있다. 그래서 몸의 느낌은 경련을 일으킬 수 있지만 근육과 같은 것이 아니라 상황에 따라 살아 움직이는 유기체와 같다. 이것을 '펠트센스'라고 부른다. 이것은 단지 사고 혹은 정서만을 지칭하는 것이 아니라 몸에서 느껴지는 의미를 말한다.

더 나아가기: 다음 단계가 내재되어 있는 삶의 방식

삶의 방식은 순차적인 단계를 내포하고 있다. 예를 들어, 소화 단계는 섭취하는 것에서 입속의 침과 위액, 혈액으로 흡수되는

영양분과 노폐물을 제거하는 모든 단계를 포함한다. 만약 다음 단계가 일어나지 않는다면 순차적인 순서가 깨어지고 여기에서 문제가 발생한다. 우리가 상호작용을 할 때 우리의 내면경험은 이러한 순차적인 과정으로 진행된다. 따라서 우리의 몸은 새로운 행동단계도 포함하고 있다. 로저스는 상담자들이 공감, 무조건 적 · 긍정적 수용, 진솔성을 표현할 때 어떤 내담자들은 자연스럽게 좀 더 풍부하게 살도록 별다른 지시 없이도 성장을 촉진시켰다고 하였다. 로저스는 이것을 자기실현 경향성(self-actualizing tendency)이라고 불렀다. 덕분에 우리는 우리가 살아 있는 유기체가 어떠한 다음 단계를 내제하고 있는지 보다 정확히 이해할 수 있게 되었다(주은선 역, 2009).

심리치료에서 상담과정이 정체되어 있을 때 이를 해결하기

필요한 상호작용이 부족하거나 내재되어 있는 다음 단계가 일어나지 않을 때에도 신체는 다음 단계를 내재하고 있다. 가끔 우리는 상황을 바꾸고자 하는 우리 자신에게 반응할 때가 있다. 만약 그렇게 반응하지 못할 때는 우리의 생활방식이 좀 더 나아갈 수 있도록 새로운 상호작용이 필요하다. 심리치료에서의 걱정이나 고민은 어떠한 상호작용에 참여해야 한다는 것이다. 사람의 경험은 언어, 문화, 상징, 꿈, 행동, 대인관계를 모두 포함하기 때문에 이 중 하나가 다음 경험을 하는 데 장벽이 될 수도 있다. 이것이 바로 심리치료에 있어서 다양한 방식이 도움이 되는 까닭이다. 상담자와의 상

호작용은 내담자가 치료과정에 있어서 앞으로 나아가지 못할 때
포커싱이 이러한 과정을 타개할 수 있도록 기회를 제공해 준다.

감각전환: 몸이 언제 이완되는가

상담과정이 진행되지 않을 때 사람들은 자신이 할 수 있는 한
모든 방법을 동원하게 되는데 이때 종종 압박감과 고통을 느끼고
과정이 해결될 때야 비로소 몸도 같이 이완된다. 상담자가 내담자
의 펠트센스에 관심을 기울이는 것은 정확한 단어, 심상, 몸짓 또
는 새로운 행동단계가 펠트센스로부터 발생하도록 만들어 몸을
충만하게 만들어 준다. 이처럼 몸을 좀 더 이완되게 해 주는 것을
'감각전환' 이라고 한다. 이러한 사실들로 알 수 있듯이 작은 반전
들이 모여서 삶이 변화된다.

포커싱과 체험 : 과정변인을 정의하고 측정하기

내담자 중심의 경험적 연구는 40년이 되었다. 이 연구들은 처음
에는 내용분석으로 구성되었으나 로저스가 자아(self)의 개념을
다시 정의함으로써 내담자가 경험과 어떻게 관련되어 있는지에
관한 과정변인 연구로 바뀌었다(Gendlin & Zimring, 1994). 상담치
료를 통해 자기실현(self-actualize)에 성공한 사람은 "더 충만하게
살 수 있고, 경험의 과정에서 수용적이 될 수 있으며, 매 순간 의
미들을 상징화할 수 있었다." (Rogers, 1959: 102)는 것이다. 경험척

도의 신뢰도와 타당도는 발전해 왔다. 이 척도는 외부로 나타나는 것에서부터 내면적으로 느껴지는 정교한 진술까지 연속적으로 측정할 수 있지만 독립변인 측정은 아니다.

체험과정에서 중간단계는 정서의 존재 여부를 측정하는데, 측정되는 정서는 모두 펠트센스가 아니다. 펠트센스는 4단계에서부터 발견된다. 이제부터 말하는 것은 훈련 매뉴얼에서 발췌한 것이다 (Klein et al., 1969, 1986).

1단계: 내담자가 진술하는 내용은 자신과 관련된 것이 아니다. 내담자는 뭔가 이야기를 하지만 다른 사람이나 사건들을 묘사한다. 이러한 묘사들은 자신이 관련되지 않았거나 일반적인 이야기를 하거나 생각과는 분리된 사실만을 이야기하는 수준이다.

2단계: 자신이 말하는 그 이야기에서 주인공이거나 그의 관심이 무엇인지 확실해질 때다. 이야기에 대한 해석과 반응이 있지만 감정은 언급되지 않는 단계다.

3단계: 진술내용에 자신과 관련된 이야기를 하지만 표면적이거나 행동적인 용어들로 이루어진다. 여기에 기분에 관한 해석과 사적인 경험도 약간은 첨가된다. 이러한 해석과 사적인 경험들은 굉장히 주관적이어서 보편화하기 어려운 진술들이다.

4단계: 이야기와 관련된 감정이나 경험이 이야기 자체보다 과정의 주제다. 내담자들은 내면의 경험을 직접 언급하려

고 시도하고 노력하며 그것이 의사소통의 기본적인 자
료가 된다.

5단계: 내담자의 감정과 경험을 목표로 갖고 탐색하는 것이 주
　　　요 내용이다. 내담자는 감정과 관련된 단어들로 문제나
　　　의견에 대해 잠시 멈춰서 생각하거나 정의해야 한다. 그
　　　리고 개별적인 방식으로 그 문제와 관련된 작업을 하거
　　　나 문제를 탐색해야 한다. 내담자는 희미하고 명백하지
　　　않은 관점의 경험에 초점을 맞출 수 있고 그것을 공들여
　　　탐색할 수 있다.

6단계: 내담자의 '지금-여기'에 있고 막 떠오르는 경험이 주제
　　　다. 내면경험과 관련되어 있는 살아 있는 감정이 결심이
　　　나 수용의 증거와 함께 상담자에게 전달된다. 감정 그
　　　자체는 빠르게 바뀌거나 반전한다.

7단계: 7단계의 경험은 확장적이며 개방적이다. 내담자는 그 경
　　　험을 확장시키기 위해 자기 자신을 발견하는 새로운 방
　　　법을 즉각적으로 사용한다. 이 단계에서 내담자의 경험
　　　적인 관점은 자기-자각(self-awareness)에 있고 이는 믿
　　　을 만한 자원이며 계속적으로 발전하며 생각과 행동의
　　　우선적인 지시대상이다.

사스와 뉴먼(Sachse & Neumann, 1983)은 포커싱 측정 척도(FRS)를
개발했는데 이것은 EXP 척도와 90+ 간적접인 관련이 있는 것으로
밝혀졌다. 즉각적으로 표준화된 포커싱 매뉴얼에 대응할 수 있는

내담자들은 EXP 척도에서도 높은 수치를 기록했다. 포커싱으로 경험척도의 높고 낮음을 구별할 수 있었다. 또한 FRS와 EXP가 서로 관련이 높음을 세 가지 측정 척도지를 통해 알아냈다. 이 외에 포커싱 추후(Post-Focusing) 질문지와 포커싱 추후 체크리스트의 두 가지 측정 척도가 있다. 램버트와 힐(Lambert & Hill, 1994: 94)은 "상담과정 중 내담자 관련 측정도구가 가장 널리 이용되고 가장 잘 된 연구는 경험 척도라고 생각한다."라고 언급했다. 체험 수준에 관한 척도는 이 책 〈부록 2〉에 있다.

성격은 높은 체험 수준과 포커싱 능력과 관련이 있다

높은 체험 수준의 사람들은 쉽게 걱정하고 금세 우울해지고(Fishman, 1971) 불안전 애착인 경우가 있다(Halsey, 1991). 하지만 그들은 또한 '지능, 자아강도, 성격과 자기통제, 정서능력, 부드럽게 돌보는 능력과 자기관찰능력'에도 높은 수치를 기록했다. 그들은 자신을 덜 억압하고, 덜 방어적이며(Summers, 1980), 자기 개방적이고, 내부 귀인과 감정적 귀인을 하는 경향이 있으며(Fishman, 1971), 생소한 관점에서 자기를 바라보는 데 뛰어났다. 그들은 심리적으로 잘 분리되어 있고(Hendricks, 1986) 자아 강도가 강하다(Atkins, 1976; Ryan, 1966). 또한 그들은 전문적 지식도 높고 통찰력도 높으며(Olsen, 1974; Riemer, 1975) 스트레스를 회피하기보다는 능동적으로 대응했다(Grindler−Katonah & Flaxman, 1999). 이러한 결과들은 서로 상호적으로 연관성이 있으며 포커서들이 안정적인 성격구조의 긍정 및 부정적 내적체험 능력을 갖고 있다는 것을 암시한다. 그들은 회피와 억압보다는 문제 자체와 관계가 있다. 이러한 결과들은 치료와 연결된다. 앞에서 말한 성격은 치료 시 내담자에게 기대하게 되고 성숙도가 높은 편이다. 이러한 연구결과들은 내담자와 포커싱할 수 있도록 도와주는 방식으로 상호작용하는 것이 발전적이라는 사실을 뒷받침한다.

포커싱은 생리학적 반응과 인지적인 주의집중과 관련이 있다

포커싱은 몸에 기초한 내면관심의 한 종류다. 우리는 상황에서의 '몸의 펠트센스(bodily felt sense)'에 대해서 이야기하고 있다. 포커서나 높은 체험 수준의 주체들은 생리적인 진술을 차별화하는 데 능숙하고, 포커싱의 과정은 몸의 이완 지표(body relaxation indicators)를 포함한다(Bernick & Oberlander, 1969; Gendlin & Berlin, 1961). 감각 전환은 EEF alpah 빈도의 증가와 관련이 있다(Don, 1977).

다섯 개의 일련 연구결과(Zimring, 1990)는 상호 간에 발생하는 자극에 대한 관심을 요구하는 복잡한 정신적 작업에 관한 수행이 포커싱의 첫 단계인 '주변 정리'에 의해 촉진된다고 밝혔다. 포커싱이 비자율적인 인식과정을 강화한다는 아이디어와 관련하여 포커서들은 창의성, 직관, 관심의 유연한 사용(Iberg, 1990; Oberhoff, 1990), 개념상의 복잡성의 척도에서 좋은 결과를 보였다. 포커서들은 상호작용적인 몸의 감각에 주의를 기울이는 동안 집중력을 유지할 수 있고 저항을 이겨 낼 수 있었다(Oberhoff, 1990; Tamura, 1987).

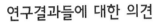

연구결과들에 대한 의견

다음은 포커싱 관련 연구결과들을 요약해 놓은 것이다. 모두가 주목할 만하다.

- 내담자와 상담자 입장에서 측정했을 때 성공적인 포커싱 과정에 임한 내담자들은 높은 체험 수준을 갖고 있다.
- 내담자와 상담자는 포커싱이 이루어진 과정을 좀 더 성공적이었다고 평가했다.
- 성공적인 단기상담에서 내담자는 매 과정마다 포커싱을 했다.
- 몇몇의 내담자들은 치료과정에서 즉시 포커싱을 했다. 그러나 다른 사람들은 훈련이 필요했다.
- 낮은 체험 수준의 내담자들은 포커싱을 할 수 있도록 훈련이 가능했으며 치료과정이나 훈련과정에서 체험 수준의 상승효과가 있었다.
- 상담자의 공감 수준이 깊어지고 내담자 경험의 과정을 조력했다. 포커싱을 효과적으로 할 수 있는 상담자는 내담자가 포커싱을 더 잘할 수 있도록 도와주었다.
- 포커싱 훈련의 경우, 열성적으로 포커싱 훈련과정에 참여했던 내담자에 의해 가장 오랫동안 포커싱을 했다.

<부록 1>

한국판 포커싱적 태도 척도
Korean Focusing Manner Scale-Revised(KFMS-R)

다음의 문항들은 몸의 느낌(신체 반응)에 대한 나의 태도에 관한 문항입니다. 잘 읽어보시고 자신과 일치하는 정도에 해당하는 번호에 'V' 표시를 해 주시기 바랍니다. 옳고 그른 답은 없으니 솔직하게 응답하여 주시기 바랍니다.

전혀 그렇지 않다(1), 보통이다(2), 매우 그렇다(3)

문항 - '나는······'	
1. 나의 몸속에서 일어나는 다양한 감각을 느낄 수 있다. (※ 예: 심장이 두근거리는, 배 속이 부글거리는, 목에 뭔가 걸려있는 듯한 감각 등······)	1 2 3
2. 말로 설명하기 어려운(모호한) 기분이 느껴지면 그냥 그 느낌을 되새겨 본다.	1 2 3
3. 잠자리에 누울 때면 몸속에서 일어나는 변화에 주의를 집중하곤 한다.	1 2 3
4. 나의 기분이 좋지 않을 때에는 배 속이 불편한 느낌이 든다.	1 2 3
5. 고민거리가 생기면 계속 고민하지 않고 내버려 둔다.	1 2 3
6. 문제에 부딪혔을 때 나도 모르게 몸속에서 일어나는 어떤 반응을 느낀 적이 있다.	1 2 3
7. 나의 몸속에서 일어나는 어떤 감각 때문에 자주 당황스럽다. (※ 익숙하지 않거나, 상황에 맞지 않거나, 원인을 모르는 감각이 느껴져 종종 혼란스럽고 당황하게 된다.)	1 2 3
8. 나의 기분을 적절한 말로 표현할 수 있다.	1 2 3
9. 내 몸의 목 아래부터 아랫배 위쪽까지에서 느껴지는 반응들은 나의 상태가 어떤지 알려 준다. (※ 예: '심장이 뛰고 배가 아픈 느낌은 시험 때문에 내가 긴장하고 스트레스를 받고 있다는 것을 알려준다.' 등)	1 2 3

10. 작은 문제들은 심각하게 여기지 않고 여유 있게 바라본다.	1 2 3
11. 내 기분에 따라 행동한다.	1 2 3
12. 싫어하는 것(시험, 사람 등)을 생각만 해도 몸속에 어떤 반응이 일어난다.	1 2 3
13. 어떤 고민이 생기면 한 걸음 물러나 객관적으로 바라본다.	1 2 3
14. 말로 설명하기 어려운 기분이 느껴질 때 오히려 궁금증이 생긴다. (※ 모호하거나 어색한 감각(기분)이 느껴질 때 '이게 뭘까' '왜 그런 기분이 들었을까' 궁금하다.)	1 2 3
15. 몸에서 느껴지는 감각은 사실이라고 믿는다. (※ 내 몸에서 느껴지는 감각을 받아들이고 신뢰한다. 몸의 반응은 솔직한 것 같다.)	1 2 3
16. 몸에서 느껴지는 느낌이 정확하게 무엇인지 알 수 없더라도 그것을 소중하게 여긴다. (※ 비록 모호하고 알 수 없는 느낌일지라도 관심을 두고 소중하게 여긴다.)	1 2 3
17. 내가 느끼는 감정에 대해 누구 앞에서든 자신 있게 말하려고 노력한다.	1 2 3
18. 기분에 따라 달라지는 몸의 반응을 잘 느끼는 편이다.	1 2 3
19. 언제나 내 자신의 느낌이나 기분을 그대로 인정하고 받아들인다.	1 2 3
20. 어떤 고민이 생길 때면 몸속에서 어떤 변화가 일어나는 것을 자주 느낀다.	1 2 3
21. 평소에 몸에서 어떤 느낌이 들었는지 살펴보곤 한다.	1 2 3
22. 내가 느낀 감정을 그대로 받아들인다. (※ 기분 나쁜 느낌이든 좋은 느낌이든 있는 그대로 받아들인다.)	1 2 3
23. 걱정되는 일이 생기면 잠시 미루어두고 여유를 가진다.	1 2 3
24. 자주 "내 몸에서 느껴지는 것이 무엇일까?"를 스스로 물어본다.	1 2 3
25. 몸에서 오는 느낌이 어느 순간 바뀌는 것을 경험한 적이 있다. (※ 예: '가슴이 답답했다가 어느 순간 숨통이 트이는 듯 시원한 느낌으로 변했다.' 등)	1 2 3
26. 나의 감정을 정확하게 표현할 수 있는 낱말을 적절히 사용하면서 상대방과 대화한다.	1 2 3
27. 나의 감정을 충실하게 표현할 수 있는 말만 사용한다.	1 2 3

28. 나의 감정을 알 수 없을 때 명치끝이 답답하다.
   (※ '명치끝'은 우리 몸의 가슴뼈 아래 한가운데의 오목하게 들어간 부분을 말 1 2 3
   한다.)

---

29. 작은 문제들은 심각하게 여기지 않고 뒤로 미룬다. 1 2 3

---

30. 항상 나의 느낌을 적절한 낱말을 사용해 가며 표현할 수 있다. 1 2 3

---

31. 몸속에서 오는 느낌이 무엇을 뜻하는지 깊게 생각해 본 적이 있다.
   (※ 몸에서 느껴지는 느낌이 무엇을 뜻하는지 곰곰이 생각해 본 적이 있다.) 1 2 3

---

32. 고민이 있으면 가슴, 등 또는 배 부분이 개운하지 못한 느낌이 든다. 1 2 3

---

33. 내가 느낀 것을 숨기지 않고 표현하려 노력한다. 1 2 3

---

34. 고민거리가 있을 때 당장 해결하려고 하지 않고 잠깐 미루어 둘 수
   있다. 1 2 3

---

35. 몸속에서 어떤 감각이 느껴질 때 그것에 관심을 가지고 살펴본다.
   (※ 몸에서 느껴지는 감각을 무시하거나 대수롭게 여기지 않고 관심을 갖고 보는 1 2 3
   편이다.)

* 출처: 주은선, 김병선, 신설애, 김주영(2016). 한국판 포커싱적 태도 개정판의 개발 및 타당화 연구.
대한스트레스학회지, 24(1), 23-33.

<부록 2>
체험 수준 척도(Experiencing level Scale)*

여기의 질문은 당신이 그동안 당신의 몸이 말해 주는 감각에 얼마나 기울이고 있었는지를 알려 줄 것입니다.

질문 내용	수준
1. 내담자는 회기 내내 사건들이나 상황들을 설명했다.	
2. 치료자가 내담자에게 어떻게 느꼈는지 질문해도 내담자는 감정들에 대해서 언급하지 않았다.	1 아주 낮음 (VL)
3. 내담자는 지적으로 말했고 감정들을 표현하지 않았다.	
4. 내담자는 감정들을 표현하는 대신에 종종 "나는 ○○라고 생각해요."라고 말했다.	
5. 내담자가 사건들이나 상황들에 대해 이야기했을지라도, 치료자가 물어보면 감정을 표현했다.	
6. 내담자는 감정들을 표현하면서 사건들이나 상황들에 대해 명확하게 이야기했다.	2 낮음(L)
7. 감정이 사건들에 대한 반사작용으로 표현되었다.	
8. 내담자는 감정들을 사건들에 대한 반사작용으로 언급한 것이 아니며, 자기는 이러했다는 것을 설명하기 위해 감정들을 사용하였다.	
9. 내담자는 감정들을 사건들에 대한 반사작용으로 언급한 것이 아니며, 그 사건들이 자기에게 어떠했는지를 표현하기 위하여 감정들을 풍부하게 설명하였다.	3 보통(M)
10. 내담자의 이야기는 사건들이나 상황들에 대한 묘사가 아니라 자기가 개인적으로 느낀 감정들의 표현이었다.	
11. 내담자는 자기의 감정들에 대한 적절한 표현을 탐색하고 있었다.	
12. 내담자는 자기의 감정들을 점검하면서 잠정적이고 추론적인 태도로 이야기했다.	4 높음(H)
13. 내담자는 자기 자신을 이해하기 위하여 자기의 감정을 탐색하고 있었다.	

*이 척도는 연구를 통해 한국판 척도를 만드는 과정에 있음을 밝힌다.

14. 내담자는 종종 잠시 멈추어서 내면으로 들어가서 자기의 감정들을 점검하였다.	
15. 내담자가 이야기하는 도중에 무언가 새로운 것이 내담자에게 떠올랐다.	
16. 내담자는 무언가를 발견한 것 같아 보였으며 흥분이나 고조된 목소리, 웃음 혹은 놀람을 보였다.	5 아주 높음 (VH)
17. 내담자는 일련의 새롭게 발견한 것들과 통찰들을 표현하고 있었고 확장된 자각을 표현하였다.	

항목들은 높고 낮음에 따라 5가지 수준으로 분류되어 있습니다. 내담자에 대해 표시된 항목 중, 가장 높은 수준에 분류되어 있는 것을 찾으십시오. 예를 들면, 표시된 항목들이 #8, #9, #12라면 가장 높은 것은 #12입니다. 이 경우, 내담자의 경험 수준은 '높음' 으로 평가됩니다.

경험 수준 평가 _____

<부록 3>

그린들러의 신체 태도 척도*

각 항목을 읽고 당신이 동의하는 정도를 나타내는 번호에 표시하십시오.

아주 그렇지 않다(1), 약간 그렇지 않다(2), 보통이다(3), 약간 그렇다(4), 아주 그렇다(5)

질문 내용	수준
1. 나는 몸에 대해 화가 날 때가 있다.	1 2 3 4 5
2. 나는 내 몸의 한계를 인정해 왔으나, 지금은 내 몸이 한계라고 느끼는 것에 대해서 싸우고 있다.	1 2 3 4 5
3. 나는 내 몸이 스스로 치유할 수 있도록 잘 먹을 수 있게 신경 쓰고 있다.	1 2 3 4 5
4. 최근에 나는 내 몸이 좋은 상태임을 느끼고 있다.	1 2 3 4 5
5. 나는 내 몸이 나를 배신했다고 느낄 때가 있다.	1 2 3 4 5
6. 나는 내 몸이 스스로 치유할 수 있도록 휴식하는 데 신경을 쓰고 있다.	1 2 3 4 5
7. 나는 내 몸 중 암을 가지고 있는 부위에 대해서 생각하지 않으려고 노력하고 있다.	1 2 3 4 5
8. 나는 내 몸이 암과도 싸울 수 있는 능력을 가지고 있다고 믿는다.	1 2 3 4 5
9. 나는 내 몸에 대해서 항상 기분 좋은 감정을 느꼈고 앞으로도 계속 그럴 거라고 생각한다.	1 2 3 4 5
10. 나는 내 몸에 집중하는 게 중요하다고 생각하지 않는다.	1 2 3 4 5
11. 나는 지금 극심한 고통 가운데 있다.	1 2 3 4 5
12. 나는 극심한 고통 가운데 있기 때문에, 내 몸으로부터 거리를 두려 하고 있다.	1 2 3 4 5
13. 나는 내 몸에 대해서 수치감을 느낀다.	1 2 3 4 5
14. 나는 항상 매력적이지 않다고 느낀다.	1 2 3 4 5
15. 나는 내 몸 중 암을 가지고 있는 부위를 제거해 버리고 싶다.	1 2 3 4 5
16. 나는 기본적으로 내 몸이 전체적으로 건강하다고 느낀다.	1 2 3 4 5
17. 나는 내 몸에 대해서 두려움을 느낀다.	1 2 3 4 5

*이 척도는 연구를 통해 한국판 척도를 만드는 과정에 있음을 밝힌다.

18. 나는 내 몸을 이완하고 내가 느끼는 긴장을 푸는 것이 어렵다.	1 2 3 4 5
19. 나는 많은 것에 대해 생각하는 편이라서 내 몸에 대해서는 소홀하다.	1 2 3 4 5
20. 나는 내 몸이 좋다.	1 2 3 4 5
21. 지금 나는 수술을 해서 나의 중요한 일부를 잃어버렸다고 느낀다.	1 2 3 4 5
22. 나는 내 몸에 대해서 민감하게 되었고, 내 몸을 돌보는 것이 나에게는 중요하다.	1 2 3 4 5
23. 나는 내 몸을 포기하였다.	1 2 3 4 5
24. 나는 내가 매력적이라고 느꼈었는데 지금은 매력적이지 않다고 느낀다.	1 2 3 4 5
25. 나는 내 몸을 믿을 수 없다.	1 2 3 4 5
26. 나는 내 몸에 대해 조바심을 내는 편이다.	1 2 3 4 5
27. 나는 내 몸이 질병을 앓은 것 때문에 지금은 한 인간으로서 조금 부족하다고 느낀다.	1 2 3 4 5
28. 최근에, 나는 좀 더 느긋해진 것을 느낀다.	1 2 3 4 5
29. 나는 규칙적으로 내 몸의 긴장을 푸는 시간을 갖는다.	1 2 3 4 5
30. 내 몸의 치유능력을 믿는 지금은 내가 보다 강한 사람으로 느껴진다.	1 2 3 4 5

참고문헌

신귀현(1984). 현상학이란 무엇인가? 서울: 심설당.

이홍표 역(2008). 심리치료에서 정서를 어떻게 다룰 것인가. 서울: 학지사.

주은선(2002). 포커싱 체험상담의 이해와 적용. 상담학연구, 3(2), 517-527.

주은선(2008). A case study on Focusing-oriented psychotherapy: Middle aged man finding himself through Focusing. *Korean Social Science Journal*, 35(1), 65-96.

주은선 역(2009). 진정한 사람되기: 칼 로저스 상담의 원리와 실제. 서울: 학지사.

주은선, 김병선, 신설애, 김주영(2016). 한국판 포커싱적 태도 개정판의 개발 및 타당화 연구. 대한스트레스학회지, 24(1), 23-33.

홍경자(2001). 상담의 과정. 서울: 학지사.

Atkins, S. R. (1976). Experiencing and ego development (Doctoral dissertation, University of chicago). *Dissertation Abstracts International*.

Bernick, N., & Oberlander, M. (1969). Effect of verbalization and two different modes of experiencing on pupil size. *Perception and Psychophysics, 3*, 327-339.

Cornell, A. (1996). *The Power of Focusing: A Practical Guide to Emotional Self-Healing*. CA: New Harbinger Publication.

Don, N. S. (1977). The transformation of conscious experience and its EEG correlates. *Journal of Altered States of Consciousness, 3*, 141-158.

Fishman, D. (1971). *Empirical correlates of the experiencing scale*. Paper presented at the American Psychological Association, Washington D.C.

Freud, S. (1963). The unconscious. *Standard Edition, 14*, 159-215. (Original work published in 1915)

Gendlin, E. T. (1978). *Focusing*. New York: Bantam Books.

Gendlin, E. T. (1986). *Let your body interpret your dreams*. Wilmette, IL: Chiron Publication.

Gendlin, E. T. (1996). *Focusing-oriented psychotherapy*. New York: The Guilford Press.

Gendlin, E. T., & Berlin, J, I. (1961). Galvanic skin response correlates oof different modes of experiencing. *Journal of Clinical Psychology, 17*(1), 73-77.

Gendlin, E. T., & Zimring, F. (1994). The qualities or dimensions of experiencing and their change. *The Person-Centered Journal, 1*(2), 55-67.

Greenberg, L. S., & Foster, F. S. (1991). Essential processes in the psychotherapeutic treatment of depression. In D. McCann & Endless (Eds)., *Depression: Developments in theory, research and practice* (pp.157-185). Toronto: Thompson.

Greenberg, L, S., & Safran, J. D. (1987). *Emotion in psychotherapy: Affect, cognition, and the process of change*. New York: Guilford Press.

Grindler-Katonah, D., & Flaxman, J. (1999). *Focusing: An Adjunct Treatment for Adaptive Recovery From Cancer*. Unpublished manuscript, The Illinois School of Professional Psychology.

Halsey, C. M (1991). Security of attachment in adulthood(Doctoral dissertation, The Wright Institute). *Dissertation Abstracts International*, DAI-B52/05, 27724.

Hendricks, M. N. (1986, May). Experiencing Level as a TherapeuticVariable. In *Person-Centered Review: Vol, 1.* Sage Publications, Inc.

Heidergger, M. (1962). *Being and time.* New York: Harper & Row.

Hillman, J. (1960). *Emotion: A comprehensive phenomenology of theories and their meanings for the rapy.* Evanston, IL: Northwestern University Press.

Iberg, J. R. (1990). Ms. C's focusing and cognitive functions. In G. Lietaer, J. Rombauts, & R. Van Balen (Eds.), *Client-Centered and Experiential Psychotherapyin the Nineties* (pp. 173-204). Leuven: Leuven University Press.

Jaspers, K. (1963). *General psychology* (J. Hoenig & M.W. Hamilton, Trans.), Chicago: University of Chicago Press.

James, W. (1950). *The principles of psychology.* New York: Dover. (Original work published 1890)

Joo, E. (2011). Application of focusing-oriented psychotherapy in dealing with issues of Asian immigrants: A single-case study of a Korean immigrant in Japan. *Japanese Psychological Research, 53*(1), 97-102.

Klein, M. H., Mathieu, P. L., Gendlin, E, T., & Kiesler, D. J. (1969). *The Experiencing scale: a research and traning manual.* Madison, Wisconsin: Wisconsin Psychiatric Institute.

Klein, M. H., Mathieu-Coughlan, P., & Kiesler, D. J. (1986). The Experiencing scales. *The Psychotherapeutic Process: A Research Handbook*, 21-71.

Lambert, M. J., & Hill, C. E. (1994). Assessing psychotherapy outcomes and processes. In A. E. Bergin & S. L. Garfield (Eds.), *Handbook of*

Psychotherapy and Behavior Change (p. 94). New York: John Wiley & Sons, Inc.

Maslow, A. H. (1970). *Motivation and personality.* New York: Harper and Row.

May, R. (1958). The origins and significance of the existential movement in psychology. In R. May, E. Angel, & H.F. Ellengerger (Eds.), *Existence: A new dimension in psychiatry and psychology.* New York: Basic Books.

Merleau-Ponty, M. (1964). *Phenomenologe of Perception* (Trans. by Collin Smith). IL: Northwestern University Press.

Oberhoff, R. (1990). The Role of attention in Experiential Focusing. *Dissertation Abstracts International.* (University Microfilms No. 9105629).

Olsen, L. E. (1975). *The therapeutic use of visual imagery and experiential focusing in psychotherapy.* Unpublished doctoral dissertation, University of Chicago, Chicago.

Rappapoot, L. (2009). *Focusing-oriented Art Therapy.* London: Jessica Kingsley Publishers.

Riemer, R. (1975). *Effects of brief reevaluation counseling on experiential focusing.* Unpublished doctoral dissertation, California School of Professional Psychology.

Rogers, C. (1959). A tentative scale for the measurement of process in psychotherapy. In E. A. Rubinstein & M. B. Parloff (Eds.), *Research in Psychotherapy* (pp. 96-107). Washington, D.C : American Psychological Association.

Ryan, R.(1966). *The role of the experiencing variable in the psychotherapeutic process.* Unpublished doctoral dissertation,

University of Illinois.

Sachse, R., & Neumann, W. (1983, December). ProzeBModell zum focusing unter brecksichtigung spezifischer probleme. *GwG-info: Informationsblatter der Gesselschaft fur wissenschaftliche Gesprachspsychotherapie, 53,* 51-73

Skovholt, T. M. (2000). *The resilient practitioner.* New York: Allyn & Bacon

Summers, F. (1980, Spring). Focusing and defensiveness: An emprircal study. *Psychotherapy: Theory, Research and Practice, 17,* 74-78.

Tamura, R. (1987). Floatability: A Focuser variable related to success in focusing. *The Japanese Journal of Humanistic Psychology, 5,* 83-87.

Zimring, F. (1990). Cognitive processes as a cause of psychotherapeutic chane: self-initiated processes. In G. Lietaer, J. Rombauts, & R. Van Belen (Eds.), *Client-Centered and Experiential Psychotherapy in the Nineties* (pp. 361-380). Leuven: Leuven University Press.

Yalom, I. D. (1980). *Existential psychotherapy.* New York: Basic Books.

＊포커싱 연구소 홈페이지에 가면 포커싱과 관련된 다양한 정보를 검색할 수 있다.

The Focusing Institute P.O. Box 539, Spring Valley, NY 10977, USA

www.focusing.org Tel: +1 (845) 362-5222   Fax: +1 (845) 704-0461

info@focusing.org

찾아보기

인 명

내 용

저자 소개

주은선 교수는 1968년 서울에서 태어났다. 미국에서 초등학교를 다녔고, 사춘기 시절에 한국으로 돌아왔지만, 한국 생활에 적응하는 데 심리적인 어려움을 겪었다. 이를 계기로 심리학, 특히 임상 및 상담심리학에 관심을 갖게 되었다. 미국 시카고 대학교 심리학과에서 임상 및 상담심리학을 통합한 Mental Health 프로그램에서 박사학위를 받았다. 박사학위 취득 후 귀국해서 지금까지 덕성여자대학교 심리학과 교수로 재직하며 강의 및 연구를 지속적으로 하고 있다. 또한 인간중심상담을 중점으로 포커싱 체험심리치료를 접목시키는 상담을 실시하고 있다. 주요 관심 분야는 인간중심상담과 포커싱 체험심리치료, 심리치료자들의 발달 및 성장, 상담과 문화다.

주요 연구업적으로는 『상담의 기술』 『진정한 사람되기: 칼 로저스 상담의 원리와 실제』 『꿈 치료』(공역), 『15가지 집단상담 기술』(공역) 등의 역서가 있고, 「Counselors in South Korea」 「Application of focusing-oriented psychotherapy in dealing with issues of Asian immigrants」 등의 논문을 국제학술지(SSCI)에 게재하였다.

포커싱 체험심리치료

2011년 5월 9일 1판 1쇄 발행
2022년 11월 25일 1판 5쇄 발행

지은이 • 주 은 선
펴낸이 • 김 진 환
펴낸곳 • (주) **학지사**

　　　　04031 서울특별시 마포구 양화로 15길 20 마인드월드빌딩 5층
대표전화 • 02) 330-5114　　팩스 • 02) 324-2345
등록번호 • 제313-2006-000265호
홈페이지 • http://www.hakjisa.co.kr
페이스북 • https://www.facebook.com/hakjisabook
ISBN 978-89-6330-677-3 93180

정가 **14,000원**

■ 출판미디어기업 **학지사**

간호보건의학출판 **학지사메디컬** www.hakjisamd.co.kr
심리검사연구소 **인싸이트** www.inpsyt.co.kr
학술논문서비스 **뉴논문** www.newnonmun.com
원격교육연수원 **카운피아** www.counpia.com